スマイノミライ

初期 20 年 | 最長 60 年

住まいの長期保証に対応

セッビノミライ

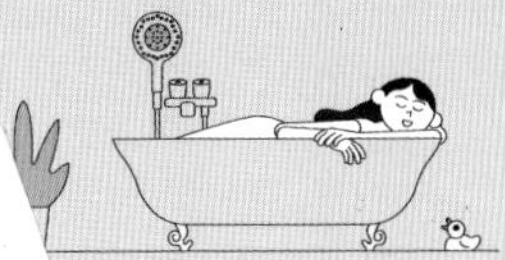

設備 10 年保証

24 時間 365 日受付

スマイノカケ

10 年駆けつけ

24 時間 365 日受付

MEAS Park

住まいや保証を

もっと楽しく

MEAS Park

YouTube

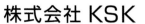

三協アルミ
NEW CONCEPTUAL
STYLISH CARPORT
FⅡ
エフツー
空間に新しい
価値を生み出す
存在感
発現する、「美」。結晶する、「機能」。
美しさの本質は装飾や意匠にあるのではない。
なぜこの形なのか、なぜこの素材なのか——
あらゆる問いに対する研ぎ澄まされた答えが、
「機能」という意味を持った唯一無二の形として結晶する時、
存在そのものが純粋な「美」として発現する。
三協立山株式会社 三協アルミ社
https://alumi.st-grp.co.jp/

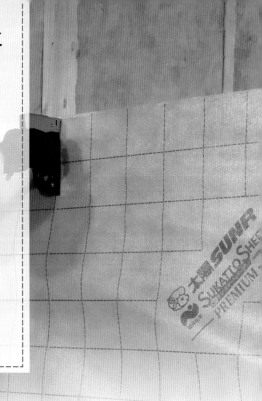

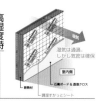

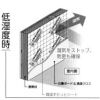

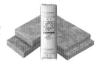

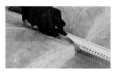

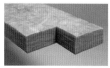

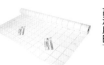

木を活かし、よりよい暮らしを

永大産業は、地球・社会・人との共生を通じて豊かで持続可能な
社会の実現に貢献する企業であり続けることを目指しています。

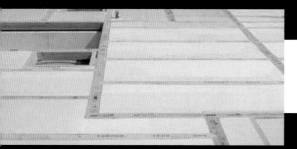

Housing Tribune 編

必携 これだけは知っておきたい

住宅産業100のキーワード

2023
▼
2024
年版

はじめに

2022年度は、住宅産業の新たな時代に向けての節目の年と言えるのではないだろうか。

社会の大きな変化はやはりコロナ禍からの脱却だ。新型コロナウイルスの感染拡大は、人々の日々の営みを大きく制限した。旅行や外食、イベント・催事などが自粛を求められ、経済活動に大きな打撃を与えた。生活者一人ひとりにとっては、在宅勤務・在宅学習が求められ在宅時間が増加し、〝巣ごもり〟という言葉も生まれた。

こうした状況下に、これまでの暮らしがあらためて見つめ直され、さまざまな新しいニーズが生まれた。住宅産業界も次々と新しい商品を開発、新たな暮らし方を提案するとともに、オンラインを活用した新たなビジネスモデルを打ち出した。

感染拡大が徐々に収束に向かうなか、社会活動もゆっくりと平常化に向かい、23年5月に新型コロナウイルスが5類に移行となり、一つの区切りを迎えた。今後、本格的に「脱コロナ」が進むことになろう。

ただ、間違いなく言えるのは、このパンデミックを通じた変化が「なかったこと」にはならないということ。一挙に広がったテレワークは一定の割合で定着しそうだ。オンライン化が進んだコミュニケーションはリアルとオンラインとのハイブリッド型が当たり前になりつつある。

人々の暮らし方の変化も同様だ。コロナ禍には首都圏、特に東京23区への転入に急ブレーキがかかったが、22年にはその揺り返しが起こり大きな転入超過となった。それではコロナ禍で注目を集めた郊外移住のニーズがなくなるかと言えばそうではなかろう。ライフスタイルや志向に応じて都市・郊外・田舎といった居住地を選択する動きは加速しそうだ。

コロナ禍を通じて起こった変化を踏まえ、これからの住産業のビジネスモデルも大きく変わっていくことになろう。

もう一つ、大きなキーワードが「脱炭素」だ。20年10月に「2050年カーボンニュートラル」が、21年4月に「温室効果ガス削減46％（13年度比）」が打ち出され、国をあげての脱炭素化が加速しているが、住宅・建築行政において具体的な取り組みが次々と形となったのが22年である。

建築物省エネ法が改正され25年までの省エネ基準への適合義務化が決まり、住宅性能表示制度においては断熱等性能等級5・6・7が新設された。また、建築基準法も改正され、住宅・建築物における木材利用が加速しようとしている。

住宅産業界においても、住宅の省エネ性向上が急ピッチで取り組まれている。直接、住宅の断熱性向上を担う断熱材や開口部、また、関連する気密や換気といった業界の動きは大きい。もちろん住宅事業者においても、ZEHの標準化はもとより、等級6・7を打ち出す戦略が目立ち始めている。

省エネ基準適合義務化の25年、新築でのZEH標準化の30年、さらにはカーボンニュートラル実現の50年へと、住宅はその形を大きく変えていきそうだ。

こうしたなかで「住宅産業100のキーワード」の発行に至った。本書は99年4月に初版を発行して以降、2年に1回のペースで版を重ねてきており、「2023~2024年版」は第12弾となる。「住宅産業100のキーワード」は、今、住宅産業において知らなければいけない・知っておくべきと考えられるキーワードを100余り取り上げる。単なるキーワードの説明にとどまることなく、現状から今後の見通しまでを解説する。最新版でも、その編集方針を変えることなく、新たなキーワードを追加した。

住宅関連の法制度、住宅マーケット、ストック活用、持続可能性、防災・減災、少子高齢化、働き方、住まい・暮らしの変化、デジタル田園都市という9章立てで、計101項目のキーワードから、住宅産業の「今」を切り取った。

激動する時代のなかの羅針盤としてご活用いただければ幸いである。

ハウジング・トリビューン　編集局長　**平澤 和弘**

住宅産業100のキーワード 2023▼2024年版

1

第一章

住宅関連の法制度

住宅行政が新たなステージへ

KEYWORD 1

住生活基本法

「量」から「質」へ住宅政策が転換

キーポイント

目的は豊かな住生活の実現

ストック対策を重視

国・自治体、事業者、居住者に責務

戦後、住宅政策における最大の課題の一つであったのが住宅不足の解消である。不足数は一時期420万戸にものぼり、その解消を図るため1966年に「住宅建設計画法」が制定され、同法に基づき、5年毎に策定する「住宅建設五箇年計画」により「量」に軸足を置いた施策が展開され、住宅が供給されてきた。

住宅ストックが着実に積み上がり、少子化など社会構造の変化もあり住宅は「量」の面からは充足した。その一方で、生活水準向上や技術の深化、社会的要請などを背景に住宅に対する「質」の向上が強く求められるようになった。

この住宅政策の「量」から「質」への転換を決定づけたのが06年6月に施行された「住生活基本法」である。住宅関連の法律として初の基本法である。

同法は、政府が国民の住生活の安定の確保及び向上の促進に関する基本的な計画「住生活基本計画（全国計画）」を定めることを義務付けており、同計画に基づいてそれぞれの都道府県が「都道府県の住生活基本計画」を策定する。

基本施策として ストック活用に重点

「住生活基本法」の目的は「豊かな住生活を実現」することにある。そして基本理念として掲げるのは①住生活の基盤となる良質な住宅の供給、②住民が誇りと愛情を持つことができる良好な住環境の形成、③民間活力、既存ストックを活用する市場の整備と消費者利益の保護、④低所得者、高齢者、子育て家庭等の居住の安定の確保――とい

住宅建設計画法と住生活基本法の比較

	住宅建設計画法	住生活基本法
目的・基本理念	**目的** 住宅の建設に関し、総合的な計画を策定することにより、その適切な実施を図る。	**目的** 住生活の安定の確保及び向上の促進に関する施策について、基本理念等を明らかにするとともに、施策の基本となる事項を定めることにより、豊かな住生活を実現。 **基本理念** ・現在及び将来の住生活の基盤となる良質な住宅の供給等。 ・住民が誇りと愛着を持つことのできる良好な居住環境の形成。 ・民間活力、既存ストックを活用する市場の整備と消費者利益の保護。 ・低額所得者、高齢者、子育て家庭等の居住の安定の確保。
責務	**責務** 国及び地方公共団体の施策の策定・実施の努力義務	**責務** ・国、地方公共団体…住生活安定向上施策の策定・実施。国民の理解の増進。 ・事業者…住宅の安定性等の確保。正確かつ適切な住宅情報の提供。 ・居住者…住生活の安定向上の促進のため相互に連携協力
基本的施策		**基本的施策**　国・地方公共団体は住生活安定向上の促進のため必要な施策を講ずる。 ・安全・安心で良質な住宅ストック・良好な居住環境の形成。 ・住宅の取引の適正化、流通の円滑化のための住宅市場の環境整備。 ・住宅の供給等住宅困窮者に対する住宅セーフティネットの構築。
計画	住宅建設五箇年計画 5箇年間における住宅の建設の目標 （特に公営・公庫・公団住宅の建設の事業の量） ↓ 地方住宅五箇年計画 （10の地方ごとに作成） 公営住宅整備量の通知 ↓ 都道府県住宅建設五箇年計画 5箇年間における住宅の建設の目標 （特に公営住宅の建設の事業の量）	**住生活基本計画**〔10年程先を見通して目標を定め、おおむね5年ごとに見直し〕 住生活の安定の確保及び向上の促進に関するアウトカム目標の設定。 （耐震化率、バリアフリー化率、省エネ化率、住宅性能表示実施率など） 全国計画 ◇施策の基本方針 ◇全国的見地からの目標・施策 ◇政策評価の実施 → 都道府県計画 ◇域内の施策の基本方針 ◇地域特性に応じた目標・施策 ◇公営住宅の供給目標

出典：国土交通省

う4点だ。

「住生活基本法」は「量」から「質」を重視するとともに、ストック活用に重きを置いていることもポイントだ。「基本的施策」として「国、地方公共団体は、住生活の安定の確保及び促進のために必要な施策を講ずる」とするが、その基本的施策として「安全・安心で良質な住宅ストック・良好な居住環境の形成」、「住宅の取引の適正化、流通の円滑化のための住宅市場の環境整備」を掲げている。

また、国や地方公共団体だけでなく、事業者には「住宅の安定性等の確保、正確かつ適切な住宅情報の提供」を、居住者には「住生活の安定向上の促進のため相互に連携協力」と、事業者や居住者に対しても責務を求めている点が旧来の法律とは異なる点だ。

これからどうなる？

今こそ住生活基本法の理念が重要に

コロナ禍を通じて暮らし方が大きく変わった。また、地球温暖化対策、頻発化・激甚化する自然災害、超高齢社会など社会的な環境は大きく変化している。こうしたなかで住宅政策も新たな展開が相次いでいる。特に脱炭素社会の実現に向け、建築物省エネ法、建築基準法が改正され、住宅性能表示制度などの見直しが相次ぐ。
今、こうした時代だからこそ「住生活基本法」で掲げる「良質な住宅供給」、「住民が誇りと愛情を持つことができる良好な住環境」といった言葉が重要性を増している。

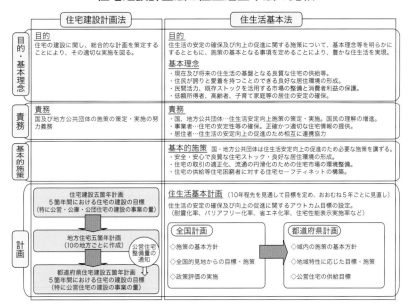

KEYWORD 2

住生活基本計画

基本法の理念の具体目標を設定

キーポイント

10年の中長期計画、おおむね5年ごとに見直し
21年見直しで脱炭素、新たな日常などへ対応
ストックのエネ消費量18%削減など成果指標を策定

住生活基本法の理念を実現するため、国に策定を義務付けているのが「住生活基本計画（全国計画）」だ。住生活の安定確保及び向上の促進に関して中長期の目標を設定するもので、国の計画を踏まえて都道府県が地域の事情を加味し「都道府県計画」を策定する。

全国計画の期間は10年で、おおむね5年ごとに見直すことになっている。

直近の見直しは21年3月に閣議決定されたもの。当初は3回目の全国計画を踏襲する形であったが、議論検討の最中に新型コロナウイルスの感染拡大が発生、さらに地球温暖化対策として「2050年カーボンニュートラルの実現」が打ち出されるなど、大きな社会変化を受けての見直しとなった。

21年見直しの大きなポイントの一つが「新たな日常」に対応した住まい方の実現を加えたこと。具体的には、住宅内テレワークスペースなどの確保による職住一体・近接や在宅学習の環境整備、また、宅配ボックスの設置などによる非接触型の環境整備の推進を明記した。

また、自然災害の甚大化・頻発化を背景に、安全な住宅・住宅地の形成と被災者の住まいの確保を目標に掲げ、水災害リスク情報の空白地帯の解消や豪雨災害などの危険性の高いエリアでの住宅立地の抑制、住宅の耐風性能等の向上などの施策を記載した。

もう一つ、大きな項目が「脱炭素社会に向けた住宅循環システムの構築と良質な住宅ストックの形成」だ。50年カーボンニュートラルの実現に向けてライフサイクルCO_2排出量が少ない長期優良住宅ストックやZEHストッ

成果指標の一覧

目標1 「新たな日常」やDXの進展等に対応した新しい住まい方の実現

① **DX推進計画を策定し、実行した大手住宅事業者の割合** 新規
0％（R2）→ 100％（R7）

目標2 頻発・激甚化する災害新ステージにおける安全な住宅・住宅地の形成と被災者の住まいの確保

② **地域防災計画等に基づき、ハード・ソフト合わせて住まいの出水対策に取り組む市区町村の割合** 新規
－（R2）→ 5割（R7）

③ **耐震基準（昭和56年基準）が求める耐震性を有しない住宅ストックの比率**
13％（H30）→ おおむね解消（R12）

④ **危険密集市街地の面積及び地域防災力の向上に資するソフト対策の実施率**
【面積】約2,220ha（R2）→ おおむね解消（R12）
【地域防災力の向上に資するソフト対策】
約46％（R2）→ 100％（R7）

目標3 子どもを産み育てやすい住まいの実現

⑤ **民間賃貸住宅のうち、一定の断熱性能を有し遮音対策が講じられた住宅の割合** 新規
約1割（H30）→ 2割（R12）

⑥ **公的賃貸住宅団地（100戸以上）における地域拠点施設併設率**（UR団地の医療福祉拠点化（250団地程度）を含む。）新規
29％（R元）→ おおむね4割（R12）

目標4 多様な世代が支え合い、高齢者が健康で安心して暮らせるコミュニティの形成とまちづくり

⑦ **高齢者の居住する住宅のうち、一定のバリアフリー性能及び断熱性能を有する住宅の割合**
17％（H30）→ 25％（R12）

⑧ **高齢者人口に対する高齢者向け住宅の割合**
2.5％（H30）→ 4％（R12）

目標5 住宅確保要配慮者が安心して暮らせるセーフティネット機能の整備

⑨ **居住支援協議会を設立した市区町村の人口カバー率** 新規
25％（R2）→ 50％（R12）

目標6 脱炭素社会に向けた住宅循環システムの構築と良質な住宅ストックの形成

⑩ **既存住宅流通及びリフォームの市場規模**
12兆円（H30）→ 14兆円（R12）
→ 20兆円（長期的目標）

⑪ **住宅性能に関する情報が明示された住宅の既存住宅流通に占める割合**
15％（R元）→ 50％（R12）

⑫ **25年以上の長期修繕計画に基づく修繕積立金額を設定している分譲マンション管理組合の割合**
54％（H30）→ 75％（R12）

⑬ **住宅ストックのエネルギー消費量の削減率（H25年度比）**※ 新規
3％（H30）→ 18％（R12）
※ この指標は、地球温暖化対策計画(H28閣議決定)における目標に基づき設定したもの。同計画に変更があった場合には、この目標も同様に変更されたものとみなす。

⑭ **認定長期優良住宅のストック数** 新規
113万戸（R元）→ 約250万戸（R12）

目標7 空き家の状況に応じた適切な管理・除却・利活用の一体的推進

⑮ **市区町村の取組により除却等がなされた管理不全空き家数** 新規
9万物件(H27.5~R2.3)→ 20万物件(R3~12)

⑯ **居住目的のない空き家数**※
349万戸(H30)→ 400万戸程度におさえる(R12)
※ 住宅・土地統計調査(総務省)における賃貸・売却用等以外の「その他」の空き家数

7

クを拡充、LCCM住宅の評価と普及を促進、V2Hの普及、木造住宅の普及や中高層住宅の木造化などを基本的な施策として掲げている。

成果指標を設定 目標達成を測定

「全国計画」では、こうした目標の達成状況を定量的に測定するため成果指標を設定している。

21年の見直しで新たに設定された指標としては、「DX推進計画を策定し、実行した大手住宅事業者の割合：100％（令和7年）」、「住宅ストックのエネルギー消費量の削減率（平成25年比）：18％（令和12年）」、「市区町村の取組により除却等がなされた管理不全空家数：20万物件（令和3～12年）」などがある。

これからどうなる?

これからの“住生活”を描く

近年、地球環境問題の対応、自然災害の多発、新型コロナウイルスによるパンデミック、エネルギー危機など、社会全体が大きく動き、社会は急激に、ダイナミックに変化し続けている。

住生活基本計画は住政策の目標を掲げ、その具体的な計画を定めるものであるが、「住宅」ではなく「住生活」としたことに大きな意味がある。住宅という場だけではなく、そこでの営みを視野に入れ、日本の“暮らし”がどうあるべきかまでを描いている。「量から質への転換」は、単に性能や機能を向上することが目的なのではなく、なぜ、それが必要なのかが重要だ。それが「暮らし」であることは間違いない。昨日までの常識が通用しない不安定な時代だからこそ、この軸足をしっかりと定めることが求められている。

KEYWORD 3

長期優良住宅の普及に関する法律

住宅を長く大切に使うストック時代の指針

キーポイント

長寿命化対策を施した住宅を認定

認定基準は10項目

法改正で建築行為なしの既存住宅も対象に

「長期優良住宅の普及に関する法律」は、住宅政策がフローからストックへと軸足を移すなか、住宅を長く大切に使うことを目的に2009年に施行された法律。大きな柱は、長期にわたり良好な状態で使用するための措置が講じられた優良な住宅の建築・維持保全に関する計画を認定する「長期優良住宅認定制度」だ。認定により補助金、【フラット35】の金利引き下げ、減税などの優遇を受けることができる。

その認定基準は、①劣化対策、②耐震性、③省エネルギー性、④維持管理・更新の容易性、⑤可変性、⑥バリアフリー性、⑦居住環境、⑧住戸面積、⑨維持保全計画、⑩災害配慮の10項目が求められる（④、⑤、⑥は共同住宅のみ）。

21年度の認定実績は、一戸建て住宅が11万8289戸、共同住宅が3213戸の計12万1502戸（前年度比19・8％増）と大幅な増加となった。新設住宅着工戸数に占める割合も同1・5ポイント増の14・0％。21年度までの累計戸数は135万6319戸であり、住生活基本計画では30年度に約250万戸という目標を掲げている。

16年に、この長期優良住宅認定制度に増築・改築が加わった。新築だけでなくストックの性能・品質の向上が狙いだ。認定基準の項目は新築と同様であるが、その特性や現実的なリフォーム可否を踏まえ、新築に比べて低い水準となっている。例えば、耐震性は新築が耐震等級（倒壊等防止）2であるのに対して増築・改築は同1、省エネ性は、新築が断熱等性能等級5であるのに対し増築・改築は同4などだ。

長期優良住宅建築等計画（新築）の認定実績と新設住宅着工戸数に占めるシェア

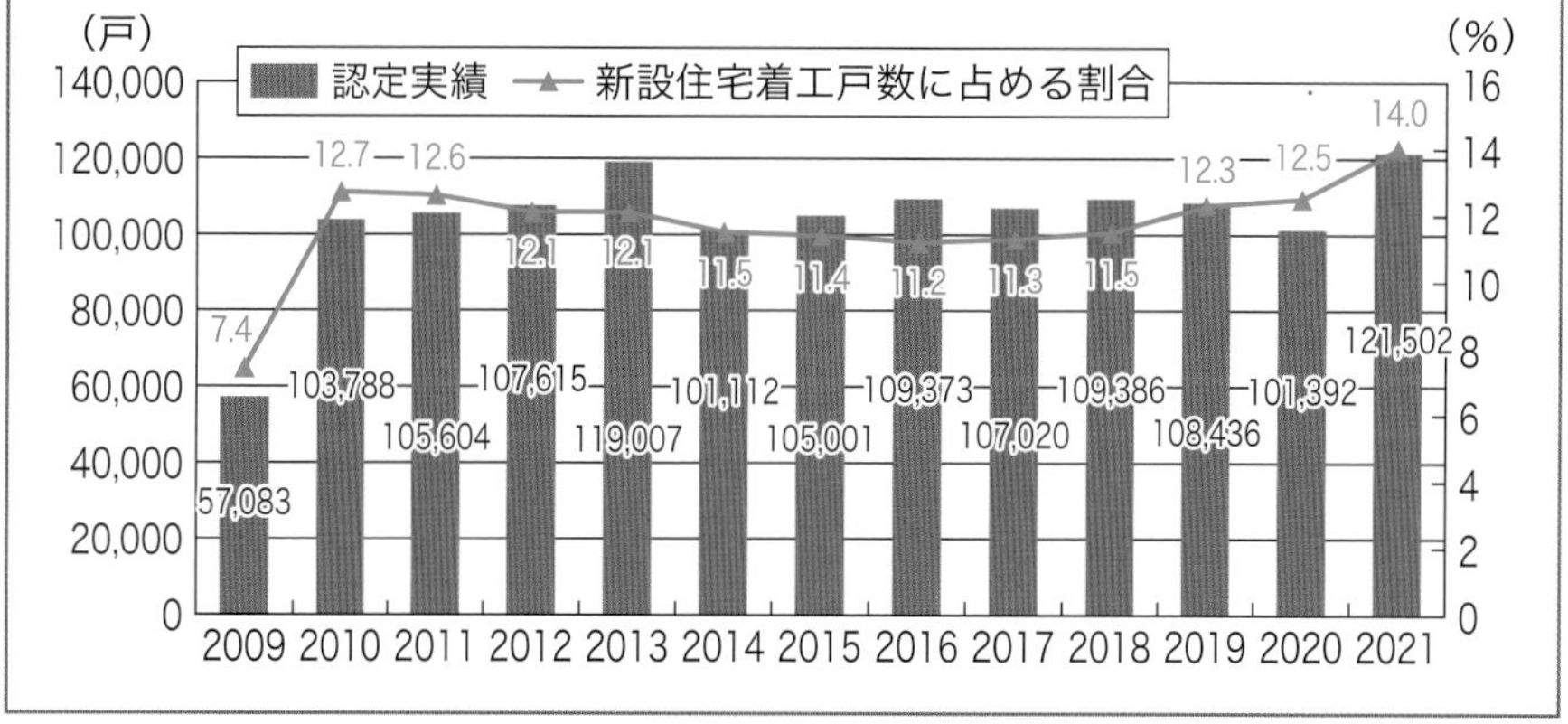

出典：国土交通省

建築行為なしの既存住宅認定もスタート

21年5月、改正長期優良住宅法が公布され、その施行が始まっている。改正のポイントは、「省エネルギー対策の強化」、「建築行為を伴わない既存住宅の認定制度の創設」、「共同住宅に係る認定基準の合理化」という3つだ。

省エネ強化については、22年10月に省エネ性能に係る認定基準を変更、従来の断熱等性能等級4から断熱等性能等級5、一次エネルギー性能等級6を、つまりZEHレベルのクリアを求める。

また、同月には改修工事をしなくても一定の性能を満たしていれば既存住宅を長期優良住宅として認定する仕組みもスタートした。既存住宅の流通量拡大が狙いだ。さらに共同住宅の評価方法を見直し、その運用も開始されている。これまで外皮性能、一次エネルギー消費性能について住戸ごとに評価していたが、新たに住棟全体で評価する方法が導入された。認定のハードルが下がることで普及が遅れている共同住宅での拡大を図る。

これからどうなる?

これからの“住生活”を描く

前年度比約20％増と急拡大する長期優良住宅であるが、そのほとんどは一戸建て住宅。累計戸数は一戸建て住宅が133万戸であるのに対して共同住宅等は2万6000戸。さらに増築・改築は一戸建て住宅と共同住宅の合計でも1453戸でしかない。特に膨大な数のストック住宅の品質・性能の向上、また、適切に管理されたストック住宅の流通を図るうえでも、その普及拡大は大きな課題だ。
改正法により新たな取り組みが始まったが、わが国の住宅全体の底上げを図るうえで、ストック住宅の長期優良化は大きな鍵となることは間違いない。

KEYWORD 4

住宅の品質確保の促進等に関する法律

性能表示、紛争処理、瑕疵担保責任を位置付け

キーポイント

性能の共通モノサシ「性能表示」

裁判によらない迅速な紛争解決

新築住宅の瑕疵担保責任は10年

住宅の品質や性能の確保を目的として2000年に施行された法律が「住宅の品質確保の促進等に関する法律（品確法）」だ。90年代に発生した欠陥住宅問題が大きなきっかけとなり制定された新法だ。

柱は大きく①住宅性能表示制度、②住宅に係る紛争処理体制、③瑕疵担保責任の3つ。品質や性能を明確にすることで住宅の比較検討をしやすくすること、裁判に頼らずに紛争処理ができること、住宅供給者の保証責任の明確化などを規定した。

住宅性能表示制度は、住宅の性能について比較検討しやすいように設けられた共通のモノサシとも呼べるもの。表示項目は「構造の安定」、「火災時の安全」、「劣化の軽減」、「温熱環境・エネルギー消費量」など、新築住宅、既存住宅ともに10項目。それぞれ告示により「評価方法基準」で詳細に基準が設けられている。

住宅事業者が性能表示制度を使う場合、第三者機関である登録住宅性能評価機関が評価を行う。新築住宅は「設計住宅性能評価」と「建設住宅性能評価」の2段階、既存住宅は「建設住宅性能評価」のみ。21年4月1日現在、125機関が登録されている。

21年度の評価書の交付は、設計住宅性能評価が24万3970戸（前年度比8・1%増）、建設住宅性能評価（新築）が18万6302戸（同2・8%減）、建設住宅性能評価（既存）が428戸（同5・9%減）。新設住宅着工戸数に対する設計住宅性能評価書の公布割合は28・2%となり、6年連続の増加で過去最高となった。

設計住宅性能評価の交付件数と新築住宅着工戸数に占める割合

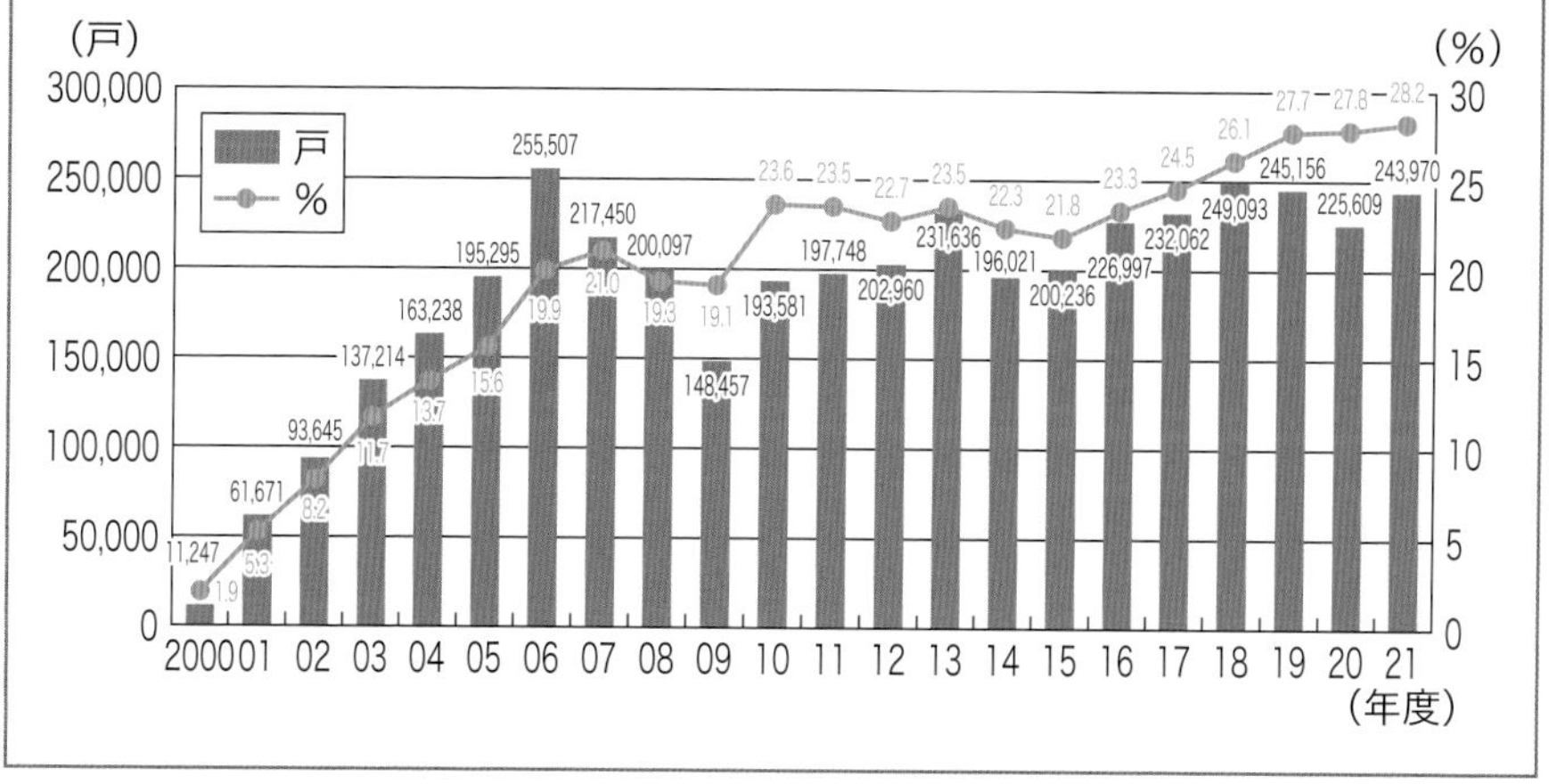

出典：国土交通省

ADRによる迅速な紛争解決が可能に

買主と事業者とのトラブルが発生した場合に、裁判ではなく迅速、円滑に紛争を解決するために整備されたのが「住宅の紛争処理体制」だ。具体的には、全国の弁護士会に設けられた住宅紛争審査会で、建設住宅性能評価書が交付されている住宅や住宅瑕疵担保責任保険が付いている住宅のトラブル処理に当たる。いわゆるADR（裁判によらない紛争解決手段）の一つだ。審査会では、あっせん・調停・仲裁を行う。22年10月から2号保険付き住宅の契約当事者なども利用できるようになり、リフォーム瑕疵保険や大規模修繕瑕疵保険、既存住宅売買瑕疵保険なども対象となった。

「瑕疵担保責任」は、新築住宅の請負・売買契約において、基本構造部分について10年間の瑕疵担保責任を義務づけるもの。修補、賠償、解除を請求できる。

これからどうなる?

消費者保護の視点がさらに重要に

「住宅瑕疵担保履行法」の改正にともない、22年10月から住宅紛争処理制度の対象が2号保険（任意保険）に拡大、リフォームや既存住宅売買などに関する瑕疵保険に加入した住宅もその対象となった。
また、20年の民法改正により、それまで使用されてきた「瑕疵」という言葉が廃止され、「契約不適合」という言葉に言い換えられた。これにより「目的物の種類、品質、または数量に関して契約の内容に適合しないとき＝契約不適合」と明文化されたわけだ。
買取再販、空き家活用など既存住宅の売買、リフォームなどに関する新たなビジネスが広がりつつある。消費者保護の視点、また、コンプライアンスの重要性がさらに高まっている。

KEYWORD 5

住宅性能表示制度

住宅性能比較の基準に

キーポイント

住宅性能を同じ基準で表示

断熱等級・一次エネ等級に上位等級が追加

評価書取得でローン金利優遇なども

「住宅の品質確保の促進等に関する法律」(品確法)を構成する三本柱のひとつで、良質な住宅を安心して取得できる市場の形成を図る目的で2000年に施行された。構造耐力や省エネ性など、異なる事業者が手掛ける住宅性能を統一した基準で表示するため、住宅購入時の性能比較などで役立つ。制度開始当初は新築住宅のみを対象としていたが、02年に既存住宅も追加された。

性能評価は、国が定めた「評価方法基準」に基づき、全国の第三者評価機関が実施。設計段階をチェックする「設計住宅性能評価」と、建設工事・完成段階をチェックする「建設住宅性能評価」の2段階で、求められている性能通りの設計であるか、評価を受けた設計通りの施工がされているかについて、それぞれの結果を性能評価書として交付する。

客観的な評価を受けられるため、住宅売買時の不安解消につながる。

等級追加で断熱、省エネが加速

同制度で表示する性能は、新築住宅では①構造の安定、②火災時の安全、③劣化の軽減、④配管の維持管理・更新への配慮、⑤温熱環境・エネルギー消費量、⑥空気環境、⑦光・視環境、⑧音環境、⑨高齢者等への配慮、⑩防犯対策の計10分野33項目。

このうち、⑤に係る性能を等級別で示す「断熱等性能等級」と、「一次エネルギー消費量等級」について、22年に上位等級が設けられた。具体的には、同年4月にZEH水準の等級として断熱

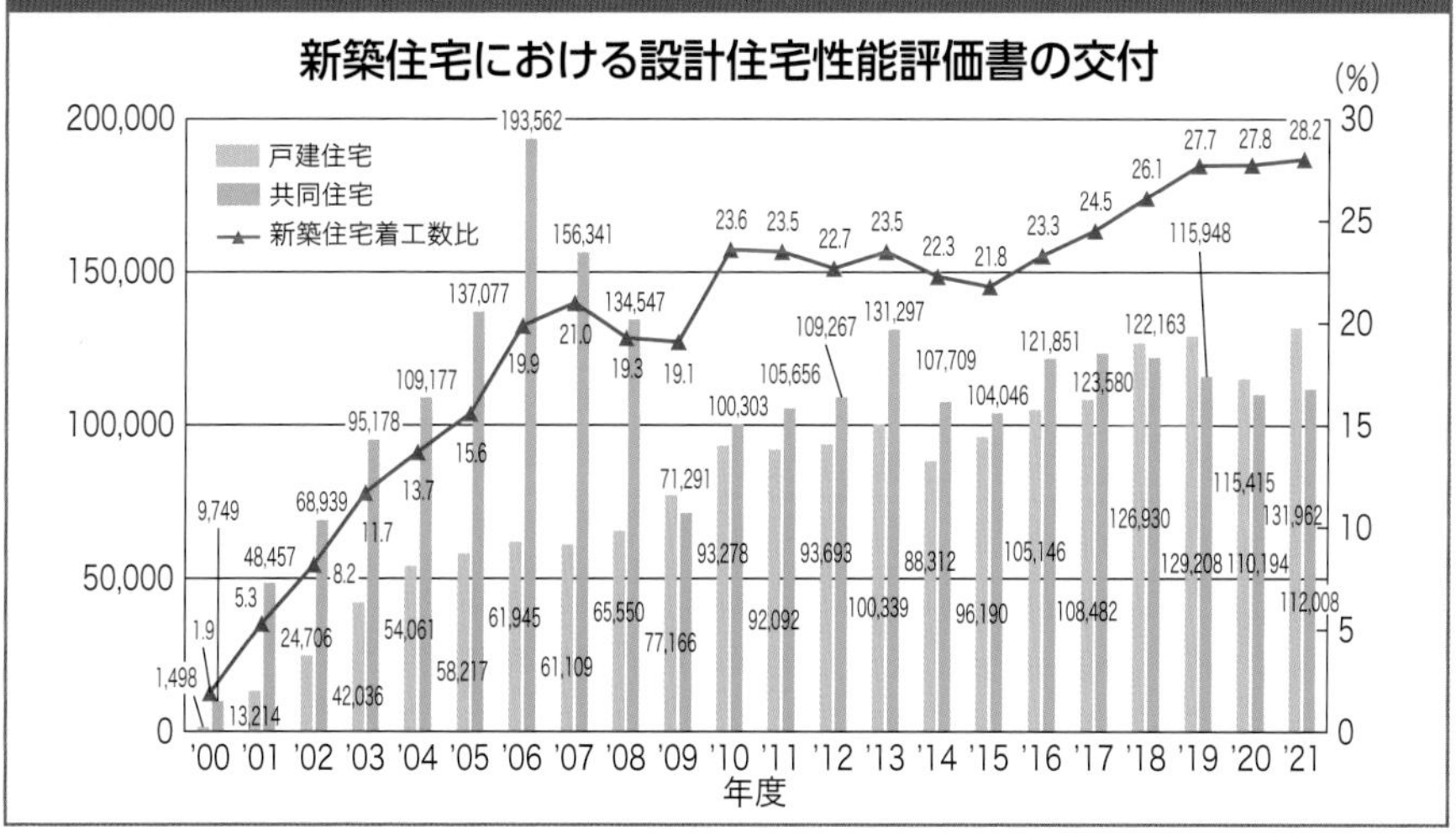

出典：国土交通省

等性能等級5と、一次エネルギー消費量等級6が追加されたほか、戸建住宅についても同年10月、断熱等性能等級にZEH水準を上回る上位等級として等級6および7が新設された。また、23年4月からは共同住宅においても同等級6、7が創設されている。

一方、既存住宅の性能表示は外壁などのひび割れや床の傾きなど、目視で確認できる範囲について検査する「現況」と、新築から⑧音環境を除いた9分野28項目＋既存住宅限定の検査項目である石綿関連の2項目からなる「性能」の2点から評価する。

こうした住宅性能評価書付きの住宅では、【フラット35】Sの利用が可能になるほか、公共団体による住宅ローンの優遇、地震保険の割引などが受けられる。例えば、地震保険の割引率は耐震等級1で10%、等級2で30%、等級3で50%が適用される。

なお、新築住宅における住宅性能評価書の累計交付数（21年度末まで）は、設計住宅性能評価が414万7106戸、建設住宅性能評価が321万8887戸。既存住宅の建設が7807戸となっている。

これからどうなる?

既存住宅の高性能化需要を普及拡大の契機に

住宅性能表示制度は住宅性能のモノサシであるが、既存住宅では建設住宅性能評価書の21年度末までの累計交付数が7807戸とまだまだ少なく、活用が進んでいない。また、近年では2050年カーボンニュートラルや、激甚化する災害の対策に向けて既存住宅の高性能化が課題となっている。今後の普及拡大にあたっては、買主に制度利用のメリットを訴求しつつ、高性能化需要をうまく吸収し、既存住宅流通を促す鍵としていくことが重要であろう。

KEYWORD 6

住宅瑕疵担保履行法

住宅トラブルの対応を資力面で担保

キーポイント

瑕疵担保責任の資力確保を義務付け
手段は保証金供託か保険への加入
法改正で手続きを合理化

「特定住宅瑕疵担保責任の履行確保等に関する法律」（住宅瑕疵担保履行法）は、2009年に施行された法律で、住宅事業者に瑕疵担保責任が生じた場合の資力確保を義務付けるものである。

00年に施行された住宅の品質確保の促進等に関する法律では、買主の保護を明確にするため、事業者の瑕疵担保責任を設け、購入・建築した新築住宅の構造上重要な部分などに瑕疵（欠陥）があった場合に、売主側が10年間無償で修理を行うことを義務付けた。しかし、修理をするためには売主の資力の有無が重要となることから、新たに同法を制定した。同法では、①保証金の供託、②保険のいずれかによって資力の確保を義務付けている。

供託は、住宅会社の過去の販売実績に基づき設定された保証金を供託所（法務局）に預ける制度。万が一、事業者が倒産した場合は買主に供託金が還付される仕組みだ。一方、保険は事業者が住宅瑕疵担保責任保険法人の保険に加入、保険から修理費や調査費などが支払われる仕組みとなっている。

21年4月1日～22年3月31日の間に引き渡しされた新築住宅は75万4178戸であるが、このうち建設業者が引き渡した物件では保証金の供託が46・8％、保険の加入が53・2％、また、宅地建物取引業者が引き渡した物件では保証金の供託が48・6％、保険の加入が51・4％であった。

基準日が年1回、書面の電子交付も可能に

21年、「住宅の質の向上及び円滑な

取引環境の整備のための長期優良住宅の普及の促進に関する法律」が改正されたことにともない、住宅瑕疵担保履行法が改正された。主な改正事項は4点だ。

「基準日の見直し」では、資力確保の算定基準日を年2回から年1回（3月31日）に変更する。これまで年2回の基準日ごとに過去10年に引き渡した住宅に関する資力確保措置の状況について届け出が必要であったが、その手続きの合理化が求められていた。「供託期限の見直し」では、供託すべき時期を「基準日」から「基準日から3週間以内までの間」へ変更した。「書面交付の電子化」は、事業者が発注者・買主へ交付する書面（供託所の所在地や保険の付保証明書）の電子交付が可能となった。また、「住宅紛争処理制度の拡充」では、リフォームと既存住宅売買などに関する瑕疵保険に加入した住宅に係る紛争を住宅紛争処理の対象に追加、また、住宅紛争処理に時効の完成猶予を付与した。

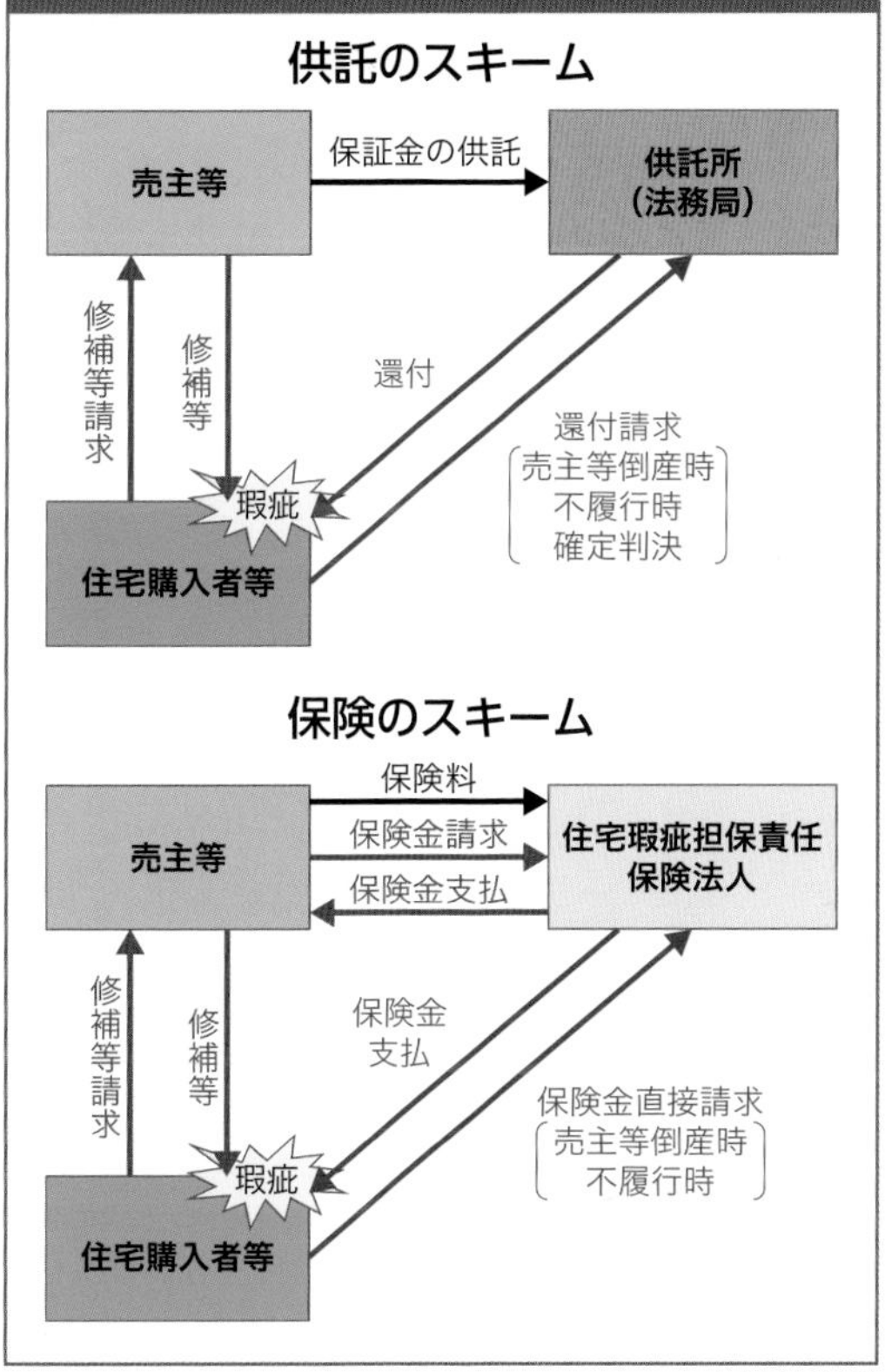

出典：国土交通省

これからどうなる?

リフォーム・既存売買も紛争処理の対象に

品確法で住宅瑕疵担保責任が明確化されても、実際に問題が起こった時、事業者が対応できなければ絵に描いた餅。そこで制定された住宅瑕疵担保履行法により、新築住宅の建築・購入者が安心して住宅を手に入れる環境が整えられた。一方、時代は変わり、ストック市場の拡大にともない、リフォームや既存住宅の売買における消費者保護が求められていた。特に「消費者の不安」の解消が大きな課題となる。法改正により、瑕疵保険に加入したリフォームと既存住宅売買等についても住宅紛争処理の対象に追加された。住宅瑕疵保険は任意ではあるが、加入メリットが高まることでその普及拡大につながりそうだ。

KEYWORD 7

建築基準法

時代の要請に沿い木造で建てられる範囲を拡大

キーポイント

防耐火規制の合理化で木造建築を建てやすく

性能規定化で設計の自由度が向上

耐火基準を30分刻みに精緻化

伐採期を迎えた国産材の利用拡大、脱炭素、ＳＤＧｓといった観点から、木材を建築物に積極的に活用していこうとする動きが広がっている。木造建築を建てる上での大きなハードルとなる防耐火に関する規制だが、近年、建築基準法の改正により、安全性を確保した上で合理化を進め、木造で建てられる範囲を増やそうとする動きが加速している。

1992年の建築基準法改正により、準耐火建築物の概念が導入され、3階建まで45分準耐火構造による設計が可能になった。直近では、木造建築の推進を一つの柱として、19年6月に建築基準法が改正。00年の改正——木造耐火建築物が新たに定義され、防火地域や4階建以上でも木造化が可能となった——以降、19年ぶりの大幅改正だ。

建築基準法では、高さ制限や面積制限に係る法第21条、用途制限に係る法第27条、防火地域・準防火地域に係る法第61条などにより、耐火要件を定めている。従来は、この3つの条文が求める要件のいずれか一つでも該当する建築物は一律、仕様規定により耐火建築とすることが求められた。対して、19年6月の改正により、これら条文が求める要求性能を明確にして性能規定化し、要求性能を満たすことで、耐火建築と同等として、準耐火構造などの建築物を建てられるようにした。具体的には、細かな防火区画や消防力なども評価し、倒壊を抑制する措置を施した準耐火構造の建物や、既存の45分、60分の準耐火構造を上回る75分、90分の準耐火構造などを新たに設定した。耐火建築物では燃えしろ設計ができないことから意匠上の自由度が狭かったが、この法改正により燃えしろ設計ができる立地、規模、用途範囲が広がり、意匠上の設計の自由度が高まった。

23年2月には、「建築基準法施行令の一部を改正する政令案」が閣議決定された。木造については、「耐火性能に関する技術基準の合理化」を行う。階数に応じて要求される耐火基準について、60分刻みから30分刻みに精緻化する。現行では、建物の最上階から4階までは60分耐火、5階以上14階以下には120分耐火とすることが求められたが、4月から、5階以上9階以下に90分耐火を導入。施工手間の軽減、設計の自由度向上につながることが期待されている。これを機に90分耐火構造の技術開発も進むと見られている。

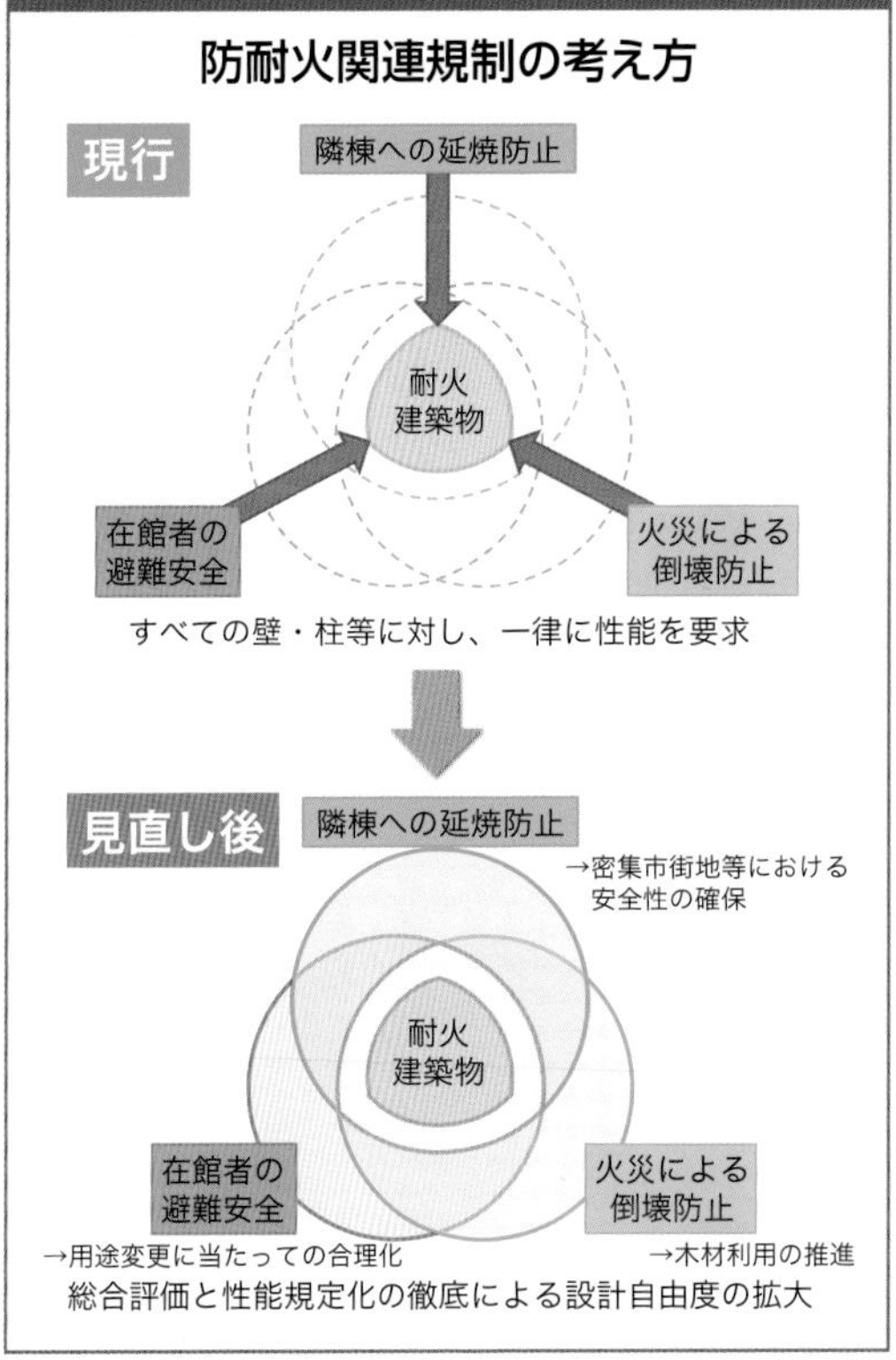

出典：国土交通省

これからどうなる?

25年4月に4号特例縮小の予定
工務店を支援する新たなビジネスモデルも

木造建築推進を目的とした建築基準法改正が進むが、今、注目を集めているのは、25年4月に予定されている「4号特例縮小」だ。住宅の省エネ対策の強化により、サッシ類は重くなり、太陽光発電設備がつくことも増えるため、25年4月の省エネ基準の適合義務化と合わせて、4号特例を縮小し、構造仕様などを見直すことが予定されている。「審査省略制度（いわゆる「4号特例」）」とは、建築基準法第6条の4に基づき、建築確認の対象となる木造住宅などの小規模建築物（建築基準法第6条第1項第4号に該当する建築物）、木造2階建て、木造平屋建てなどは、建築士が設計を行う場合には、構造関係規定などの審査が省略される制度。改正後は、「建築確認・検査」、「審査省略制度」の対象範囲が変更され、木造2階建て、木造平屋建て（延べ床面積200㎡超）は、新たに構造関係規定などの図書の提出が必要になる。多くの住宅会社が対応を求められる。工務店などを支援する新しいビジネスモデルも生まれてきそうだ。

KEYWORD 8

宅地建物取引業法

押印不用、書面もデジタル交付が可能に

キーポイント

宅地・建物の取引事業者を規制

環境変化に対応し増える重要事項説明項目

デジタル化に対応し電磁的方法で交付可能に

「宅地建物取引業法」（宅建業法）は、宅地や建物の取引を行う事業者を免許制とし、必要な規制を行う法律で、1952年に制定された。

同法は、社会状況の変化などを背景に度々改正が行われてきている。近年で最も大きな改正は、21年の「デジタル社会の形成を図るための関係法律の整備に関する法律」に基づく改正であり、宅建業法に関する部分は21年5月に公布、22年5月に施行された。

この改正は、書面交付・押印に関する部分が見直されたもの。具体的には、①重要事項説明書、②宅地又は建物の売買・交換・賃貸契約締結後の交付書面、については宅地建物取引士の記名・押印が必要であったが、押印が不要となった。ただし、宅地・建物の売買・交換について媒介契約・代理契約を締結したときに交付する書面については、引き続き押印の義務がある。

また、①媒介契約・代理契約締結時の交付書面、②レインズ登録時の交付書面、③重要事項説明書、④売買・交換・賃貸契約締結時の交付書面（37条書面）、について電磁的方法による交付が可能になった。国はさまざまなＩＴ化施策を進めてきており、従来対面が原則であった重要事項説明について社会実験を行うなど、検討を進めてきた。こうした取り組みを踏まえ、従来、書面での交付が義務づけられていた書面のいくつかについて、電磁的方法による交付が認められるようになった。

社会変化のなかでさまざまな見直し

宅建業法は、時代の変化、社会の変

宅建業法改正の概要（不動産取引における押印・書面の見直し）

	現行	改正後
宅建業法35条（重要事項説明書）	宅地建物取引業者は、宅地建物の売買契約等の締結前に、宅地建物取引士をして、重要事項説明書に記名押印のうえ、契約当事者に交付して説明させなければならない。	●押印義務の見直し（記名押印 → 記名のみ） ●相手方の承諾を得れば、書面の交付ではなく、電磁的な方法で行うことができる
宅建業法37条（契約締結時書面）	宅地建物取引業者は、宅地建物の売買契約等の締結時に、宅地建物取引士が記名押印した契約条件等を記載した書面を、契約当事者に交付しなければならない。	●押印義務の見直し（記名押印 → 記名のみ） ●相手方の承諾を得れば、書面の交付ではなく、電磁的な方法で行うことができる
宅建業法34条の2（媒介契約書）	宅地建物取引業者は、宅地建物の売買又は交換の媒介契約を締結したときは、契約条件等を記載した書面に記名押印し、媒介の依頼者に交付しなければならない。	●記名押印に代わる措置で省令で定める方法 ●相手方の承諾を得れば、書面の交付ではなく、電磁的な方法で行うことができる

出典：国土交通省

化のなかでさまざまな見直しが行われてきた。

18年にはインスペクション（建物状況調査）の活用を促す改正が、20年には水害ハザードマップにおける取引対象の所在地などの水害リスク情報の説明義務付けなどが行われている。

例えば、書面の電子化についての改正は、すべての書面が対象であるわけはなく、また、義務でもない。

しかし、社会全体がデジタル化へと進むなか、宅建業者に限らず営業行為、契約行為などでデジタル化が広がっている。

さまざまな社会の変化を受け、今後も宅建業法は改正が行われるだろう。宅建業者は、こうした変化への迅速な対応が求められそうだ。

これからどうなる?

住まい選びの情報発信の担い手

消費者保護を目的とする重要事項説明。時代とともにその対象となる項目は広がっている。

20年に宅建業法の施行規則が改正され、水害に関する情報が追加となり、水害ハザードマップにおける物件所在地について説明することが義務付けられた。ちなみに災害関連では、造成宅地防災区域にある時、土砂災害警戒区域にある時、津波災害警戒区域にある時にも説明をしなければならない。自然災害の多発、特に近年の水災害の甚大化を踏まえた追加である。

今後、このような社会環境の変化、時代の要請により説明すべき事項は増えていくことになろう。宅地建物取引業者は、こうした重要な情報を発信する担い手でもある。

KEYWORD 9

民法改正

「契約不適合」で消費者保護の姿勢が鮮明に

キーポイント

「隠れた瑕疵」から「契約不適合」へ
消費者の行使できる権利、賠償範囲も拡大へ
施工品質の重要性が高まる

2020年4月、民法が改正され、それまで使用されてきた「瑕疵」が「契約不適合」という言葉に言い替えられた。

「瑕疵」とは法律上何かしらの欠陥があることであるが、旧民法では「売買の目的物に隠れた瑕疵があった場合、買主は売主に対して契約の解除や損害賠償請求ができる」とされていた。しかし、この「瑕疵」という表現が分かりにくいことから、「契約不適合」という名称に変更された。

「契約不適合」とは「目的物の種類、品質、または数量に関して契約の内容に適合しないものであるとき」と定義されている。つまり、これまでのように「隠れていた」かどうかではなく、契約書に「書かれていた」かどうかが問われることになったのである。

「契約不適合責任」への改正は、単に名称が変わっただけではない。一つは、買主が行使できる権利が、契約の解除もしくは損害賠償の請求のみであったが、新たに「修補、代替物の引き渡し」または「不足分の引き渡しによる履行の追完」を請求できるようになった。例えば、購入した住宅に瑕疵があった場合、契約解除・損害賠償だけでなく修理を請求することができる。修理が不可能な場合には減額請求をすることもできる。

また、改正し、より賠償の及ぶ範囲も広くなった。改正前は「信頼利益」(契約が有効であると信頼したために被った損害)のみであったが、改正後は「履行利益」(契約が履行されていれば得られていた利益)も含まれることになった。

権利行使期間が拡大
品確法や瑕疵担保履行法も改正

瑕疵担保責任は契約時点までの瑕疵が対象であったが、契約から引き渡しまでの期間に発生した瑕疵も適用されることになった。

買主が権利を行使できる期間も改正前の「瑕疵があると知った時から1年以内」が「1年以内にその旨を通知する」ことで「知った時から5年、または引き渡し時から10年」以内であれば損害賠償などができるようになった。

この民法改正にともない「住宅の品質確保の促進等に関する法律」と「住宅瑕疵担保履行法」も改正されている。「瑕疵」という文言については、品確法に「瑕疵」の定義を置き「瑕疵」の文言を存置、また、売買契約の瑕疵担保責任に係る「隠れた」要件を削除、請負契約の瑕疵担保責任に係る解除を可能にし、売買契約・請負契約の瑕疵担保責任に係る損害賠償及び解除にかかる取り扱いの変更などを行った。

瑕疵担保責任と契約不適合責任の違い

	瑕疵担保責任	契約不適合責任
責任の対象	隠れた瑕疵	契約不適合
請求できる権利	○契約解除 ○損害賠償請求	○契約解除 ○損害賠償請求 ○追完請求 ○代金減額請求
責任追及できる期間	契約締結時までに生じた瑕疵	契約から引き渡しまでの間に発生した瑕疵を含む
請求できる期間	瑕疵を知った時から1年以内	不適合を知った時から1年以内に通知
損害賠償責任	無過失責任	過失責任
損害の範囲	○信頼利益	○信頼利益 ○履行利益

これからどうなる?

現場品質が強く求められる

民法の改正により、契約時に住宅を引き渡す時点の性能や品質、スペックを明示しておくことが重要になる。賠償の範囲が広くなり、権利行使期間も長くなった。より消費者保護の姿勢が強くなったのである。契約時に約束した性能や品質に対する消費者の目はより厳しくなっており、事業者側の対応強化が不可欠だ。

もう一つ重要になるのが施工品質の担保である。設計通りに施工しないような場合はもちろん、一定の性能や品質を持つ建材であっても、現場の施工の仕方次第で性能や品質が落ちれば「契約不適合」になる可能性がある。

今、建材メーカーの商品開発で大きなキーワードとなっているのが「省施工」だ。職人不足を背景に現場の手間を少しでも削減しようという取り組みである。これらは工業化率を高めたり、施工工程をシンプルにしたりといったものであり、能力に左右されずに施工することができ、現場品質の向上にも大きく貢献している。今後、「施工品質確保」という視点からの商品開発もさらに加速しそうだ。

KEYWORD 10

住宅セーフティネット法

住宅確保要配慮者の住まい確保を支援

キーポイント

低所得者、高齢者、子育て世帯などの住まいを確保

セーフティネット住宅を登録し改修費などを支援

登録戸数は71万戸超え拡大

「住宅確保要配慮者に対する賃貸住宅の供給の促進に関する法律（住宅セーフティネット法）」は2007年に施行された。住生活基本法の基本理念にのっとり、住宅確保要配慮者に対する賃貸住宅の供給について、基本方針の策定、都道府県及び市町村による賃貸住宅供給促進計画の作成、住宅確保要配慮者の円滑な入居を促進するための賃貸住宅の登録制度等について定める。

住宅確保要配慮者とは、国土交通省令で、低額所得者、被災者、高齢者、障がい者、子どもを養育している者、住宅確保に特に配慮を要する者と定められている。

17年に改正が行われ、①住宅確保要配慮者の入居を拒まない賃貸住宅（セーフティネット登録住宅）の登録制度、②登録住宅の改修や入居者への経済的な支援、③住宅確保要配慮者に対する居住支援、という3つを大きな柱に施策が展開されている。

今後も増加する見込みの住宅確保要配慮者に、民間の空き家・空き室を活用した住宅セーフティネット制度がスタートした。

賃貸住宅の登録制度は、都道府県・市区町村が要配慮者向け賃貸住宅の供給計画を策定し、賃借人が要配慮者の入居を拒まない賃貸住宅として都道府県・政令市・中核市に登録、その情報を要配慮者に提供する。登録基準は、耐震性、住戸床面積が原則25㎡以上、家賃の額が近傍同種の住宅の家賃の額と均衡を失しないことなどだ。

また、登録住宅には改修費の補助などの支援が行われる。入居者に対する経済支援として、家賃と家賃債務保証

新たな住宅セーフティネット制度のイメージ

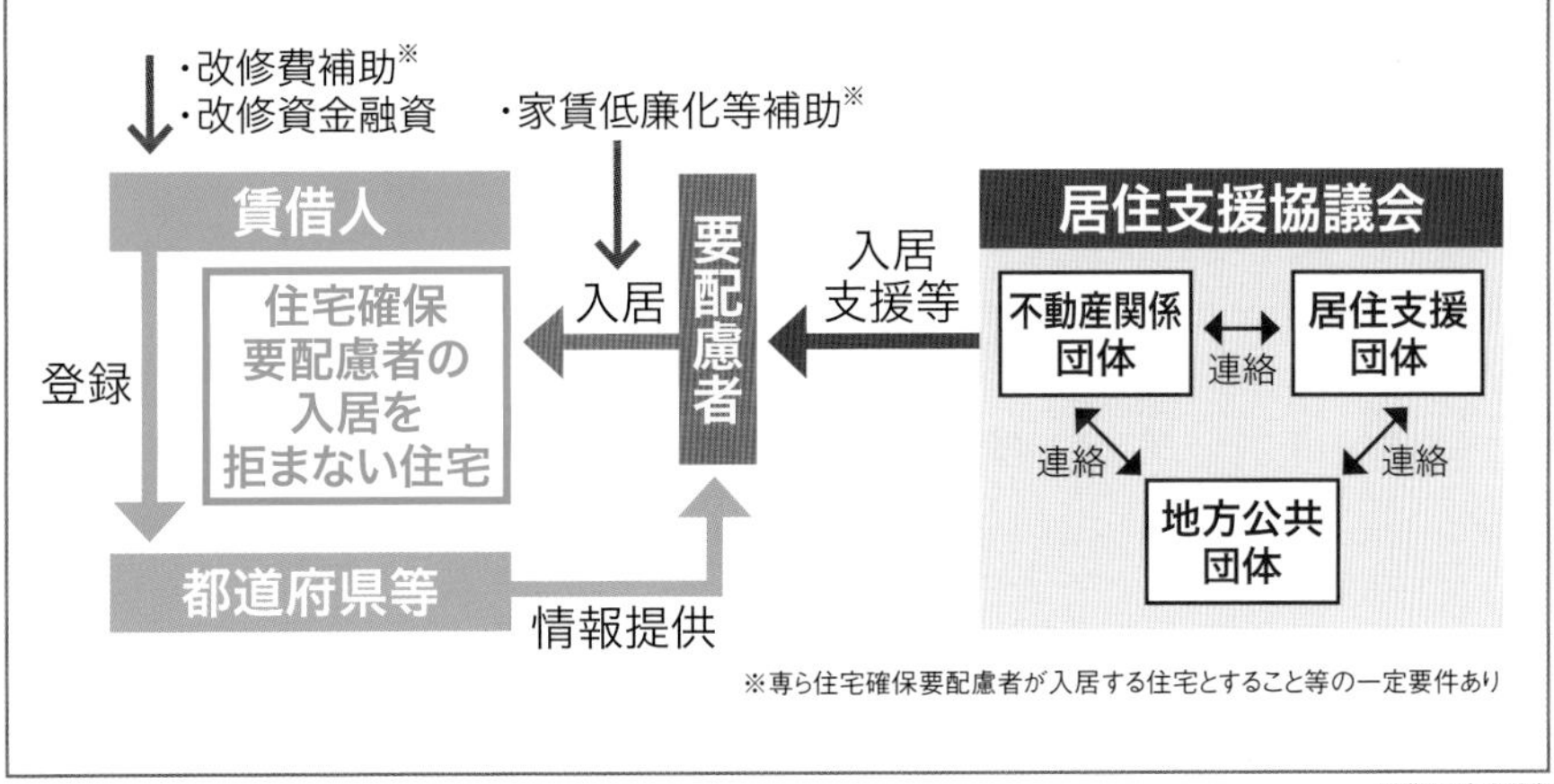

出典：国土交通省

料などの低廉化、セーフティネット登録住宅への住み替えに対する補助が用意されている。22年2月末時点の登録戸数は全国で71万652戸だ。

住生活基本計画で目標の一つとして位置付け

もう一つ、法改正で制定された新たな制度が「居住支援法人」の指定だ。住宅確保要配慮者に対する居住支援として、都道府県が居住支援活動を行うNPO法人などを、賃貸住宅への入居に係る情報提供・相談、見守りなどの生活支援、登録住宅の入居者への家賃債務保証などの業務を行う「居住支援法人」として指定することが可能になったものである。23年3月末現在で667法人が指定されている。

21年に閣議決定された住生活基本計画（全国計画）では、目標の一つに「住宅確保要配慮者が安心して暮らせるセーフティネット機能の整備」をあげ、成果指標として「居住支援協議会を設立した市区町村の人口カバー率を20年の25％から30年に50％」を掲げた。

これからどうなる?

子育て環境の改善でも注目

23年3月、政府は「次元の異なる少子化対策」の実現を目指す「こども・子育て政策の強化について（試案）」を公表した。

住宅関連については、住宅取得支援を掲げる。金利負担を軽減するため【フラット35】を活用した支援の充実などと並び、掲げられているのが、「空き家の改修や子育て世帯の入居を拒まないセーフティネット住宅など、既存の民間住宅ストックの活用の推進」だ。

理想の数の子どもを持てない理由の一つとしてあげられるのが住宅問題で、十分な広さがないことなどがネックとして指摘されている。子育て環境の改善という視点からもセーフティネット住宅は注目を集めそうだ。

KEYWORD 11

住宅取得支援策

住宅取得支援に補助、減税で多彩なメニュー

キーポイント

補助、減税でさまざまなメニュー
省エネなど性能向上を誘導
制度活用で住宅取得の負担軽減を

国は住宅取得を支援するため、さまざまな支援策を用意している。大きくは減税制度と補助制度だ。

これらの制度は、支援策を通じて住宅の性能向上を誘導するという役割も担っている。2023年度に実施される予定の補助制度では、ZEHを軸とするさまざまな支援が行われる。

注目の制度が「こどもエコすまい支援事業」。新築住宅については、ZEH住宅に対して100万円／戸を補助する。

また、ZEHの推進については、前年に引き続き、経済産業省、環境省、国土交通省の3省連携でさまざまな支援制度が行われる。

「戸建住宅ZEH化等支援事業」では、ZEHの要件を満たす住宅に対して戸当たり55万円、ZEH＋に対しては同100万円の定額補助を行う。

また、自家消費の拡大を実現する次世代ZEH＋にも補助が行われる。これらはCLTなど低炭素に資する素材の使用や、先進的再エネ熱利用技術の活用で別途補助を受けることもできる。

さらに、「LCCM住宅整備推進事業」ではライフサイクル全体でCO_2排出量をマイナスとする住宅について補助を行うなど、さまざまな支援策が用意されている。

一方、カーボンニュートラルの実現に向けて木材活用の推進にも力を入れる。例えば、「地域型住宅グリーン化事業」では地域材を用いたZEHなどの木造住宅の支援を行ってきたが、23年度は地域材利用について拡充を図り、一層の推進を図る。

住宅ローン減税の概要

入居年			2022年	2023年	2024年	2025年
控除率			0.7%			
借入限度額	新築住宅・買取再販	長期優良住宅・低炭素住宅	5000万円		4500万円	
		ZEH水準省エネ住宅	4500万円		3500万円	
		省エネ基準適合住宅	4000万円		3000万円	
		その他の住宅	3000万円		0円（2023年までに新築の建築確認：2000万円）	
	既存住宅	長期優良住宅・低炭素住宅	3000万円			
		ZEH水準省エネ住宅				
		省エネ基準適合住宅				
		その他の住宅	2000万円			
	リフォーム		2000万円			
控除期間		新築住宅・買取再販	13年（「その他の住宅」は2024年以降の入居の場合、10年）			
		既存住宅	10年			
		リフォーム	10年			

出典：国土交通省

住宅価格高騰で環境は悪化 需要者の負担軽減の提案を

一方、優遇税制については、最も認知度が高く活用されているのは「住宅ローン減税」である。住宅ローン残高の0・7％が所得税から控除される制度であり、22年度の税制改正において控除率、控除期間など制度の大幅見直しが行われた。ポイントは環境性能に応じて借入限度額の上乗せ措置が行われることで、長期優良住宅・低炭素住宅、ZEH水準省エネ住宅、省エネ基準適合住宅、その他の住宅という順で借入限度額が下がっていく仕組みだ。このほか、登録免許税の減税、固定資産税の新築住宅に係る減額、不動産取得税の課税標準及び税率の特例措置などが用意されている。

今、資材高騰などを背景に住宅価格が高騰し、住宅取得環境は厳しさを増している。こうした時期だからこそ、支援策を組み合わせ、住宅取得需要者の負担を軽くする提案が重要になろう。

これからどうなる?

減税制度の適用期限に要注意

住宅取得を支援する減税制度は恒久的なものではなく期間が定められている。
例えば、住宅ローン減税は25年12月末まで、登録免許税減税と固定資産税減額は24年3月末までだ。今後の税制改正によって延長となる可能性もないわけではないが、改正により制度の内容が見直されることもある。
住宅取得者の中には長期的な計画を立てているユーザーもいよう。こうしたスケジュールも含めて住宅事業者からの情報提供、提案が欠かせない。

KEYWORD 12

リフォーム支援策

ストック住宅の価値向上を支援

キーポイント

省エネ向上に多彩な補助制度

耐震など性能向上を促す減税

ストック活用に大きなメリット

今、ストック住宅の性能向上が大きな課題となっている。省エネ性能の向上について急速に対策が進むが、膨大な数のストックがおざなりではカーボンニュートラルの実現はおぼつかない。また、自然災害が多発・甚大化するなかで、耐震をはじめレジリエンスの向上は不可欠だ。しかし、新築住宅と違いストック住宅には規制は馴染まない。

一方、新築からストックへと住宅市場が転換期を迎えるなか、リフォームや既存住宅の流通拡大が大きなテーマとなっている。

こうしたなかで国は、補助制度や減税制度などの支援策を通じてストック市場の活性化に力を入れている。

補助制度では「住宅の断熱性能向上のための先進的設備導入促進事業（先進的窓リノベ事業）」が大きな注目を集めている。同制度は、一定の基準を満たす高断熱窓の設置に対して最大200万円／戸という大きな金額の補助を行うもの。また、「こどもエコすまい支援事業」は省エネリフォームや子育て支援リフォームなどを支援するもので、最大30万～60万円の補助を受けることができる。また、この2つの制度を併用することで、さらにメリットを高めることができる。

このほか23年度は、「次世代省エネ建材の実証支援事業」で高性能断熱材や蓄熱・調湿建材などによるリフォームを支援、「住宅エコリフォーム推進事業」と「住宅・建築物省エネ改修推進事業」で省エネ設計費＋省エネ改修工事費を補助、「既存住宅における断熱リフォーム支援事業」で既存戸建住宅の断熱リフォームに対して補助など、特

2023年度の主なリフォーム補助制度

こどもエコすまい支援事業	断熱改修、それとあわせて行う子育て対応改修、防災性向上改修などに最大30万〜60万円/戸を補助。
先進的窓リノベ事業	一定の断熱性能を持つ高断熱窓への改修に対して最大200万円/戸を補助。
給湯省エネ事業	一定の性能要件を満たす高効率給湯器に対して補助。対象はエネファーム、ハイブリッド給湯器、エコキュート。
長期優良住宅化リフォーム推進事業	一定の要件を満たすリフォーム事業を公募し、事業の実施に要する費用の一部を補助。補助率1/3、補助限度額は100万円/戸。
次世代省エネ建材の実証支援事業	断熱パネルや、潜熱・蓄熱建材を導入する改修に対して、補助対象経費の1/2以内、補助金上限額200万円/(戸建住宅)を補助。
住宅エコリフォーム推進事業	省エネ設計費と省エネ改修工事費に対して補助。補助額は省エネ基準レベルが30万円/戸、ZEHレベルが70万円/戸。
既存住宅における断熱リフォーム支援事業	戸建の既存住宅で行う断熱リフォームに対して、補助率1/3、補助限度額120万円/戸を補助。
住宅・建築物耐震改修事業	耐震性向上に関する取組を支援。戸建住宅の耐震改修は限度額83.8万円/戸。

に省エネリフォームに対してさまざまな補助が実施される。

性能向上を誘導する多彩なリフォーム減税

一方、減税制度では、前年に引き続き「リフォーム減税」が実施される。バリアフリー、省エネ、耐震、同居対応、長期優良住宅化のリフォームに対して所得税額の特別控除を行うものだ。例えば、省エネ、耐震、同居対応のリフォームは、最大62・5万円がその年の所得税額から控除される。

バリアフリー、省エネ、耐震、長期優良住宅化のリフォームについては固定資産税が減額される。バリアフリーと省エネリフォームは翌年分の固定資産税を1／3減額、耐震リフォームは同1／2減額、長期優良住宅化リフォームは同2／3減額となる。

また、住宅ローン減税はリフォームも対象だ。

これからどうなる?

既存住宅にリフォームで価値を生む

ストック住宅の流通、また、空き家の活用を考える時、リフォームは必須の対応となる。内外装の経年劣化、また、設備機器の交換などは言うに及ばず、住宅そのものの性能や間取りなど時代に合わなくなっている住宅を今の住ニーズに応えられるものへと変えなければならない。いわば、住宅に価値を生み出すことが求められる。
今後、住宅価格が高騰するなか、既存住宅を購入してリフォームして暮らすというニーズも高まりそうだ。こうした動きを活発化させ、眠っている住宅という社会資産を動かすためにも、補助や減税などの支援制度をより有効に活用したい。

KEYWORD 13

フラット35

性能向上をローンのインセンティブで誘導・支援

キーポイント

住宅ローンで性能向上にインセンティブ

【フラット35】SにZEHを追加

既存住宅流通や子育て世帯への支援も

2022〜23年度にかけて（独）住宅金融支援機構の制度が改正された。なかでも大きなものが【フラット35】の改正だ。

【フラット35】は、住宅金融支援機構が銀行、信用金庫、モーゲージバンクと提携して提供する長期固定金利タイプの住宅ローンで、金利が長期間固定されるため、金利上昇による返済額の増加リスクが少ないことが大きなメリットだ。

【フラット35】の改正のポイントの一つが省エネに係る見直しだ。22年に【フラット35】Sおよび【フラット35】リノベの省エネルギー性について基準の強化が行われ、これまでの金利Aプラン、Bプランに加え、新たにZEHを創設した。また、Aプラン、Bプランともに省エネの要件を強化した。

23年4月からは新築住宅における【フラット35】の省エネ基準を見直し、断熱等性能等級2相当以上を断熱等級4以上及び一次エネ等級4以上に強化。25年の省エネ基準への適合義務化に先行するもので、これにより【フラット35】Sなどの金利下げメニューの適用の有無に関わらず、すべての新築住宅で省エネ基準を満たすことが求められることになった。

維持保全や子育て支援でもフラット35の金利を引き下げ

【フラット35】の見直しの切り口は省エネだけではない。既存市場の活性化を目的に22年度に新たに創設した制度が【フラット35】維持保全型だ。維持保全・維持管理・既存流通に資する住宅を取得する場合に【フラット35】の

省エネルギー性の基準を強化

【フラット35】S

	従来	→	改定
ZEH	-	創設	ZEH
Aプラン	一次エネ等級5	強化	断熱等級5 & 一次エネ等級6
Bプラン	断熱等級4 & 一次エネ等級4	強化	断熱等級4 & 一次エネ等級6 or 断熱等級5 & 一次エネ等級4

【フラット35】リノベ

	従来	→	改定
ZEH	-	創設	ZEH
Aプラン	一次エネ等級5	強化	断熱等級4 & 一次エネ等級6 or 断熱等級5 & 一次エネ等級4
Bプラン	開口部断熱 or 外壁等断熱	―	同左

出典：(独)住宅金融支援機構の資料より作成

借入金利を、当初5年間、年▲0・25%引き下げる。

もう一つ子育て支援からも22年4月に制度の見直しが行われた。地方公共団体と連携し、住宅取得に対する地方公共団体の補助金交付などの財政的支援とあわせて【フラット35】の借入金額を一定期間引き下げる【フラット35】地域連携型・地方移住支援型を設けているが、このうち【フラット35】地域連携型（子育て支援）について当初10年間、年▲0・25%とした。

先に政府は「異次元の少子化対策（試案）」を打ち出したが、対策の柱の一つが住宅支援だ。具体的な項目として挙げられた一つが【フラット35】を活用した支援だ。具体的には、子育て世帯などの住宅取得の金利負担を軽減するため、【フラット35】について住宅の広さを必要とする多子世帯に特に配慮しつつ支援を充実する。

これからどうなる？

支援機構が果たす役割がさらに大きく

脱炭素社会の実現に向けて住宅の省エネ性の向上が急ピッチで進められ、省エネ基準への適合義務化、さらにそのレベルのZEHへの引き上げというボトムアップ、また、等級6・7の設置などさらに上を目指す取り組みが進む。基準の強化などをスムーズに進めるためには住宅取得者やリフォーム実施者が、そのメリットを理解し、積極的に性能向上に取り組む環境づくりが欠かせない。住宅を取り巻く環境がドラスティックに変わり、住宅がその姿を大きく変えつつあるなか、住宅金融支援機構が果たす役割はさらに大きくなりそうだ。

KEYWORD 14

定期借地権

土地を持たずに豊かな暮らしを実現

キーポイント

一定期間を区切った借地契約

〝第三の選択肢〟と脚光も市場は縮小へ

住宅価格高騰のなかあらためて注目

1992年に施行された改正借地借家法により誕生したのが定期借地権制度である。

定期借地権が通常の借地権と異なる点は、当初定められた契約期間で借地関係が終了、その後に更新することができないこと。定期借地権には、借地期間を50年以上として期間満了により更地で返還する必要がある「一般定期借地権」、契約後30年以上経過した時点で土地所有者が建物を買い取ることをあらかじめ決めておく「建物譲渡特約付借地権」、借地期間を10年以上50年未満とし、事業用に建物を建てて利用する「事業用定期借地権」がある。

従来の普通借地権は借地権者に有利であり、いったん設定するとなかなか更新拒絶が認められないことから、「貸したら返ってこない」と土地オーナーは新たな借地契約に二の足を踏み、また、再開発の際に借地権者の同意を得ることが難しいといった課題があった。

同制度の登場により、定借住宅・定借マンションという新たな住宅供給方法・居住方法が誕生した。土地オーナーは土地を手放すことなく土地活用を行うことができ、居住者にとっては月々の地代は必要だが所有に比べて割安で住宅を手に入れることができる。

社会環境の変化のなかあらためて注目

（公財）日本住宅総合センターの「定期借地権事例調査」によると、95～04年度の10年間は戸建住宅、マンションをあわせ3000～5000戸程度で推移したが、その後縮小、16年度以降は700～1100戸程度で推移して

定期借地権付住宅 年度別収集事例数

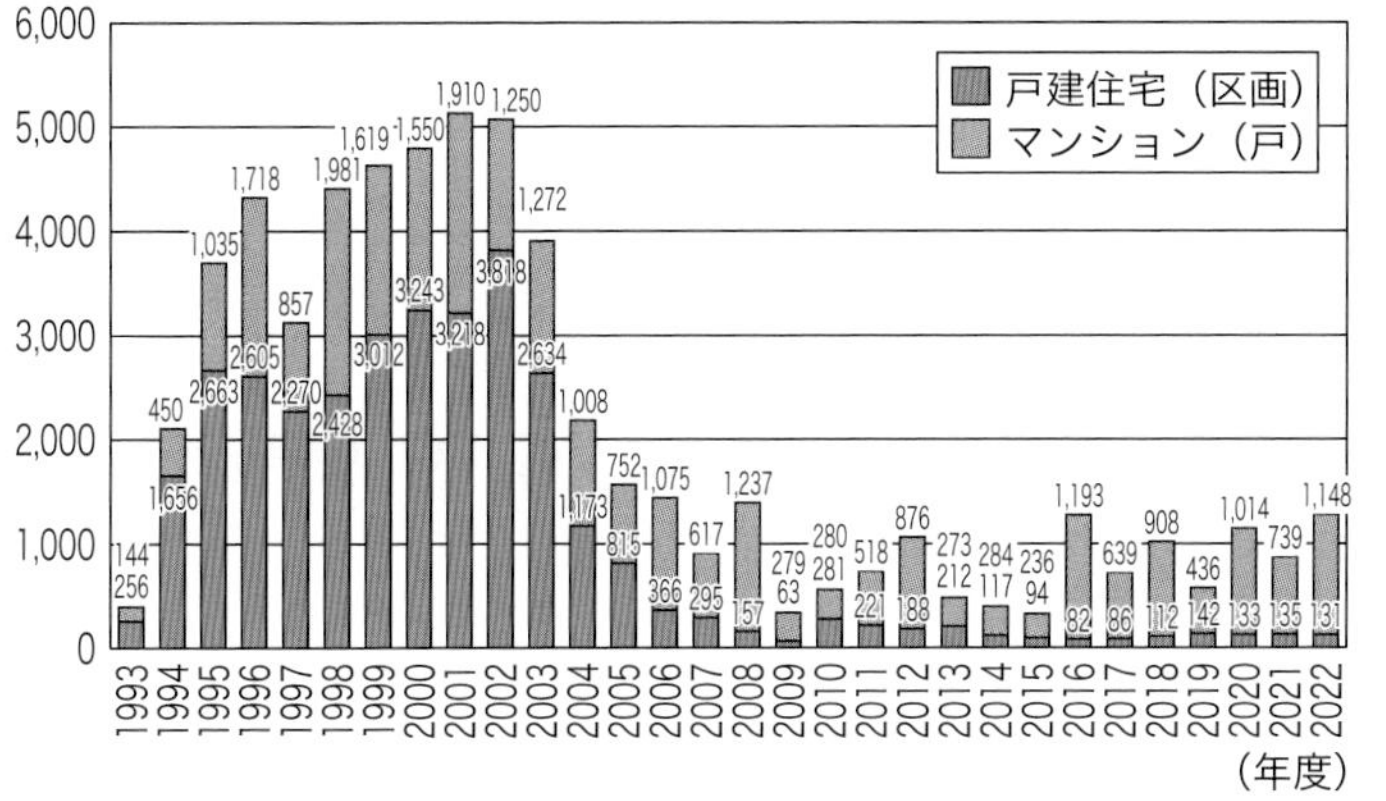

出典：(公財)日本住宅総合センター「定期借地権事例調査」

いる。

定期借地を活用した持家（戸建）住宅は、UR都市機構が持つ郊外の土地を活用しハウスメーカーが定期借地権付き住宅を供給する動きが97年頃から盛り上がり、バブル崩壊直後の地価が非常に高いなか、安価に住宅が手に入る仕組みとして脚光を集めた。また、賃貸住宅はUR都市機構が持つ東京都心部の土地を活用して不動産デベロッパーが賃貸マンションを供給する動きが04年頃から広がった。

定期借地権付き住宅は、所有でも賃貸でもない〝第三の選択肢〟として注目を集めたが、地価の下落などから次第に下火になっていった。しかし、ここにきてあらためて注目が高まりつつある。世帯所得の伸び悩み、住宅価格の高騰、地価の上昇などにより住宅取得環境は悪化していることに加え、金利の上昇も予測される。注文住宅どころか分譲住宅でさえ、第一次取得者層にとって購入が難しくなりそうだ。こうしたなかで住宅取得者、土地オーナー、また、住宅事業者にとっても魅力のある定期借地権を活用した住宅づくりが広がるかもしれない。

これからどうなる?

定借で損得を超えた魅力の提案を

今、若年層ではコスパやタイパを重視し、持たない暮らしに憧れる、そんな価値観が広がりつつある。また、子育て世帯では、豊かな環境で暮らしたいと郊外居住を求めるニーズも顕在化してきた。定期借地権付住宅は広々とした住空間を確保でき、初期投資が少ない分ゆとりある暮らしが可能になる。さらに資産を子に残すことにこだわらず、子どもが独立した後は新たな住宅に住み替えたりと、新しい住まい方・暮らし方にも適した契約形態と言える。

定期借地権付住宅は、単に得か損かという尺度で測るものではない。この制度を活用し、どんな新たな暮らし方を提案できるのか—。社会環境が大きく変わる今だからこそ、新たな取り組みが必要だろう。

2

第二章

住宅マーケット

社会環境の変化で新市場が拡大へ

KEYWORD 15

新設住宅着工戸数

持家不振が全体の伸びを抑制、金利上昇の懸念も

キーポイント

住宅市場の「現状」を把握する重要な指標

10年以降は80万~90万戸台で推移

中長期的には市場はさらにシュリンク

新設住宅着工戸数は、国土交通省が毎月公表する全国の住宅の着工数で、住宅市場の「現状」を把握するための重要な指標となっている。

新設住宅着工戸数は、戦後の住宅不足解消を進める対策により、高度経済成長期に増加を続け1973年に190万戸を超えてピークを迎えた。80年代後半~90年頃のバブル期には160万戸台と高い水準で推移したものの、人口減少などを背景に長期的に減少傾向に入る。07年、構造計算偽装問題をきっかけに、建築基準法が改正され、行政審査の煩雑化などが着工戸数を大幅に引き下げ、さらに09年にはリーマンショックによる景気低迷の影響を受け着工戸数は100万戸を切り一気に77万戸台に減少、以降80万~90万戸台の水準が続いている。

22年の着工戸数は、前年に比べ0・4%増の85万9529戸と微増。持家は減少したが、貸家及び分譲住宅が増加したため、全体で増加、着工戸数の増加は2年連続となる。持家は25万3287戸で前年比11・3%減少、貸家は34万5080戸で同7・4%増、分譲住宅は25万5487戸で同4・7%増となった。

不振が続くのは持家で、1月から12月までのすべての月が対前年比で減少し、特に6月から12月は二ケタ減が続いた。

地域別戸数も、首都圏10・9%減、近畿圏11・4%減、中部圏10・5%減、その他地域11・7%減とすべてで減少となった。資材高騰、エネルギー高騰の影響で、住宅価格の上昇が続いており、商談は長期化し、成約まで至らないケ

新設住宅着工戸数の推移（総戸数、利用関係別）

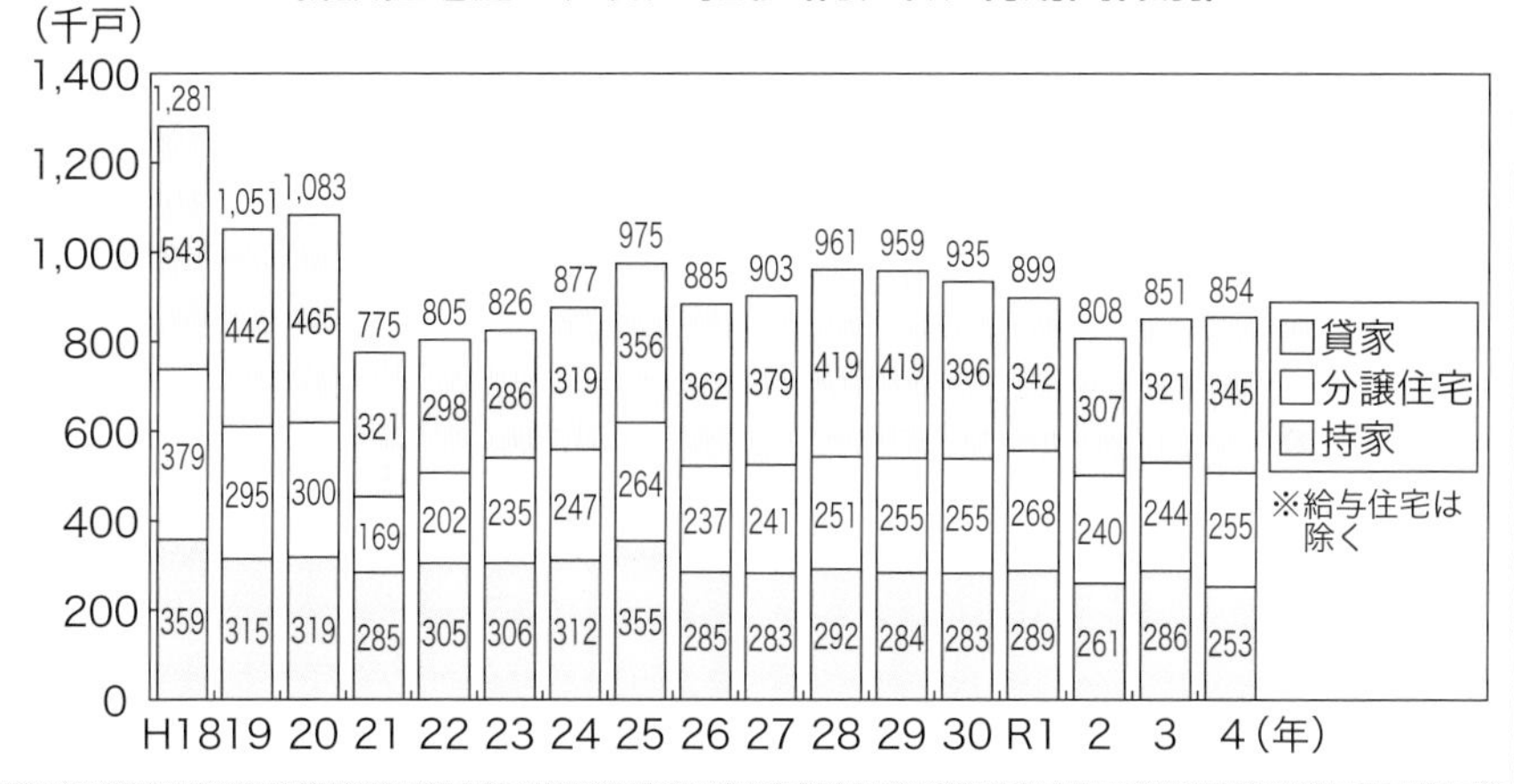

出典：国土交通省

ースが増えていると見られる。

40年度49万戸という市場予測も

中長期的には、人口や世帯数の減少、ストック数の充実などを背景に着工数はさらに減少が予測される。野村総合研究所は22年6月に公表した「2022～2040年の新設住宅着工戸数」で、着工戸数は短期的にはウクライナ侵攻や新型コロナの感染拡大に伴う供給制約の影響で落ち込む可能性をはらみつつ、長期的には現在の傾向を維持して減少していくと予測。着工戸数は21年度の87万戸から、30年度には70万戸、40年度には49万戸に減少していくと見込む。

少子高齢化による人口減少などで、新築市場がシュリンクしつつある中、住宅業界には新築マーケットに依存しない新たなビジネスモデルの構築が求められている。

これからどうなる？

低金利がいつまで続くか市況が大きく変わる分け目に

低金利がいつまで続くのかが市況が大きく変わる分け目になりそうだ。日本では、2013年から異次元の金融緩和策・低金利政策を続けてきた。しかし、日銀は22年12月、長期金利の変動幅の上限を0.25％から0.5％に拡大した。これに伴い住宅ローン金利への影響が懸念されているが、今のところ長期固定ローンの金利先高感の影響は軽微と見る向きは多い。とはいえ、諸外国が政策金利を引き上げ、それに伴い貸出金利も上昇する中で、日本の金融緩和政策・低金利政策は早晩終わり、金利上昇時代に入ると見られている。23年4月には、日銀の黒田東彦総裁の後任として、植田和男氏が新たに総裁に就任。その手腕に注目が集まっている。変動型の住宅ローンの金利が上昇するニュアンスが出てくれば、市況が変化する分け目となる可能性が高い。

KEYWORD 16

持家（注文住宅）市場

住宅価格高騰が影響し過去10年で最低水準に

キーポイント

近年は30万戸弱で推移

この5年で建築費だけで1000万円上昇

ハウスメーカーは高付加価値化を加速

1970年に70万戸前後であった持家（注文住宅）の着工数は、多少の増減はあるものの一貫して減少傾向が続いてきた。ひとつのターニングポイントとなったのが1997年の消費税率の引き上げである。前年は駆け込み需要により64万戸を超えたものの、97年は反動により前年比25・6％もの減少となった。以降、01年には40万戸を切り、09年にはリーマンショックの影響により同10・6％減の28万4631戸と30万戸を切った。20年には、19年10月の消費税率10％への引き上げとコロナ禍が追い打ちをかけ、同9・6％減の26万1088戸と大きく落ち込んだ。

さらに、22年は前年比11・3％減の25万3287戸となり、過去10年で最低水準となった。1月〜12月まですべての月で対前年比減少となり、6月〜12月は2ケタ減が続いた。

（一社）住宅生産団体連合会（住団連）の「経営者の住宅景況感調査」においても、22年第3四半期（10月〜12月）の注文住宅の実績は、戸数・金額ともに5期連続のマイナス。資材やエネルギー価格の上昇による住宅価格の高騰が大きく影響している。

国土交通省が公表する「建設工事費デフレーター」によると、建設工事費（住宅建築）は、05年を基準（100）として、21年には126・7にまで上昇。18年の115・7から3年で10ポイント以上上昇している。また、国土交通省の「住宅市場動向調査」によると、注文住宅の建築費（首都圏）は、17年の2958万円から、18年3558万円、19年3301万円、20年3510万円、21年4077万円と急増し推

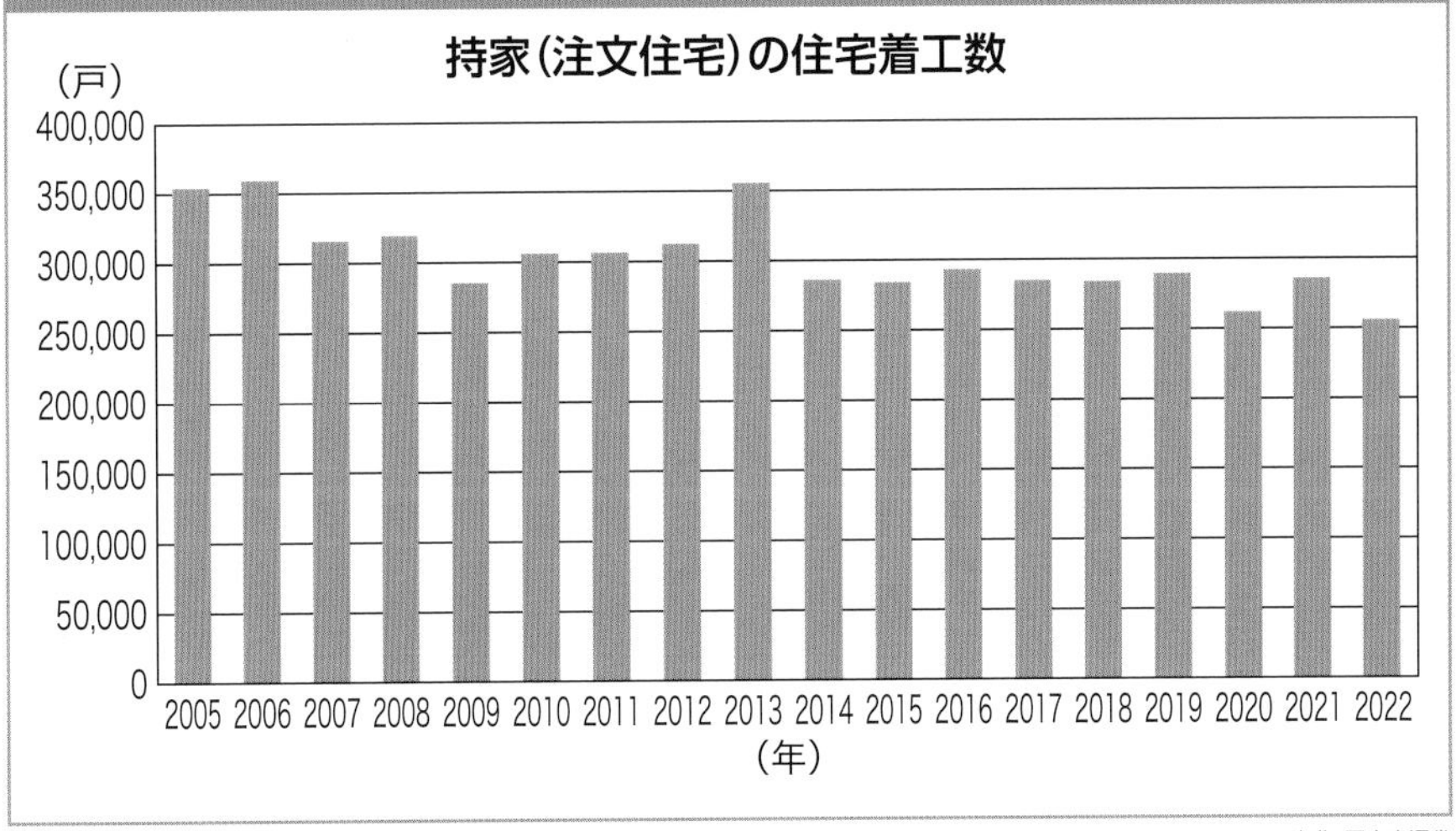

出典:国土交通省

移している。

住団連がまとめた「戸建注文住宅の顧客実態調査（21年度）」によると、4大都市部の住宅取得費は、特にここ5年の値上がり幅が大きく、17年度の4889万円と比べて、21年度は18％増の5783万円にアップ。これに伴い年収倍率も上昇しており、01年度4・3倍から、21年度6・4倍に上昇。借入金の年収倍率は01年度2・9倍から21年度5倍に上昇している。

従来、持家は、あまり景気の波などにも影響されず、安定していると見られていたが、住団連の景況感調査において、「物価上昇が続く中、賃上げも追いつかず厳しい状況」、「資材高騰、住宅ローンの先行きの不安により、今後も停滞すると予測」など、先行きについても厳しい声が目立った。

これからどうなる?

富裕層向けの高付加価値化が加速

国内の新設着工では不振が続く持家だが、ハウスメーカー各社は、富裕層に向けた高付加価値化の提案を活発化させる。テレワークが普及し、住まいへの関心がこれまで以上に高まっている。持家の大きな魅力である設計自由度をいかに訴求できるかが重要になり、今後もこうした動きは加速しそうだ。

積水ハウスは、自宅時間の充実度を高める大空間「ファミリースイート」の提案が好評で、採用率は戸建住宅全体の6割に達している。20年12月に発売した次世代室内環境システム「SMART-ECS」の反響も大きい。室内の温度変化を抑えながら、換気・空気清浄し、黄砂や花粉、PM2.5など外気中の汚染物質を除去する空気清浄機能を備える。居室空間の空気質への意識の高まりから採用率は90%に上る。こうした高付加価値戦略が奏功し、22年度の戸建住宅の1棟単価は、前年度比354万円上昇し、4619万円となった。

KEYWORD 17

分譲戸建住宅市場

一次取得者を掴み好調、用地不足は深刻化

キーポイント

コロナ禍の減少から回復傾向

首都圏では郊外の需要高まる

ZEH標準化の動きも

分譲住宅は大きく戸建住宅とマンションに分けられる。20年の分譲戸建住宅の着工戸数は前年比11・4%減の13万753戸と大きく減少した。19年10月からの消費税率10%への引き上げに伴う駆け込み需要の反動に加え、20年のコロナ禍による消費者の住宅購買意欲の減退が大きく響いた。以降は順調に回復しており、22年は14万5992戸で同3・5%増となり、2年連続の増加。近畿圏は5%減となったが、首都圏、中部圏、その他地域でプラスとなった。特に首都圏では、分譲戸建住宅市場が大きな盛り上がりを見せている。テレワーク実施率の高い首都圏では、テレワーク環境を含め、快適な住環境を求めるニーズが高まっているが、首都圏のマンション平均価格は約7000万円にまで達しているため、一般的な会社員では手が届きづらくなっている。一方、テレワークの普及で通勤時間という制約が緩くなったことで、注文住宅よりも価格が手ごろで居住面積でも比較的余裕のある郊外の戸建住宅の需要が一次取得者をはじめ高まっている。

大手住宅メーカー各社も、郊外を中心に戸建分譲地の開発に注力する。積水化学工業は、分譲・建売住宅事業が好調に推移する。スマート&レジリエンス分譲地の拡販に注力しており、21年度の分譲戸建住宅の販売は、前期比12%増、そのうち建築条件付きを除いた建売は16%増と好調に推移。15プロジェクト、570区画を発売した。22年度以降も11プロジェクト、420区画の販売を計画する。トヨタホームは21年7月、千葉県印西市で戸建分譲地

分譲戸建の新設着工数

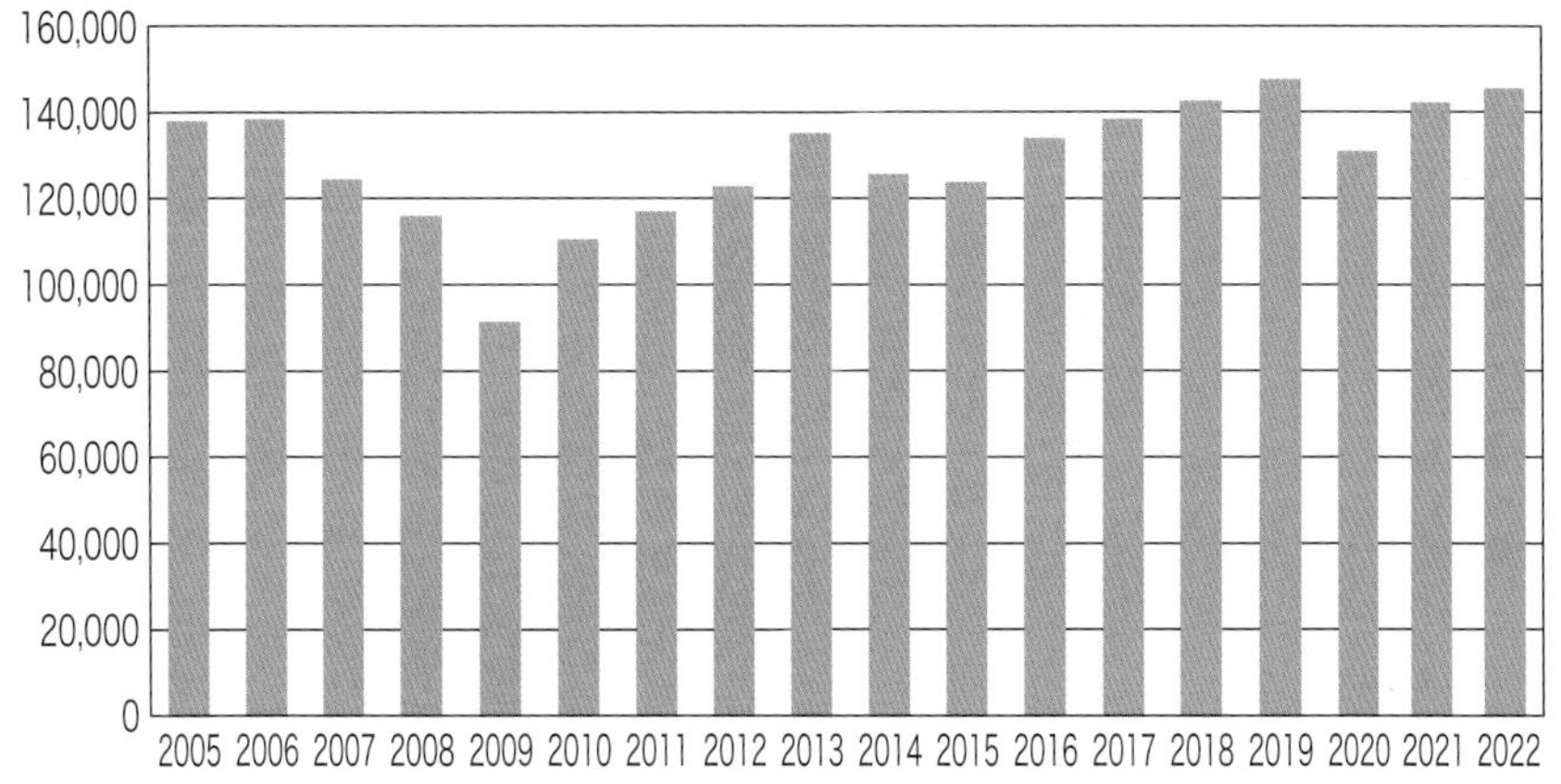

出典:国土交通省

「The Chevron Knot（ザ・シェブロンノット）」の販売を開始。総区画数136戸のうち22年4月時点で、第3期まで63戸を販売し、うち53戸が成約に至った。埼玉県の南栗橋でも最新のモビリティサービスなどを導入した分譲地開発を産官学連携で進める。22年5月、街びらきを行った。国は、デジタル田園都市国家構想を掲げ、地方の郊外都市のスマートシティ化の動きを支援する。こうした面からも郊外での分譲地開発はさらに盛り上がっていきそうだ。

　一方、分譲住宅はほとんどZEH化が進んでいないことが課題だ。分譲住宅は新築の約3分の1を占めているが、20年度のZEH比率は約2・5%にとどまる。しかし、ここにきて、大手事業者を中心にZEH化を進める動きが本格化している。積水化学工業、トヨタホームは、前述した大規模分譲地開発で全棟ZEHとする方針だ。大和ハウス工業も今後開発する戸建分譲住宅でのZEH標準化を表明している。

これからどうなる？

不動産関連の民法改正で土地活用の促進に期待

所有者不明土地問題の解決を目的とした改正民法が23年4月、施行された。近年、分譲住宅市場が好調なだけに、都市中心部などにおいて分譲地開発が進み、用地不足が深刻化しているが、所有者不明土地の利用の円滑化を図る方策が盛り込まれた今回の民法改正により新たな展開が期待できそうだ。ポイントは大きく、「財産管理制度の見直し」、「共有制度の見直し」、「相隣関係規定の見直し」、「相続制度の見直し」の4つ。オープンハウスグループの幹部は「権利関係が複雑で住宅密度が高いエリアにおける不動産の売買が可能となり、流動性と資産価値が上がる可能性がある。これまで諦めていた物件を買取ることができるようになる」と話す。

KEYWORD 18

分譲マンション市場

用地不足でマンション価格高騰、販売にブレーキ

キーポイント

発売戸数は減少局面に

首都圏マンションの平均価格は約7000万円

首都圏の中古マンション価格も上昇

2022年に新設された分譲マンションは10万8198戸で同6・8％増となり3年ぶりの増加となった。3大都市圏すべてでプラスとなり、合計では8万4523戸と6・2％の増加で勢いに乗っている。最も伸び率の大きかったのは近畿圏で10％増となった。より長期的なトレンドでみると、分譲マンションの発売戸数は13年以降、減少局面に入っている。不動産経済研究所の「全国 新築分譲マンション市場動向 2022年」によると、20年は新型コロナウイルスの感染拡大の影響もあり全国の発売戸数は5万9907戸と1976年以来の6万戸割れ。21年は同29・5％増の7万7552戸と増加したが、22年は同5・9％減の7万2967戸とマイナスに転じた。

一方で、建築費、地価の高騰により分譲マンションの用地取得が難しくなり、平均価格は右肩上がりに上昇している。20年は4971万円と5000万円に迫った。この10年で平均価格は1000万円以上上がった。中でも首都圏のマンション価格の上昇が目立つ。不動産経済研究所の「首都圏 新築分譲マンション市場動向 2022年度（22年4月～23年3月）」によると、戸当たり平均価格は前期比8・6％増の6907万円、1㎡当たり単価は同9・0％増の103万円となり、最高値を大幅に更新した。東京23区はそれぞれ9899万円・150万円（同17・2％増・14・8％増）と1億円に迫る。発売戸数は同12・9％減の2万8632戸、過去最高の22年の9万5479戸と比べると6万6000戸超の減少である。いわゆるパワーカップルと呼ば

全国の分譲マンションの販売戸数と平均価格の推移

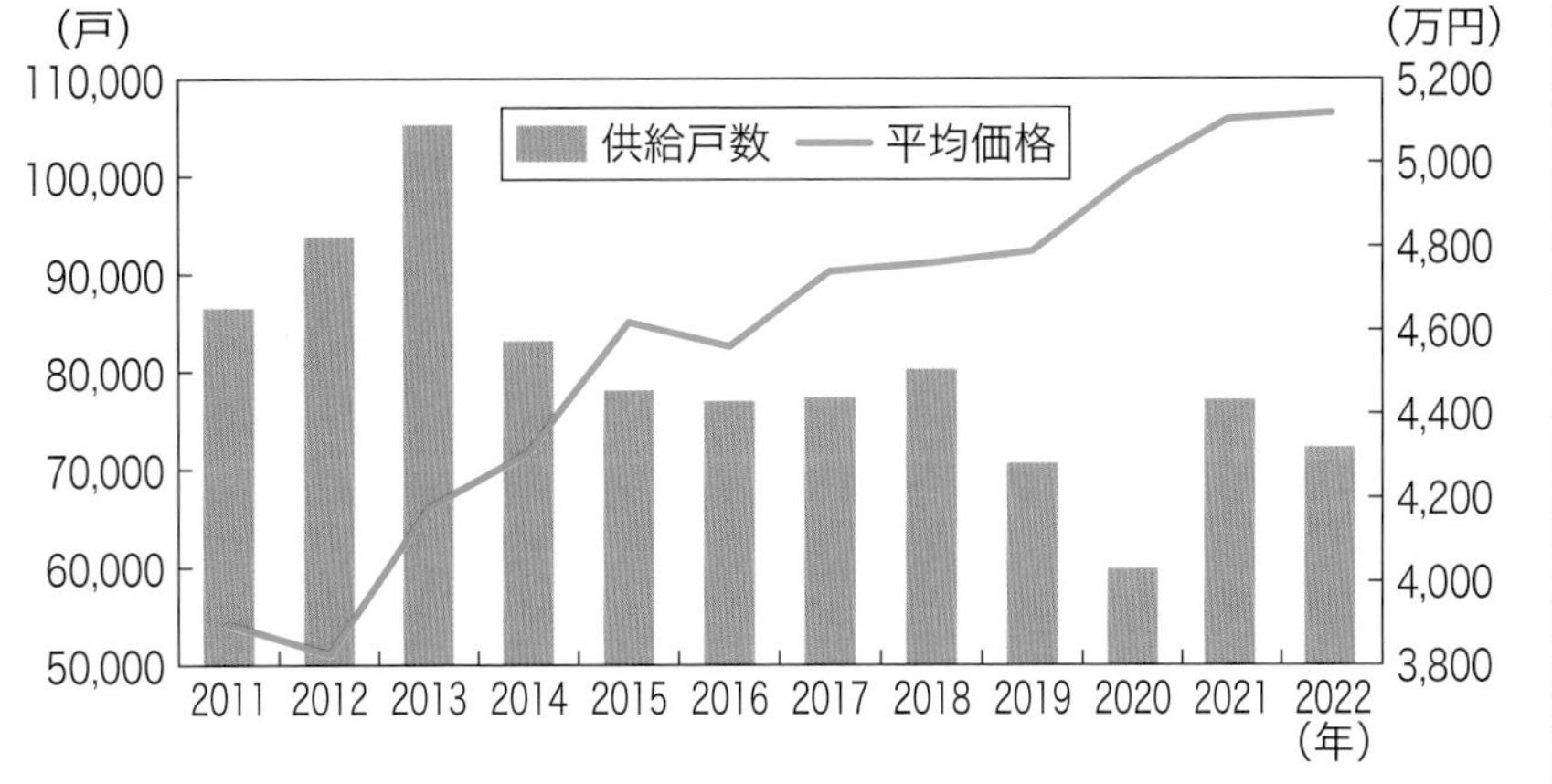

出典：不動産経済研究所

れる共働き世帯、30代・40代の一次取得層がマンション購入を下支えしているが、急激なマンション価格の上昇により、販売にブレーキがかかりつつあるようだ。

こうした新築マンションの価格上昇と同時に注目が一段と高まっているのが中古マンションだ。(公財)東日本不動産流通機構によると、首都圏の中古マンションの成約件数は13年以降、3万5000件前後で推移。成約物件価格も上昇傾向にある。22年は同10・5%増の4276万円、4000万円台となった。10年連続で上昇しており、この10年で76・1%上昇している。成約物件を価格帯別に見ると、5000万円超の各価格帯が成約件数、比率とも拡大している。特に駅から近いなど、利便性の高い首都圏のマンションの人気は高い。築古物件でも、リノベーション済や、フルオーダーでリノベーションを行い、自分らしい暮らしを求めるなど、「中古マンション+リノベ」という形態に関心が高まっている。

これからどうなる?

分譲マンションのZEH化が進む 大手事業者で標準化の動き

分譲マンションのZEH化も大手事業者を中心に本格化しそうだ。20年9月に住友不動産が、「ZEH-M Oriented」の標準化を打ち出してから、三井不動産、積水ハウスといった事業者も標準化を表明している。集合住宅では、高層になるほど住戸あたりの太陽光発電の設置容量が小さくなり、ZEHの要件を満たすことが難しくなるが、「ZEH-M Oriented」は太陽光発電の設置は不要となるため、比較的取り組みやすい。

コロナ禍で在宅時間が長くなり、より快適な住環境を求める人が増えている。在宅時間の増加に伴い、光熱費も増えたことで、より省エネな住宅への関心も高まっている。ZEHはこれまで以上に高い訴求力を持つものになってきている。

KEYWORD 19

賃貸住宅市場

単身世帯、夫婦2人世帯の増加で安定した需要

キーポイント

1996年の約61万戸からは市場規模は半減
コロナから回復の兆し
テレワークの普及で郊外の需要も

賃貸住宅市場については、リーマンショックの影響で2010年には新規着工戸数が30万戸を割り込んだが、その後の消費税率引き上げに伴う駆け込み需要、さらには相続税の改正による投資意欲の増大、マイナス金利政策などの影響により好調さを取り戻した。16年の貸家の着工戸数は、前年度比10・5%増の41万8543戸にまで達した。

しかし、金融機関による融資姿勢の見直しやシェアハウス投資に関連した問題などが起きたことで、市場は一気に厳しい状況へと転じていった。19年は同13・7%減の34万2289戸にまで減少した。ここに追い打ちをかけたのがコロナ禍だ。20年は同10・4%減の30万6753戸となった。以降、回復の兆しが見え始め22年は34万5080戸で同7・4%増と2年連続のプラス。

地域別にみると、対前年比の伸び率が最も大きかったのは近畿圏で9・0%増、そのあとに首都圏8・9%増、その他地域5・9%増、中部圏4・1%増と続く。しかし、過去10年のスパンで見ると、3番目に低い水準で、コロナ前の水準に戻ったとは言い切れず、さらに遡り、約61万戸の規模があった1996年と比べると市場規模は半減している。ただし、土地を持つオーナーが相続、税金対策として賃貸経営を行うニーズはいつの時代も一定数ある。

また、少子化と言われているが、晩婚化が進む中で、単身世帯の高齢化が進み、都市部では、子供を持たない夫婦世帯も増えており、こうした世帯数の増加などにより、今後も安定した賃貸需要が見込まれる。

コロナ禍において賃貸住宅の需要に

賃貸住宅の新設着工数

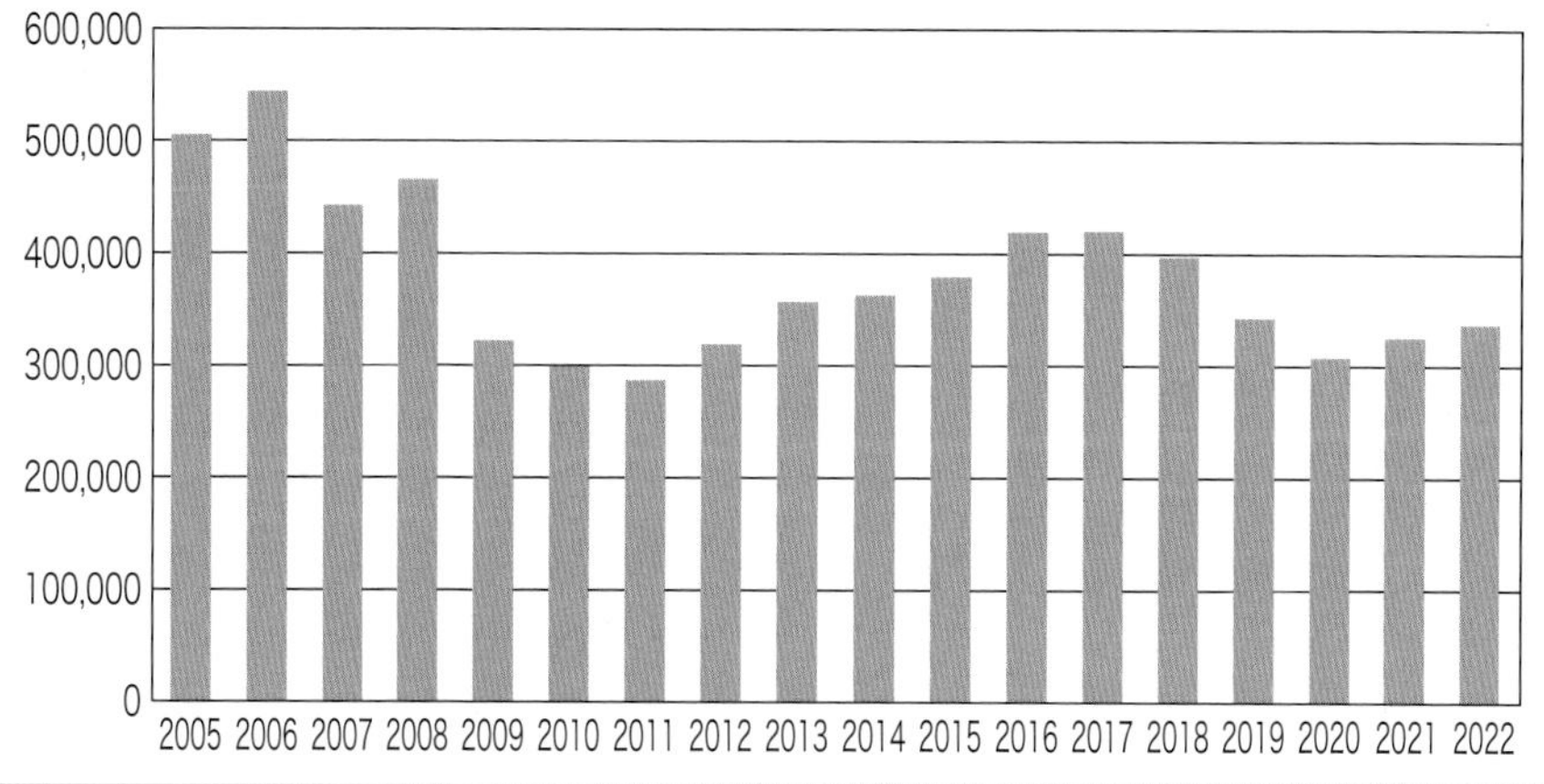

出典：国土交通省

変化も出てきている。これまでは職住近接の需要により、都心のオフィスにできるだけ近い立地を志向する傾向が強かったが、ここにきてテレワークの普及により郊外のニーズが高まっている。

ＬＩＦＵＬＬがまとめた首都圏版『２０２２年 ＬＩＦＵＬＬ ＨＯＭＥ'Ｓ住みたい街ランキング』によると、昨年に続き郊外需要がさらに高まり、都心の人気エリアから脱する動きが加速している。２年連続で１位、２位となった「本厚木」と「大宮」をはじめ、３位「柏」（６アップ）、５位「西川口」（７アップ）と、いずれも郊外、準近郊の街が上位を占める。

ＬＩＦＵＬＬ ＨＯＭＥ'Ｓ総研は「長期化するコロナ禍で、将来に対する不安が増大したことで、家賃などの生活コストを抑える傾向がより一層強まり、テレワークの普及で家と会社を往復する必要がなくなったユーザーを中心に、物件選びの基準がより自由になった」と分析する。

これからどうなる?

ハード・ソフトの両面から訴求力を高める動きが進む

ハードとソフト両面から訴求力を高める動きが加速しそうだ。旭化成ホームズでは、60年無料点検システムやロングライフプログラムにより、より長期にわたり賃貸住宅経営をサポート。また、「共通の価値観」を持つ入居者を集め、入居者間で育まれるゆるやかなコミュニティを形成するコミュニティ賃貸を提案している。また、賃貸併用住宅仕様化から40年の実績を生かし、家族変化に対する融通性や、災害時の安心感といったくらしの中でのメリットを訴求する。大東建託のグループ会社である大東建託パートナーズでは、21年秋から暮らしに特化した会員制のプラットフォームを実用化し、多様な生活サービスなどを提供していきたい考えだ。

KEYWORD 20

プレハブ住宅

激変する時代に求められる新たな役割

キーポイント

工業化住宅で住宅不足解消に貢献
プレハブシェアは13％台まで落ち込む
環境対応などで求められるリーダーシップ

日本は戦時中に多くの住宅が焼失した。420万戸という圧倒的な住宅不足を解消する切り札として戦後登場してきたのがプレハブ住宅だ。住宅建築を工業化（工場生産化）することで、一定以上の品質を備えた住宅より早く供給していく。このミッションをクリアするために1960年代には多くのプレハブメーカーが誕生した。新産業として注目され、その黎明期には様々な業種の事業者が参入し技術開発でしのぎを削った。74年のオイルショックによる経済危機を乗り越えたハウスメーカーは、さらにたくましく成長し住宅産業をリードし世界に類を見ないビジネスモデルとして発展してきた。

この10年のプレハブ住宅の着工は、2009年にリーマンショックによる景気悪化を受けて大きく減少したものの、その後は東日本大震災の復興需要などもあり増加傾向が続いた。16年は経済の回復や住宅ローンの低金利を受けて14万8528戸まで増加したが、以降4年連続で前年を下回り、特に20年は消費税増税の駆け込み需要の反動とコロナ禍の影響で、着工は前年比13・4％減の11万1107戸と大きく減少。21年に増加に転じたが、22年は同0・8％減の11万2528戸となった。

新設住宅着工に占めるプレハブ住宅の割合も減少傾向が続いている。09年のリーマンショックの影響で世界的な経済悪化を受けて着工全体が一気に100万戸台まで減少する中、プレハブ住宅は戸数こそ減らしたものの減少幅が小さかったことからシェアを伸ばし16％にまで高まった。その後、15％台で推移してきたが、17年から14％台に

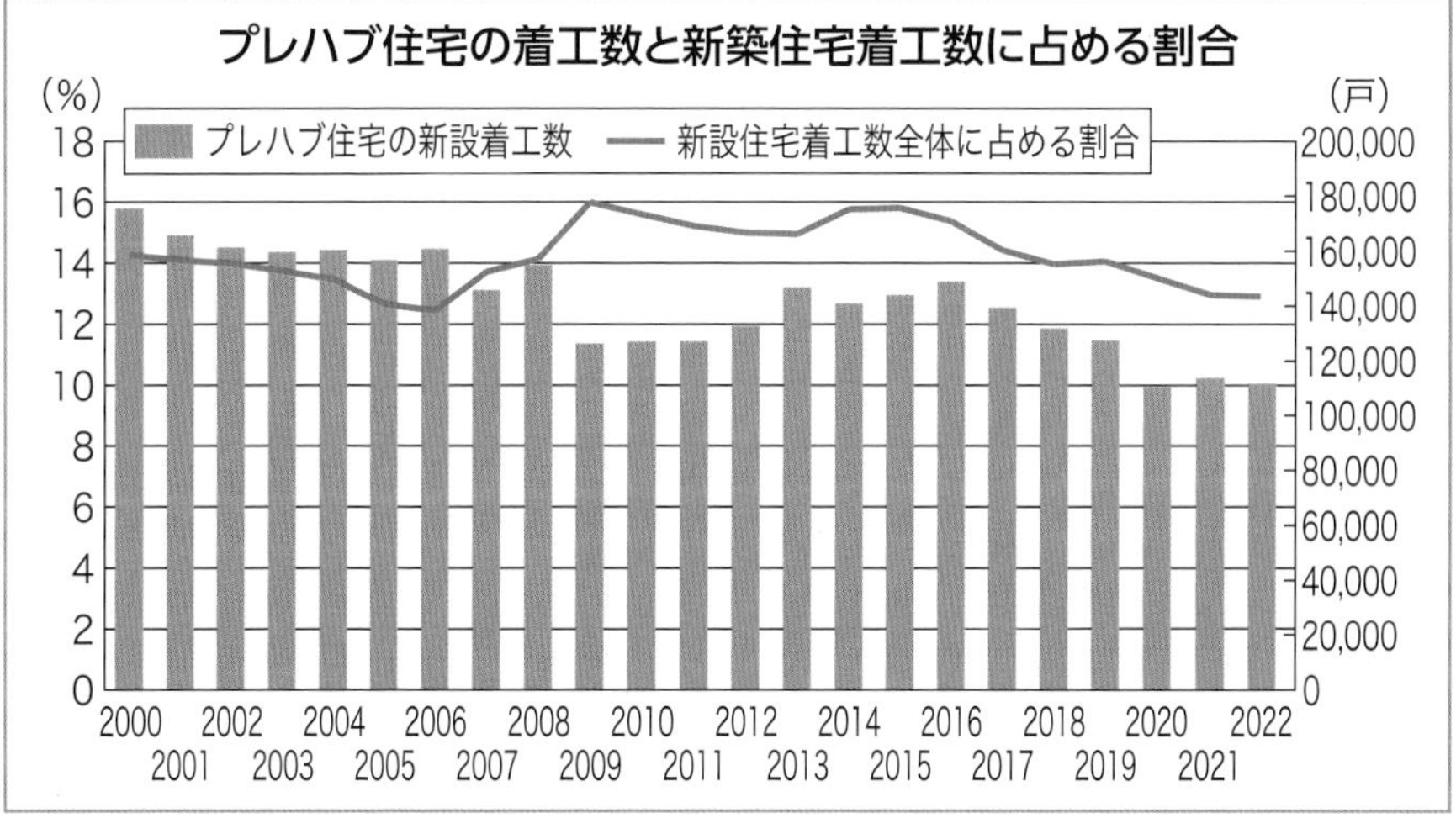

出典：国土交通省

減少、22年には13%台にまで落ち込んできている。

プレ協は創立60周年行動憲章を改訂

住宅分野を取り巻く環境が大きく変わりつつある。住宅市場はフローからストックへと軸足を移し、環境問題など社会的な役割も従来以上に求められている。プレハブ住宅メーカーが集まる（一社）プレハブ建築協会は23年1月に創立60周年を迎えた。新たに改訂された行動憲章には、「高品質な空間、環境を創造する、技術力に優れた企業が集まり、本格的な少子高齢化社会においても、より豊かで活力に満ちた持続可能な社会を創るために活動すること」を基本行動理念として定めた。活動の指針として「良質な建築・住宅によるストック型社会の構築」、「新たなニーズに対応した市場の創造」、「地球環境への配慮」、「国際貢献」、「人材の育成」、「DXへの取り組み」という6つのテーマを掲げる。

これからどうなる?

先細る供給サイドに対応 プレハブ住宅の強みにさらに磨き

先細る供給サイドに対応し、プレハブ住宅の工業化技術にさらに磨きをかける動きが進みそうだ。

積水化学工業は、ユニット工法・工場生産の技術を核とし、セキスイハイム生産・施工の自動化、DX化を加速。鉄骨住宅を生産する全7工場の構造体生産工程自動化率は、22年度85%を見込んでおり、今後も自動化設備を順次拡充することで、25年度90%、30年度95%を目指す。さらに、溶接強度検査なども自動化するほか、施工現場にウェブカメラを導入し、今後、モニタリングシステムによる遠隔・集中管理や、工業化住宅ならではの設計データとAIを連動した安全管理システムの確立を目指す。

KEYWORD
21

在来木造住宅

大工不足で存続の危機、高度工業化が不可欠

キーポイント

住宅着工の4割超は在来木造

根強い木造住宅のニーズ

住宅高性能化の要求も大工減少に拍車

我が国の戸建て住宅の多くを占めるのが木造住宅である。2022年の新設住宅着工戸数86万戸のうち木造住宅（※在来軸組、2×4、木造プレハブの合計）は47・8万戸であり、55・6%を占める。ここ10年ほど50%台半ばから後半で推移している。さらにこの木造住宅47・8万戸のうち在来工法住宅は37・7万戸、着工全体に占める割合は43・8%で、その多くを占める。

戦後、プレハブ住宅が登場し、さらに2×4工法が導入されたことで、伝統的な在来軸組工法はそのシェアを一時下げたが、日本人の根強い木造に対するニーズ、また、在来木造用の規格材の生産・流通体制の整備、プレカット材の普及、全国に在来木造を建てる中小工務店が存在することなど、複数の要因に支えられ、在来木造住宅は現在においてもプレハブ住宅や2×4住宅をはるかにしのぐシェアを持つ。

この在来木造住宅の供給を担っているのが、地域の中小規模の工務店である。従前、大手ハウスメーカーに比べてブランド力や商品開発力、技術開発力の面で水をあけられていると指摘されてきた。しかし、近年、地域密着の強みを生かし、林業や木材産業などと連携して、中大規模木造の分野への進出なども含めて、地域経済活性化の中で事業を展開する工務店が増えてきている。さらに、住宅性能の追求では、ZEHやHEAT20などで、ハウスメーカーをしのぐ動きもあり、工務店の中でも二極化が進む。

一方で、近年、強く危惧されているのが、木造住宅の生産を担う大工・職人の急激な減少だ。在来木造は大工が

木造住宅の着工数と新築住宅着工数に占める割合

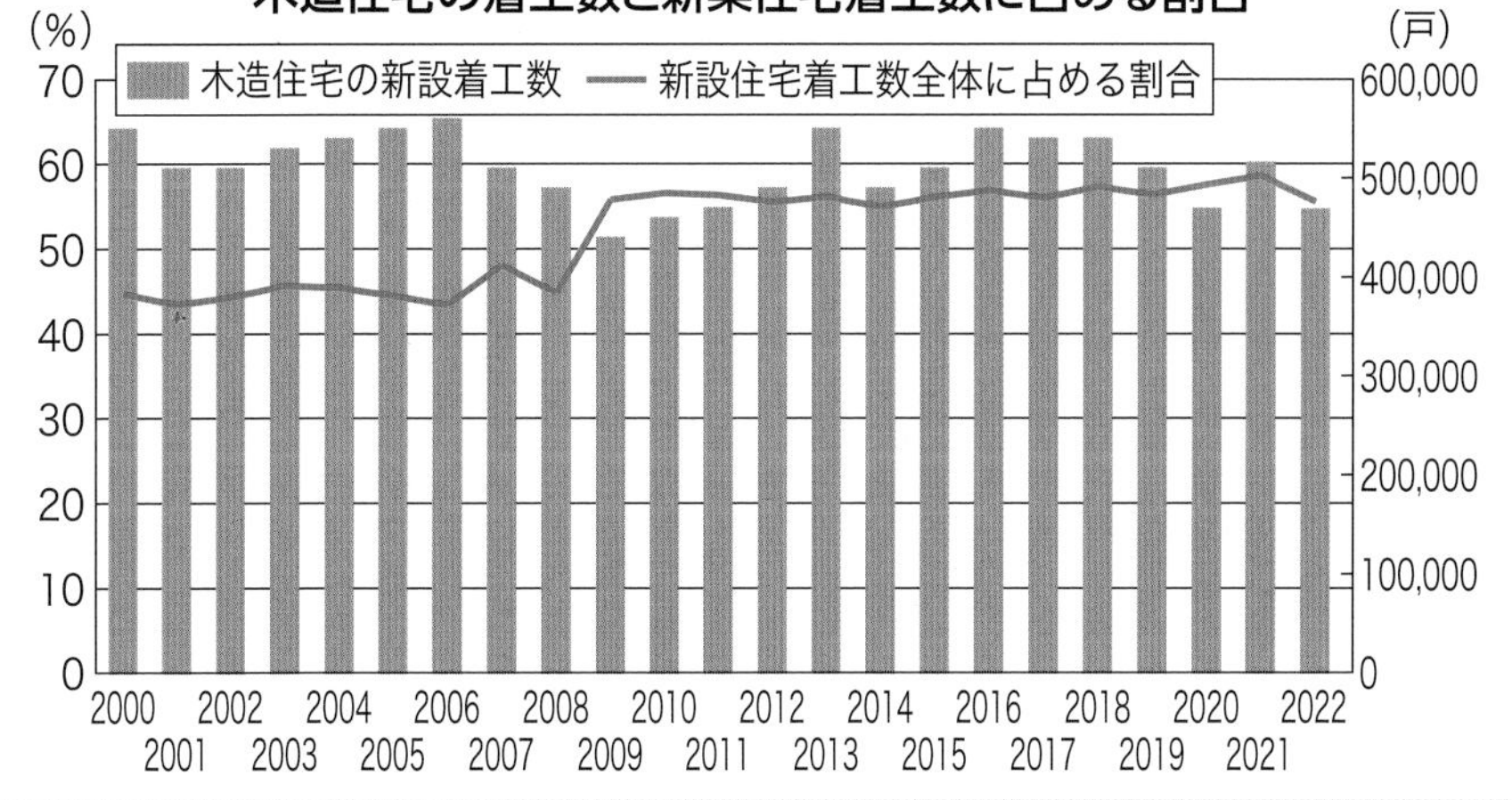

出典:国土交通省

建てる工法といっても過言ではない。在来木造住宅が新設着工のトップシェアを占めてきたのは、地域ごとに大工が在来工法で住宅生産を担ってきたからだと言えるが、総務省の国勢調査によると、1980年のピーク時に93万人いた大工は、25年には60%減の37万に減少。高齢化が進む一方で若年者の入職は少なく、35年には14万人に減少するという予測もある。大工の急激な減少に伴い、在来木造住宅は存続の危機を迎えている。将来的に住宅の建設需要はあるが、先細る供給サイドの問題により、建てることができないという懸念が高まっている。

さらに、脱炭素を背景に住まいの高品質確保の要求が高まり、木造建築の大規模化への対応など、大工への負担が増加しており、大工の減少に拍車をかけている。

これからどうなる?

プレカットのレベルからもう一段高いパネル化、高度工業化が不可欠に

在来木造住宅は、プレカット材の普及により生産性が大きく改善したが、急激な大工・職人不足に対応していくためには、もう一段高いレベルの高度工業化を進めていくことが不可欠な時期に来ている。こうした中で、工務店などに対して木造住宅生産の高度工業化を下支えするソリューションが登場してきている。

18年に起業したウッドステーションは、工場で生産する木造大型パネルを活用した受託加工サービスを展開。ハウスメーカーや工務店、設計事務所など、事業者を選ばずに、オープン市場において誰もが要望通りの在来木造を建てられるプラットフォームの構築を目指す。そのほかDXツールなどを活用し、木造住宅の設計、生産、維持管理業務を高度化・効率化するソリューション提案も活発化している。在来木造の存続、さらなる発展に向けて、こうしたソリューションをうまく組み合わせて事業を展開していくことが求められている。

KEYWORD 22

ツーバイフォー住宅

中高層の非住宅分野で高まる存在感

キーポイント

近年のシェアは10～12%

耐火構造の認定取得で高層化が進む

国産材活用も拡大

1974年、北米発祥のツーバイフォー（2×4）工法が我が国において一般工法としてオープン化された。パネルを組み立て、壁、床、天井が一体となったモノコック構造の合理化工法であり、耐震性、耐火性、省エネ性などの優れた性能を備えている。

オープン化以降、我が国の住宅市場の中で着実に普及し、2006年には年間の新設住宅着工数が10万戸を超え、11年には累計着工戸数200万戸を突破。20年には300万戸を達成している。シェアについては、99年には2%に満たなかったが、09年には11・6%と1割を超えた。12年以降12%台をキープしてきたが、コロナの影響で20年以降、下降傾向にあり、22年の着工は前年比5%減の9・1万戸、シェアは10・6%となった。

2×4工法は様々な建築物に広がっている。住宅に加えて、福祉施設や、寄宿舎・寮、サービス付き高齢者向け住宅などの居住系施設、保育・教育施設、その他、事務所、コンビニエンスストア、店舗、宿泊施設、倉庫、工場など多岐にわたる。

これだけ2×4工法が様々な建築物に広がっている理由は、近年の耐火構造物としての認定取得の取り組みによる。（一社）日本ツーバイフォー建築協会は、04年にカナダ林産業審議会と共同でツーバイフォー工法による「耐火構造建築認定」を取得した。これにより防火地域での2×4住宅（100㎡超、3階建）や4階建の共同住宅、さらに商業施設、福祉施設、ホテルなどの建設が可能になった。さらに15年には、2時間耐火構造の国土交通大臣認

2×4住宅の着工数と新築住宅着工数に占める割合

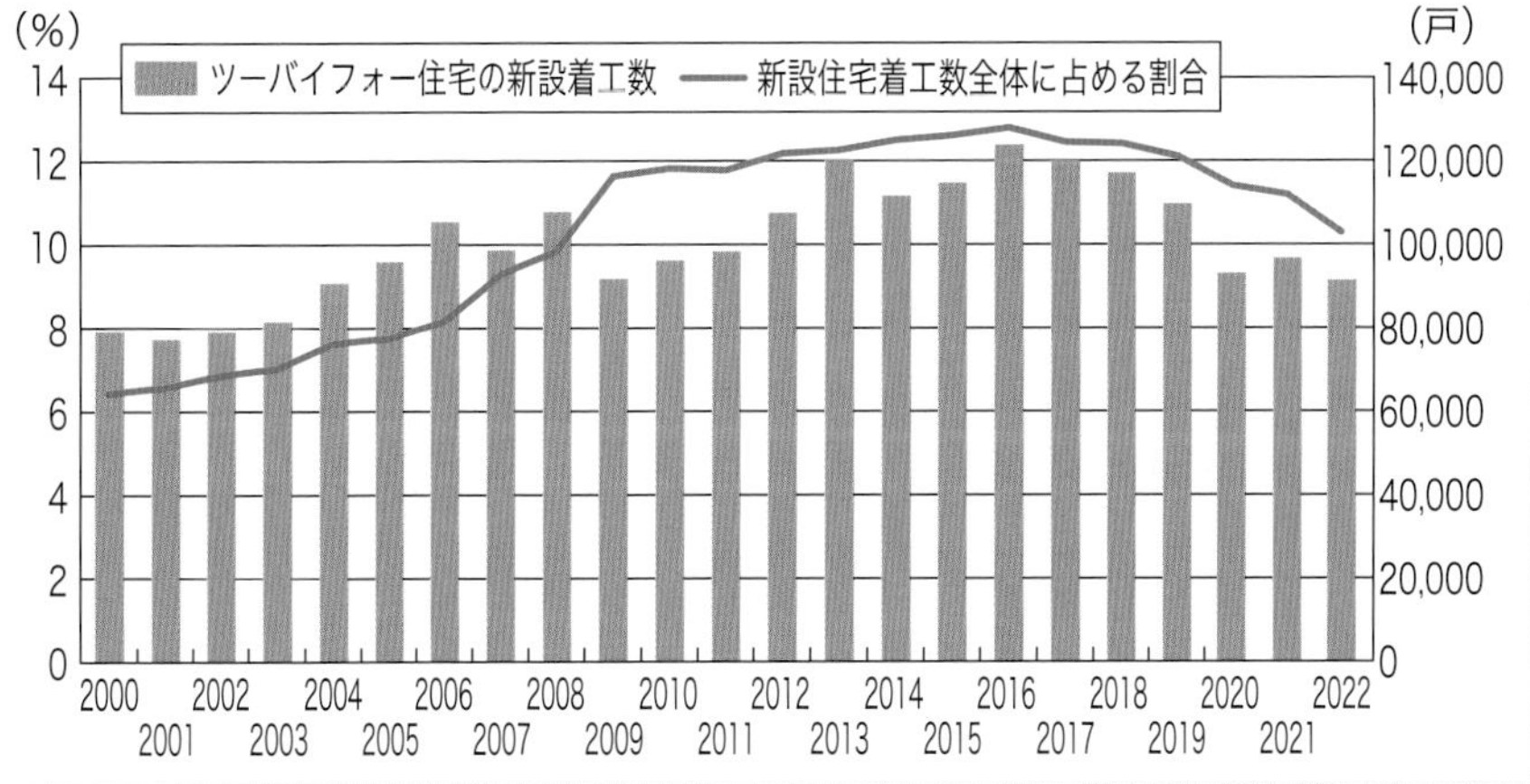

出典:国土交通省

定を取得、これにより階数が5階以上の建築物の建設も可能となり、非住宅分野の木造化が進む中で、2×4建築の高層化を促した。同協会は16年に国立研究開発法人建築研究所と共同で、茨城県つくば市の同研究所敷地内に6階建の実大実験棟も建設した。

国産材の活用拡大も推進する。15年に2×4工法用の構造材に関するJASが改訂され、国産の杉などの強度が評価され、カナダのSPF材などと同じように、国産材が扱いやすくなった。

一方で、大きな課題は、在来木造と同じように、つくり手の不足が深刻化していることだ。

2×4コンポーネント大手のウイングは22年12月、ウッドステーションと2×4工法の分野において、サッシや断熱材まで組み込んだ「建築パネル化」を推進する目的で業務提携を締結した。ウッドステーションが在来木造の分野で蓄積してきたデジタル化、情報処理技術を分野でも応用し、「建築パネル化」を進展させる。

これからどうなる?

さらに非住宅分野で拡大
中高層化と大空間創出を両立

2×4工法の強みを生かし非住宅分野でシェアを伸ばしていきそうだ。2×4工法は中高層化しやすいという特性を持つが、一方で均等に個室が並ぶ、集合住宅などがメインで、広い空間を確保することは不得手と見られていた。しかし、この課題を克服する技術開発も進む。APAエンジニアード・ウッド協会は、面材を枠材で挟み込む構成により耐力が大幅に向上し、面内せん断力が高まる高耐力壁、ミッドプライ ウォール システム(MPW)を日本に導入し、中大規模木造建築において普及を目指す。効果的に配置することで、中高層化と各フロアの大空間創出を両立できる。コンポーネント工場などと連携し、製造拠点のネットワークづくりも進めている。

KEYWORD 23

ネット・ゼロ・エネルギー・ハウス（ZEH）

21年度は7・8万戸、ZEH化率は26・8%に

キーポイント
- 省エネ+創エネでネットゼロに
- 太陽光設置のコストが大きな課題
- 中小工務店の取り組みの底上げも

「ネット・ゼロ・エネルギー・ハウス（ZEH）」は、年間の一次エネルギー消費量を収支ゼロ（ネットゼロ）、または概ねゼロにする住宅。断熱・気密性能に優れる外皮と省エネ設備によりエネルギー消費量を減らしたうえで、太陽光発電システムなどの創エネ設備により住宅で使用するエネルギーをすべて賄えるような住宅である。

住宅の一層の省エネ化が求められる中で、国は「2030年までに新築住宅の平均でZEHの実現を目指す」という目標を打ち出し、国土交通省、経済産業省、環境省の3省が連携し、支援事業などを通じてZEHの普及・拡大に取り組んでいる。

（一社）環境共創イニシアチブ（SII）によると、ZEHビルダー／プランナーが21年度に建設したZEHシリーズ（ZEH Oriented含む）は、7万8431戸であり、新設住宅着工戸数に占めるシェアは約18・5%となった。内訳は、注文住宅が7万4678戸とそのほとんどを占め、新設住宅着工戸数に占めるシェアは26・8%。一方、建売住宅（分譲）は3753戸とシェアは2・6%にとどまっている。

供給者別に見ると、ハウスメーカーの実績は5万6803戸、一般工務店は2万1628戸。ハウスメーカーのZEH化率は60・8%であり、国の目標を超えている。

SIIの調査によると、ZEHビルダー・プランナーが自社の年間目標を達成できなかった理由のトップは「顧客の予算」である。つまり、ZEH化するための追加コストに対して、施主

ZEHビルダー/プランナーの2021年度実績と新設住宅着工戸数に占めるシェア

	注文住宅		建売住宅(分譲)		合計	
	戸数	シェア	戸数	シェア	戸数	シェア
ZEH	51,350	18.4	2,299	1.6	53,649	12.7
Nearly ZEH	18,513	6.6	1,055	0.7	19,568	4.6
ZEH Oriented	4,815	1.7	399	0.3	5,214	0.1
ZEHシリーズ計(ZEH Oriented含む)	74,678	26.8	3,753	2.6	78,431	18.5

出典：(一社)環境共創イニシアチブ資料より作成

の理解を得られなかったということだ。追加コストとして特に大きなものが、太陽光発電だ。

（一社）プレハブ建築協会に加盟する大手ハウスメーカーでは、ZEH要件の断熱基準である「強化外皮基準」を満たす戸建住宅の供給率は86%とほぼ標準仕様となっている。

しかし、初期コストなどが課題となり太陽光発電の設置率は69・5%であり、注文住宅のZEH率は64・9%にとどまる。この課題に対するソリューションとして、TPO（Third Party Ownership：第三者所有）モデルへの期待が高まっている。

ユーザーが太陽光発電を購入するのではなく、第三者が所有してユーザーの住宅の屋根に設置するモデルでPPA（Power Purchase Agreement：電力販売契約）やリースといったサービスがあり、いずれも、初期コスト〝ゼロ円〟で太陽光発電を導入できる。

これからどうなる?

手厚い支援で普及・拡大が続く 30年を待たずZEHが最低水準となる可能性も

ZEH化への誘導が着実に進みそうだ。SIIによると、戸建注文住宅における21年度のZEH化率は26.8%と着実に広がっている。3省連携による補助制度に加え、【フラット35】SのZEHの設定、長期優良住宅などのZEH要件化など数々の施策がユーザーにインパクトを与えている。(一財)住宅生産振興財団等の展示場来場者アンケートではZEHの導入・採用意向は63.4%と前年から2.2倍もの増加となり、補助金や税制優遇策をきっかけにZEHへの関心が高まっている様子が浮き彫りになっている。30年には適合義務のレベルがZEH水準へと引き上げられる予定だが、あと7年を待たず新築住宅はZEHが最低水準という状況を迎える可能性もある。

KEYWORD 24

スマートホーム

家中の家電、設備を一元管理、日本でも普及

キーポイント

快適で賢く制御された住空間に

存在感増すプラットフォーマー

世界標準規格のMatterも登場

電化製品や照明、エアコン、セキュリティ、音響システムのほか、玄関ドアや窓、シャッター、給湯器など、家電製品や住宅設備をスマートフォンやタブレットから制御できるホームオートメーション技術が導入された住まい。家の中のあらゆる機器を一元管理できるため、快適で賢く制御された住空間を実現できる。しかし、アメリカで先行して普及し、日本では注目されつつも、なかなか普及していないのが実情だ。日本ではデベロッパーやハウスメーカー、家電メーカーなどが主体となり、クローズドな形でスマートホームサービスを提供し普及拡大を目指すケースが多いため、「利用するアプリがばらばらでまとめて操作できない」ということがネックになっていた。しかし、ここにきて、日本においても様々なIoT機器をつなぎ最適なパッケージとしてスマートホームサービスを提供するプラットフォーマーの存在感が高まっている。

三菱地所は、総合デベロッパーのノウハウを生かしながら、日本の住環境に導入しやすい総合スマートホームサービスとして「HOMETACT（ホームタクト）」を、米国のIoTプラットフォーマーと連携し開発した。システム開発、プラットフォーム運用を三菱地所が担い、また、家電量販店のビックカメラと提携し、入居前の機器の設置・設定を行う。特定の通信規格に依存しないAPI（クラウド間連携）によりソフトウェア同士をつなぎ対応機器を拡大する。また、2022年11月、LIXIL、muiLab（京都市）と、スマートホーム領域での提携

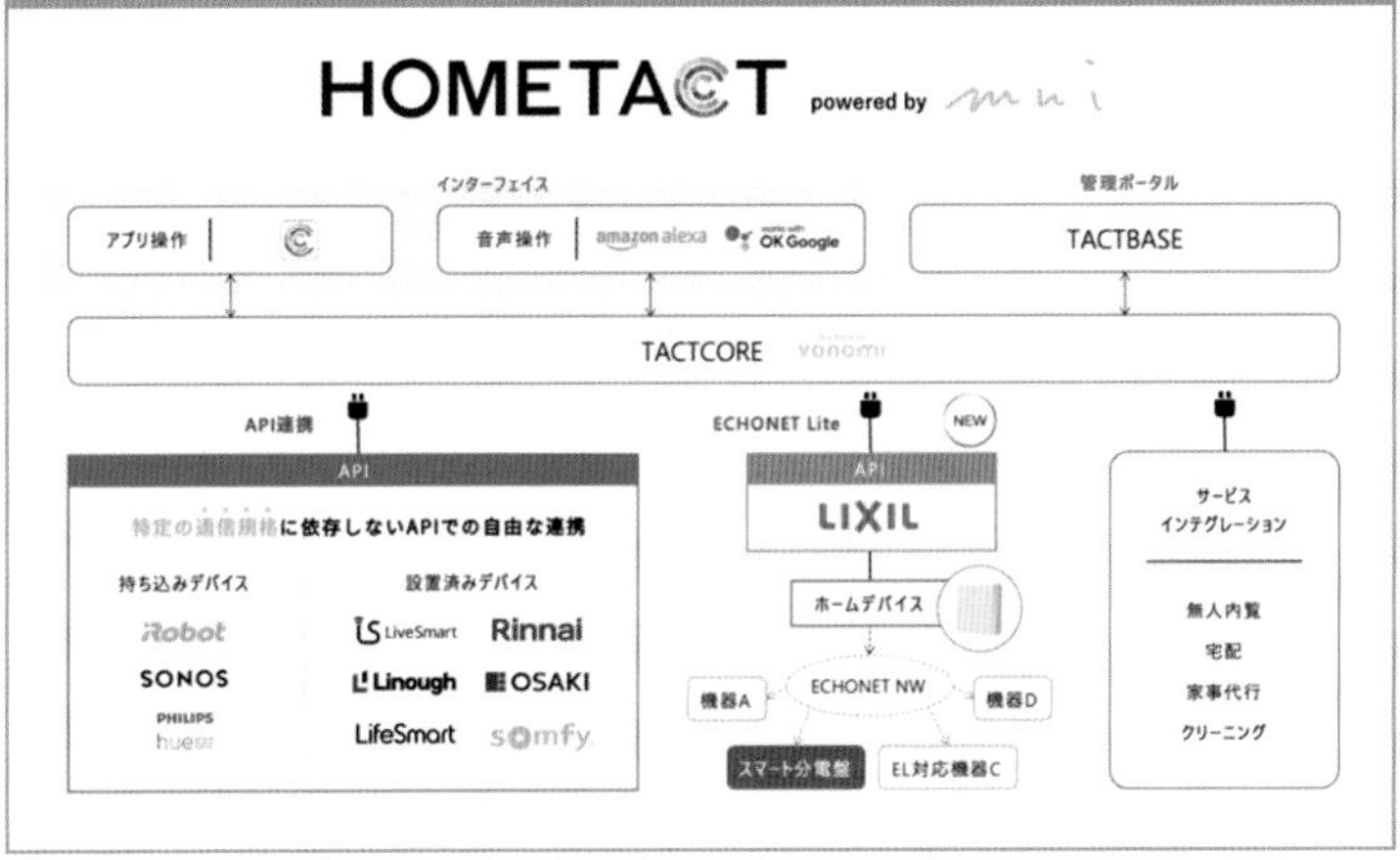

進化したHOMETACTのイメージ。三菱地所が展開するHOMETACTのイメージ。LIXIL、mui Labなどとの提携で、操作・制御できる対応機器を大幅に拡大した

に向け基本合意を締結した。各社のプラットフォームを統合することで、操作・制御できる対応機器を大幅に拡大させる。LIXILは、日本独自の通信規格、ECHONET Liteに対応したIoTホームリンク「Life Assist 2」を展開。国内の大手住宅機器メーカーの製品がホワイトリスト対応済となっており、戸建住宅分野を中心に普及を進める。今回の提携によりAPI連携機器群とECHONET Lite連携機器群を組み合わせた国内初のハイブリッドプラットフォームに進化する。

(独)都市再生機構(UR)と東洋大学情報連携学部(INIAD)の「Open Smart UR」(オープンスマートUR)の取り組みも新たなスマートホームの姿として注目される。

さらに22年10月、550を超えるテクノロジー企業の国際コミュニティである米国のコネクティビティスタンダードアライアンス(CSA)はスマートホームの通信統一規格として「Matter 1.0」仕様のリリースとMatter認定プログラムの開設を発表した。日本への影響も必至だ。

これからどうなる?

省エネ効果に期待
エネマネ機能が進化、関連サービスが充実

光熱費が高騰し続ける中で、スマートホームのエネルギーマネジメント機能への注目度が高まり、関連サービスが充実していきそうだ。三菱地所は、「HOMETACT」を介した生活サービスの開発、利用促進に注力。エネルギーマネジメント(HEMS)機能を新たに実装し、スマート分電盤などとの連携で省エネ化をサポートする。工務店・ビルダーなどへ営業販促支援・経営支援を行う絆ジャパンは、スマートハウス「Smart2030 零和の家」の開発・販売ノウハウ「ハウジングテック」の全国展開を加速。「AI搭載クラウドHEMS」が最適な形で住宅設備を自動制御し、電気を賢く使う仕組みを提案する。

KEYWORD 25

平屋住宅・多層階住宅

身の丈に合った平屋が人気　収益物件として中高層も

キーポイント

- 平屋の市場はこの10年で2倍に拡大
- 世帯人数の減少も平屋人気に拍車
- 中高層住宅で都市部の土地を高度利用

平屋への注目度が増している。国土交通省の「建築着工統計調査」によると、平屋住宅の新築着工数は、２０１０年度は2万６９１５棟であったが20年度は4万７４５２棟と倍近く伸びている。また、居住専用住宅のうち平屋の割合は、10年度に6・19％だったが20年度には11・5％と、10年で約2倍に増えており、住宅全体の着工数が伸び悩むなかでも、平屋については堅調に市場を拡大させている。

世帯人数の減少も、若者の一次取得者層で平屋人気が加速している要因の一つだ。総務省の「２０２０年国勢調査」によると、平均世帯人数は全国平均で2・27人と、単身世帯や夫婦のみといった世帯の割合が多くなっている。かつての標準世帯を想定した2階建ての間取りでは、広すぎると感じる世帯がより増えており、その受け皿として平屋への注目度が増し、従来のシニア層に加え、若年の一次取得者層による需要が高まっている。

住宅事業者各社は平屋の新商品を相次いで発売、しのぎを削る。積水化学工業は、コロナ禍のテレワークなどの需要に対応し訴求力を高めるために、21年4月に「パルフェ‐bhスタイル平屋『ＳＴＡＹ＆ＷＯＲＫ モデル』」を発売。平屋でもプライベートな空間を確保し快適な在宅ワークを実現する「スキップアップピット」を採用。いわゆるロフト空間で、約3～4畳分のスペースを1・5階に確保した。ＬＤＫよりも高い位置にあるため、家族の気配を感じながらも仕事に集中できるセミオープンな在宅ワーク空間などに活用できる。

ＪＩＢＵＮ ＨＡＵＳ．は21年7月、1000万円台の平屋規格型住宅「1208F」を発売した。同社では、ベーシックなモデルとなる「Fシリーズ」で、これまで2つの平屋のプランを展開していたが、若年層や小世帯をメインターゲットによりコンパクトでミニマルな新たな平屋の需要に対応しようと「1208F」を開発した。間取りを絞った2LDKのプランとすることで、単身・2人といった小世帯や、ミニマルな暮らしを求める若年層の需要に対応。価格も延べ床面積20・72坪で税込み1232万円と1000万円台に抑えた。

一方、都市部の土地オーナーの間では節税と収益効果のある賃貸併用住宅や店舗併用住宅のニーズが高まっている。ハウスメーカー各社では土地の高度利用を可能にする多層階の中高層建築を提案する動きが活発化している。

アキュラホームは、低コストで木造中層ビル建築を実現する「普及型純木造ビル」のプロトタイプを開発、研究開発の蓄積をもとに、木造軸組工法、耐震構造による日本初となる「5階建純木造ビル」モデルハウスを川崎市の川崎住宅公園にオープンした。都市部での収益物件として、1階が店舗フロア、2階、3階が賃貸住宅フロア、4階、5階がオーナーの自宅フロアと、複合用途を想定した間取りで建設。全国の工務店などと共に普及を目指す。

アキュラホームは日本初、5階建純木造のモデルルームを開設した

これからどうなる？

旺盛な需要を背景に 平屋、中高層ともに市場拡大

平屋住宅、高層階住宅は、ともに旺盛な需要を背景に今後も、安定的に市場は拡大していきそうだ。住宅メーカーの担当者は、「平屋の人気は、若者の価値観・ライフスタイルの変化や、多様な小世帯の需要、自然を求める需要、共働き世帯の家事効率向上の需要など、複合的な要因に支えられているものであり、市場は力強く成長する」と話す。

パナソニック ホームズは、規格化が難しい15cmの小モジュールのままで工業化できる同社独自の強みを生かして多層階の特建事業を成長ドライバーに位置づける。23年8月、多層階賃貸集合住宅 NEW「Vieuno（ビューノ）」を発売。高い遮音性や上質なデザイン、最高等級4相当の新界壁によりZEH-Mに対応できる断熱性能を備え、入居者にはストレスフリーな暮らし、オーナーには資産価値の持続を提案する。

KEYWORD 26

規格住宅

時間をかけずにコストを抑えて合理的に家づくり

キーポイント

住宅会社の知見を生かして効率的なプラン

タイパ、コスパ求める層に合致

シミュレーションツールの充実も後押し

自由設計の注文住宅、一方で、コストは抑えられるが、間取りやデザインは決まっている分譲住宅、建売住宅。その中間に位置するのが、セミオーダーの規格住宅と言える。住宅会社の豊富な知見を生かして設計し、効率的なプランを用意することで、コストを抑えやすいというメリットがある。近年、住宅一次取得者である20代~30代の若年層を中心に、費やした時間に対して得られる成果・満足度を指すタイムパフォーマンスを略した「タイパ」、コストパフォーマンスを略した「コスパ」を追求するニーズに合致して規格住宅の人気が高まっている。この若年世代は、共働きが増えている一方で、1人当たりの可処分所得は下がる傾向にあり、「いいものを低コストで買いたい」、「こだわって悩むよりも、ある程度はプロに任せて、効率よく買い物がしたい」という傾向が強まっている。また、VRやメタバースなどのシミュレーションツールが充実していることも規格住宅の人気を後押ししている。

クリエイト礼文（山形県山形市）は、ユニテハウス（ＵＮＩＴＥ ＨＯＵＳＥ）というブランドで規格住宅を展開し、山形県で13年連続、新築住宅着工数トップの実績を持つ。２００８年、２×４工法の規格住宅「ユニテハウス」を発売。シンプルな箱型住宅で、厳選した40プランをラインアップし、山形県、宮城県で、同社が直販するほか、東北エリアを中心に45拠点で、ＦＣ（37社が加盟）を組織化し、第一次取得者である20~40代の層に訴求する。スペックを絞りコストダウンを図ったスマートユニテの平均価格は１５００万~

1700万円。大場CEOは、「ウィズコロナの世の中で住まいを求める人々は、無理をしないクオリティ・オブ・ライフを求めている。そのニーズに応えるのは、コストパフォーマンスに優れた商品であり、規格型住宅へのニーズはさらに高まっていく」と見る。

JIBUN HAUS.（東京都港区）は、「スマホでできる自分だけの家づくり体験」をコンセプトに掲げ、規格住宅「ジブンハウス事業」を展開。VRでの内覧や、リアルタイムの見積もり、明朗な会計を通じて、誰もがよりスマートに自分の理想の暮らしを実現できる、新しい家の買い方「スマートカスタム住宅」を提案する。主力の規格住宅の価格は1500万円台。加盟店数は北海道から沖縄まで全国約140社以上にのぼる。2016年に東京でスタートしてから全国で900棟以上の実績を持つ。内堀代表取締役は、「『このまんまの規格住宅が欲しい』と思ってもらえるように、VRの見せ方に磨き込みをかけてきた。価格を明確化し、カスタムできる選択肢を用意することで、規格住宅のまま購入されるケースが多い」と話す。

ミサワホームが新時代の企画住宅として販売を開始した「SMART STYLE　Roomie」。プロの「おすすめ」を満載した

これからどうなる?

住宅販売のカンフル剤に ハウスメーカーも注力

住宅価格の高騰を背景に注文住宅の苦戦が続くが、ハウスメーカー各社は、戸建住宅販売のカンフル剤として規格住宅に改めて注力し始めている。規格住宅の先駆者と言えるミサワホームは、企画住宅を「高い水準の基本性能に加え、プロの目線による新たな生活提案を盛り込んだ住まい」と定義する（※同社は企画住宅と表記）。23年4月、木質系工業化住宅の企画住宅「SMART STYLE」のラインアップに、コロナ禍以降の新時代の一歩先を見据えたライフスタイルを提案する「SMART STYLE　Roomie（スマートスタイル ルーミエ）」を加え発売。合理化された新たな住まいづくりのプロセス「MISAWA STYLE SELECT」を用意。プランや外観、インテリアなど膨大な建築実績や昨今のニーズを分析して厳選した。家族の好みやライフスタイルに合わせ、5つのステップでこれらを選び組み合わせることで、多様なニーズを叶える豊かな住まいを実現する。

KEYWORD 27

高付加価値賃貸住宅

脱炭素、デジタル化など背景に賃貸も高付加価値化

キーポイント

戸建に比べ省エネ化が遅れ対策が急務に

環境意識の高まりを背景に賃貸ＺＥＨが拡大

スマートホームサービスで賃料アップ

戸建住宅に加えて、賃貸住宅においても付加価値化の動きが加速している。賃貸住宅の専業事業者は「新築住宅が縮小に向かう中、賃貸住宅に注力する住宅事業者、デベロッパーが増えており、事業者間の競争は激化している」と話す。また、大手デベロッパーの担当者は、「土地の高騰に伴い、分譲マンションの用地の取得が進まない中、賃貸事業の割合が、年々高まってきている。一定期間、賃貸物件を保有した上で、投資家に販売する、といった選択肢もあり、分譲マンションに比べて、賃貸の方が土地の仕入れをしやすい。ただし、都市部では、賃料は過去最高レベルにまで高まっており、横並びの提案では、高騰する賃料の根拠を示しにくくなっている。何を強みに訴えていくのか、差別化がこれまで以上に重要になっている」と話す。

高付加価値化の大きな流れの一つはＺＥＨ賃貸だ。２０２１年10月に閣議決定された第６次エネルギー基本計画で、30年度以降に新築される住宅はＺＥＨ水準以上の省エネ性能の確保を目指すことが示された。一方で、20年度の集合住宅着工面積におけるＺＥＨ-Ｍ比率は約１・２％と、戸建住宅に比べてＺＥＨ普及が遅れており、対策が急務となっている。

加えて今後、新築分譲住宅と新築賃貸住宅を対象に、省エネ性能を光熱費に換算し、「目安光熱費」として表示する制度が24年度からスタートする。住宅に関するポータルサイトなどで表示することが想定されている。賃料の妥当性を消費者に分かりやすく示す根拠にもなり、ＺＥＨ化の動きは、さらに

大東建託は主力のカップル・ファミリー向け賃貸住宅を一新。ZEH Orientedを標準とした「NEW RiSE（ニューライズ）」を発売した

加速していきそうだ。

ZEH賃貸で先行するのは積水ハウスだ。同社が賃貸住宅の居住者を対象に行った調査では、約半数以上がZEH賃貸に住みたいと回答。一般消費者の環境意識の高まりもあり、多くのオーナーの支持を集め、シャーメゾンZEHの21年度受注戸数は、前年度比約3倍の8501戸、累計では1万2307戸となった。

大東建託は22年5月から、太陽光発電の設置なしでもZEH対応可能な、カップル・ファミリー向け賃貸集合住宅として、ZEH Orientedを標準とした「NEW RiSE（ニューライズ）」の販売を、省エネ基準地域区分4地域以南のエリアで開始した。ZEH賃貸の販売は21年度3602棟から22年度3万4626戸へと急増している。

さらに、スマートホームサービスを導入した新しい付加価値提案で、賃料アップを目指す事例も増えている。アクセルラボ（東京都新宿区）は、2019年8月から、スマートライフプラットフォーム「SpaceCore（スペース・コア）」の提供を開始。スマートロック、スマートスピーカー、給湯器、床暖房、スマート宅配BOX、電動シャッター、電気錠などのデバイスを開発する15社以上のメーカーと連携。1つのアプリから統合的に、これら複数の家電・設備の操作が可能で、スマートな暮らしを実現する。不動産デベロッパーを中心に、全国150社以上、約1万8000戸に導入されている。

これからどうなる？

子育て世帯がターゲット ゆとりある間取りの戸建賃貸も拡大

よりゆとりにある住まいを求める子育て世帯などをターゲットに、床面積70㎡以上の戸建賃貸住宅を展開し、新しい需要を掘り起こそうとする動きも出てきている。アセットマネジメント事業を展開する、ケネディクス（東京都千代田区）は21年8月、一都三県に所在する賃貸戸建住宅を投資対象とするファンドの取り組みを開始した。スマートホーム機能が実装された戸建賃貸に住む、新しいライフスタイルを提案する。飯田グループホールディングス、オープンハウス、三栄建築設計の大手戸建分譲事業者3社と協調体制も構築。3社が建築、販売する戸建分譲住宅を、ケネディクスが買取り、戸建賃貸住宅「Kolet（コレット）」として展開していく計画だ。

KEYWORD 28

中大規模木造建築

木材利用拡大へ大きなポテンシャルを秘めた市場

キーポイント

ウッド・チェンジで非住宅木造化を推進

工務店もオープン工法のノウハウを生かし参入

大手ゼネコンは超高層ビルの木造化に挑戦

伐採期を迎えた国産材の利用拡大に向けて、建築物の木材利用を促進していこうとする気運が高まり、木造建築市場にかつてない追い風が吹いている。また、脱炭素、SDGsといった観点からも、循環型資源であり、炭素貯蔵効果が期待できる木材を建築物に積極的に活用していこうとする動きが広がっている。中でも新市場として期待を集めるのが中大規模木造市場だ。人口減から新設住宅着工戸数が減少することが見込まれる中で、非住宅、中高層住宅や店舗・事務所をはじめ住宅以外の建築物での木材利用の促進を進め、脱炭素化、SDGsに貢献していこうという動きが活発化している。

ただし、2021年に着工された我が国の建築着工床面積の現状を用途別・階層別にみると、低層住宅以外の非住宅・中高層建築物の木造率は未だ6%と低い状況にある。こうした中で、林野庁は、19年から「ウッド・チェンジ」というスローガンを掲げて、川下の木材需要を喚起する施策を展開する。住宅や非住宅、家具や日用品まで、様々なものを木に変えていこうという運動だ。「ウッド・チェンジ」では、非住宅、中大規模建築を重要なターゲットとして定める。現状、コンクリート造、鉄骨造がほとんどで、木造の割合はわずかである非住宅を木造にチェンジすることで、木材利用の拡大を目指す。建築主を加えた形で、川上から川下までの事業者をつなぐ「ウッド・チェンジ・ネットワーク」を立ち上げ、木材利用に関する課題の特定や解決方法、木材利用に向けた普及のあり方などについて協議、検討を行い、木材が利用しや

階層別・構造別の着工建築物の床面積(2020年)

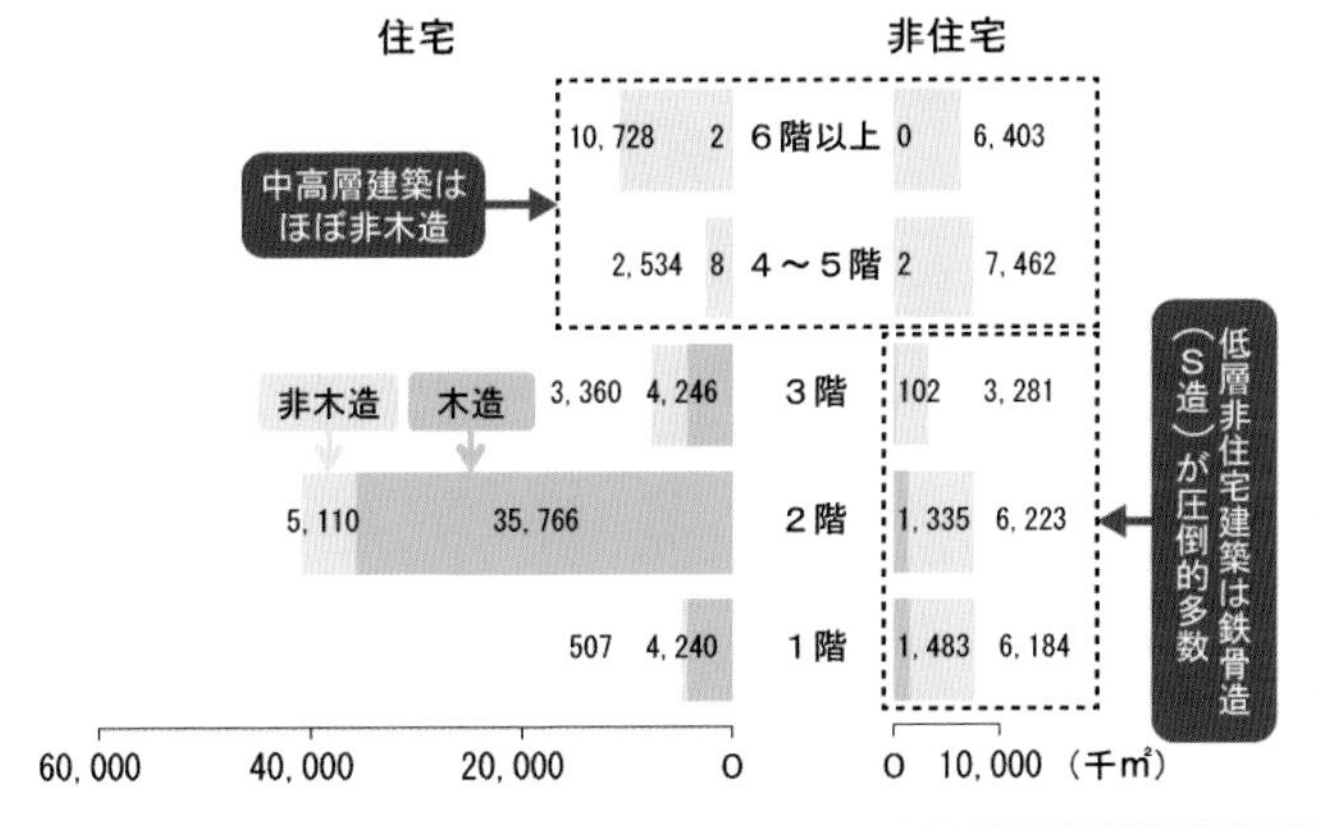

出典:林野庁

すい環境づくりを進める。

中大規模木造市場拡大への期待が高まる中で、様々な事業者が取り組みを活発化させている。中でも注目の分野が、在来軸組工法や、2×4工法など、オープン工法による中大規模木造の取り組みだ。従来から蓄積してきた技術、ノウハウや、一般流通材を用いて実現できるため、地域の工務店などが参入しやすく市場拡大のポテンシャルは特に大きい。

また、大手ゼネコンが手掛ける中高層建築の分野においても、鉄やコンクリートの代わりにまず木材が使えないかを検討する「ウッドファースト」が主流になりつつある。大林組は、22年、神奈川県横浜市に「これからの知を育む次世代型研修施設」として日本初の高層純木造耐火建築物を竣工。竹中工務店は、22年に3時間耐火の認定を取得した耐火集成木材「燃エンウッド」などの独自の技術を用いて25年に17階建ての国内最大・最高層の木造建築を東京・日本橋で建設する計画だ。

これからどうなる?

ビッグプロジェクトに初期段階からアプローチ体制整備が加速

中大規模木造は、戸建住宅に比べて、計画から完成まで期間が長く、山側から川下側まで、多くの事業者が携わる。それだけに、計画の初期段階からマネジメントする仕組みや、設計から資材調達、製造・加工、施工までを一気通貫で対応できる体制整備が重要になる。こうした動きがさらに活発化していきそうだ。

長谷川萬治商店は、設計段階からプレカット業者や施工者が協議に加わり、設計に対する技術協力や助言を行う「ECI(アーリーコントラクターインボルブメント)」という考え方をベースに、木材関係事業者間で木材需要情報を早期共有することで、木材の安定調達・供給を実現するプラットフォームを整備して、木材サプライチェーンの合理化・円滑化を進める。その成果として2023年3月、木材調達プラットフォーム「ウッドナビ」を立ち上げ、試験運用を開始した。

KEYWORD
29

国産材活用

森林資源の循環利用、脱炭素で注目

キーポイント

- 森林・林業基本計画でも重要テーマに
- 木材供給量を30年4200万㎥に
- ウッドショックを教訓にできるか

国内の森林資源が本格的な伐採期を迎える中、国産材活用への気運が高まっている。また、脱炭素の動きも国産材活用推進への強力な追い風となっている。

脱炭素社会の実現に向けては、CO_2の排出削減とともにCO_2の吸収源を確保することが重要になる。２０１８年度における我が国の吸収量のうち、８割以上が森林・木材によるもの。人工林の高齢級化が進む中、森林吸収量は減少傾向にあり、カーボンニュートラルに向けて、「伐って、使って、植えて」という資源の循環利用を進め、人工林の若返りを図るとともに、木材利用を拡大していくことで、森林吸収量の向上を図ることが求められている。

国は、21年3月に閣議決定した「森林・林業基本計画」において、林業の持続的かつ健全な発展、森林の適切な整備及び保全を図るためには、国産材の供給や利用を促進していく必要があることから、木材供給量及び木材利用量の目標を設定。木材供給量を、19年３１００万㎥に対して、25年に４０００万㎥、30年４２００万㎥とした。中でも製材用材と合板用材を合わせた建築用材等の木材利用量については、19年１８００万㎥から、30年２６００万㎥にまで増やす目標を掲げた。

一方で、21年に入り、ウッドショックが発生し、林業・木材産業、住宅産業などに大きな混乱が広がった。外材の高騰・不足に伴い、国産材も高騰する状況で、木材が入手しにくい状況が続いた。

23年3月の正角（乾燥材）の価格についてスギは10万１８００円／㎥、ヒ

森林・林業基本計画で掲げる用途別の利用の目標

（単位：百万㎥）

用途区分	総需要量			利用量		
	R元年（実績）	R７年（見通し）	R12年（見通し）	R元年（実績）	R７年（目標）	R12年（目標）
建築用材等計	38	40	41	18	25	26
製材用材	28	29	30	13	17	19
合板用材	10	11	11	5	7	7
非建築用材等計	44	47	47	13	15	16
パルプ・チップ用材	32	30	29	5	5	5
燃料材	10	15	16	7	8	9
その他	2	2	2	2	2	2
合計	82	87	87	31	40	42

注１：用途別の利用量は、国産材に係るものである。
２：「燃料材」とは、ペレット、薪、炭、燃料用チップである。
３：「その他」とは、しいたけ原木、原木輸出等である。
４：百万㎥単位で四捨五入しているため、計が一致しないものがある。

出典：林野庁

ノキは11万4500円／㎥。それぞれ、21年3月に6万6700円／㎥、8万6300円／㎥であったが、21年11月には、14万円弱／㎥、18万円／㎥まで上昇した。価格高騰のピークは過ぎたがウッドショック以前（21年3月）と比較すると、引き続き高い水準で推移している。

国産材の安定供給、利用拡大を実現していくことは喫緊の課題だ。（一社）JBN・全国工務店協会で国産材委員会の前委員長を務めた木村木材工業の木村司社長は、「輸入材の価格は下落しても、安定供給の問題は残る。今後、欧州集成材の輸出余力はなくなっていく。在庫があり、産地に販売意欲があるうちに、ホワイトウッド・レッドウッド集成材などから脱却して、国産材などへ樹種変更することをすすめする」と話す。

これからどうなる?

求められる強固な木材サプライチェーン デジタルの力で需給情報をつなぐ

第2、第3のウッドショックに備え、外的要因に左右されにくい、木材のサプライチェーンを構築しようとする動きが、活発化していきそうだ。伊佐ホームズ（東京・世田谷区）は、木造住宅の構造・骨組みに必要な木材の数量・寸法といった情報と、加工履歴情報や価格情報を、埼玉県秩父地域の林業、木材加工業、地域工務店などの事業者が共有できるトレーサビリティシステムを構築し、工務店が直接原木を購入し、適正な価格を山元に残すという新しい商流の創造を開始している。17年6月には、工務店、山元の林業家、製材所、プレカット工場などの事業者が出資し「森林パートナーズ」を立ち上げた。蓄積したノウハウを生かして、各地域の地域工務店と林業・木材加工業の連携をサポートする新木材流通コーディネート事業も展開する。こうしたデジタルの力を駆使して木材の需給情報をつなぎ、より合理的で強固なサプライチェーンを構築しようとする動きが全国に拡大していきそうだ。

KEYWORD
30

CLT

木造建築の可能性を広げる直交集成板

キーポイント

CLT普及のロードマップを更新
22年度に累計960件超に
住宅・非住宅を問わず活用拡大

非住宅・中高層建築物での木材利用において注目を集めるのが、ひき板（ラミナ）を繊維方向が直交するように積層接着した新たな建築材料、CLT（直交集成板）だ。「コンクリート造などと比べてコンクリートの養生期間が不要であるため、工期の短縮が期待できる」、「建物の重量が軽くなり、基礎工事の簡素化が図れる」といった強みを持つ。また、コンクリートに比べて断熱性が高く、床や壁にパネルとして使用すれば、高い断熱性能を確保できる。

国土交通省、林野庁が2014年に「CLTの普及に向けたロードマップ」を共同で作成するなど、国を挙げてCLT普及に取り組む。21年3月には、このロードマップをバージョンアップし、25年度までの新たな道筋を示した。「CLTの認知度が低い」、「コスト面の優位性が低い」、「需要に応じたタイムリーな供給を行えていない」、「CLTの活用範囲が狭い」といった現状の課題を挙げ、それぞれの課題に対して25年度までに、「国民にCLTの魅力やその活用の社会的意義などが広く理解される」、「CLT製品価格が7万～8万円／㎥となり、他工法と比べコスト面でのデメリットが解消される」、「全国どこでも、需要者からのリクエストに対して安定的に供給される体制が整備される」、「幅広い範囲の建築物、構造物等でCLTの活用が進む」ことなどを目指す。

建築物木造化の強力な追い風が吹く中で、住宅、非住宅を問わず、CLTの活用が拡大している。国内のCLT建築物の竣工件数は、22年度に累計で960件超に達する見込みだ。ゼネコンなどが木造化推進の一環として大規模建築でCLTを活用する動きはあったが、ここにきて中層建築や住宅の分野においても、CLTを活用して差別化につなげようとする動きが目立ち始めている。

岡山県に拠点を置くハウスビルダー、ライフデザイン・カバヤは17年に大学教育機関や民間企業らと共同で、オリジナル接合金物を用いた独自のCLT工法「LC-core構法」を開発した。建築物のコア部分にCLTを効果的に配置することで、CLTの設置枚数を抑えながら開放的な空間を創出できる。18年には、CLT工法「LC-core構法」を用いたサステナブルな木造建築の普及拡大を目的に「日本CLT技術研究所」を立ちあげた。フランチャイズで会員企業を募集し、全国各地の住宅ビルダーやゼネコンなど約50社が加盟する。6階建てCLTビルの設計実証やシンプルで汎用性の高いプロトモデルの開発を進めている。将来的には、6階建てCLTビルを実際に建設し、より合理的な設計、建設ができるように知見を積み重ね、普及を目指す計画だ。

ライフデザイン・カバヤが開発を進める6階建てCLTビルの構造プロトモデルのイメージ

これからどうなる?

CLTの告示改正でより建てやすく 3階建て以上は計算合理化

2022年11月には、CLTの告示(CLTパネル工法による構造方法・構造計算に関する技術基準)が改正された。建物の高さ、階数などにより、比較的簡易な「ルート1」から、難易度が高まる「ルート2」、「ルート3」の設計法が定められている。

この改正では、「中層CLT工法に関する技術的知見が創積され、小幅パネル架構、大版パネル架構のルート2の適用範囲を3階以下から6階以下へ拡大」、「2階以上にわたって連続して設置される耐力壁(通し壁)をルート2又はルート1で使用可能とする」といった合理化が行われた。

京都大学 生存圏研究所 生活圏木質構造科学分野の五十田博教授は「法の整備、事例の作成を経て、設計法、施工法の改善という段階まで来た。普及に向けて今後は、2階建て以下は簡易設計へ、3階建て以上は計算の合理化という方向へ進んでいく。より効率よい構法開発や部材開発も必要」と指摘する。

KEYWORD 31

住宅建築価格の高騰

住宅価格値上がりで注文住宅が苦戦

キーポイント

資材、エネルギー価格の上昇が影響

この5年で増加幅拡大

若年世代の賃金は伸び悩み

2022年は、ウッドショック、アイアンショック、ロシアのウクライナ侵攻などの影響により、資材やエネルギー価格が上昇、建築資材全般において物価高騰が襲う1年となった。

異常ともいえるスピードで円安も進む。3月9日までほぼ1ドル＝115円台だったものが、23年5月時点で135円台となっている。一橋大学名誉教授の野口悠紀雄氏は、「日本の輸入価格高騰は、アメリカのインフレをウクライナ危機によって原油などの原材料価格が高騰しているという海外要因による。しかし、円安が拍車をかけていることは間違いない」と指摘する。

資材高騰の影響に伴い住宅価格の値上がりも続く。国土交通省が公表する「建設工事費デフレーター」によると、建設工事費（住宅建築）は、05年を基準（100）として、21年には126・7にまで上昇。18年の115・7から3年で10ポイント以上上昇している。

また、国土交通省の「住宅市場動向調査」によると、注文住宅の建築費（首都圏）は、17年の2958万円から、18年3558万円、19年3301万円、20年3510万円、21年4077万円と急増し推移している。（一社）住宅生産団体連合会がまとめた「戸建注文住宅の顧客実態調査（21年度）」によると、4大都市部の住宅取得費は、特にここ5年の値上がり幅が大きく、17年度の4889万円と比べて、21年度は18%増の5783万円にアップ。これに伴い年収倍率も上昇しており、01年度4・3倍から、21年度6・4倍に上昇。借入金の年収倍率は01年度2・87倍から21年度5倍に上昇している。

注文住宅の建築費(首都圏)

調査年(年度)	23	24	25	26	27	28	29	30	令和元	2	3
建築費(万円)	2,847	3,321	2,951	3,206	2,964	3,061	2,958	3,558	3,301	3,510	4,077
延床面積(㎡)	118.6	122.6	120.9	132.7	113.7	113.3	120.4	116.9	117.2	113.1	125.0
建設費単価(万円)	24.0	27.1	24.4	24.2	26.1	27.0	24.6	30.4	28.2	31.0	32.6

出典:「住宅市場動向調査」(国土交通省)

一方で、住宅一次取得世代である30歳代の所得・雇用環境は厳しさを増している。国税庁「民間給与実態調査」によると、30～34歳男性の平均年収は、1998年の497万円から20年の458万円と7・8%減少、35～39歳男性は、98年578万円から20年518万円と10・4%減少している。

賃金は上がらない、一方で住宅価格は上昇を続ける中で、住宅ローンの貸出期間も長期化する傾向にある。(独)住宅金融支援機構の「2020年度住宅ローン貸出動向調査」によると、19年度の平均貸出期間は27・0年。16年度の25・6年から1年半ほど伸びた。25年以下の割合は16年度の46・3%から、19年度は31・5%に減少。一方で25年超は、16年度の53・7%から、19年度は68・4%と約7割にまで増加している。こうした中で、住宅購入へのハードルは高くなり、特に注文住宅において商談が長期化。購入を先送りする、断念するといった判断をせざるを得ないケースが増えてきているようだ。

これからどうなる?

求められる多様な住宅購入の選択肢

賃金は上がらず住宅価格は高騰、さらに金利上昇時代に入り、今後ますます住宅購入へのハードルは高まると見られている。とはいえ、住宅業界も手をこまねいているわけではない。不動産事業の一環として分譲事業を強化する、あるいは、コストを抑えて合理的に住宅づくりを行える規格(企画)住宅の新規開発、販売を強化する。さらに、残価設定型ローンや、譲渡型賃貸、定期借地などを活用した新しい住宅購入の選択肢を用意し不安を解消して需要を喚起しようという動きが見え始めている。

KEYWORD 32

地価公示

2年連続で全用途の平均上昇

キーポイント

全国的に価格が上昇
コロナ前の価格へ回帰傾向
特に都市中心部などの需要が根強い

国土交通省が全国2万6000地点を対象に、2023年1月1日時点の価格を調査した「令和5年度地価公示」によると、「全用途平均」、「住宅地」、「商業地」のいずれも2年連続で上昇し、上昇率も拡大した。新型コロナウイルスの影響で弱含んでいた地価だが、ウィズコロナの生活スタイルが当たり前のものとして定着し、多くの制約が撤廃されるなどかつての日常が徐々に戻りつつあるなか、地域や用途などにより差はあるものの、都市部を中心に上昇傾向が見られる。地方部においても上昇範囲が広がるなど、コロナ前への回復傾向が顕著となった。

圏域別に住宅地の平均変動率を見ると、三大都市圏は、東京圏の2・1%、大阪圏の0・7%、名古屋圏の2・3%と、それぞれ2年連続で上昇したほか、生活スタイルの変化による需要者のニーズの多様化により、郊外部でも上昇範囲が拡大している。都市中心部や生活利便性に優れた地域において、低金利環境の継続、住宅取得支援施策などによる需要の下支え効果もあり、住宅需要は堅調であり、地価上昇が継続している。

また、地方圏においても変動率が2年連続で上昇し、上昇率が拡大した。特に、地方四市（札幌市・仙台市・広島市・福岡市）の住宅地の平均変動率は8・6%と10年連続の上昇、上昇率の拡大を見せている。最も上昇率の高い都道府県は北海道（7・6%）、県庁所在地は札幌市（15・0%）であった。

大手デベロッパー各社も「都市中心部など希少性の高い土地や交通利便性に優れた土地の需要は根強く、堅調に

地価変動率の推移

	全用途				
	H31公示	R2公示	R3公示	R4公示	R5公示
全国	1.2	1.4	▲0.5	0.6	1.6
三大都市圏	2.0	2.1	▲0.7	0.7	2.1
東京圏	2.2	2.3	▲0.5	0.8	2.4
大阪圏	1.6	1.8	▲0.7	0.2	1.2
名古屋圏	2.1	1.9	▲1.1	1.2	2.6
地方圏	0.4	0.8	▲0.3	0.5	1.2
地方四市	5.9	7.4	2.9	5.8	8.5
その他	▲0.2	0.1	▲0.6	▲0.1	0.4

前年よりも下落率縮小・上昇率拡大等

前年よりも下落率拡大・上昇率縮小等

出典：国土交通省

※三大都市圏とは、東京圏、大阪圏、名古屋圏をいう。
「東京圏」とは、首都圏整備法による既成市街地及び近郊整備地帯を含む市区町の区域をいう。
「大阪圏」とは、近畿圏整備法による既成都市区域及び近郊整備区域を含む市町村の区域をいう。
「名古屋圏」とは、中部圏開発整備法による都市整備区域を含む市町村の区域をいう。
「地方圏」とは、三大都市圏を除く地域をいう。
「地方四市」とは、札幌市、仙台市、広島市及び福岡市の４市をいう。
「その他」とは、地方圏の地方四市を除いた市町村の区域をいう。

推移している」との見解を示し、需要回復への手応えをつかんでいる。

商業地についても東京圏、名古屋圏で、2年連続で上昇し、上昇率が拡大するとともに、大阪圏では3年ぶりに上昇に転じた。都市部を中心に、店舗需要は回復傾向にあり、また、堅調なオフィス需要やマンション用地需要などから地価の回復傾向がより進んでいる。

さらに、三大都市圏のほか、地方四市など再開発事業等が進展している地域では、利便性・繁華性向上への期待感から地価上昇が継続。22年10月に訪日外国人の入国規制が緩和され、国内来訪客が戻りつつある観光地や、人流が回復しつつある繁華街では、店舗などの需要の回復が見られており、多くの地域で地価は回復傾向にある。最も上昇率の高い都道府県は福岡県で5・3%、県庁所在地は福岡市で10・6%であった。

なお、毎年9月に公表される都道府県地価調査（価格時点は7月1日）と地価公示の共通地点における半年ごとの地価変動率を見ると、住宅地、商業地の全ての圏域で上昇となり、概ね後半で上昇率が拡大しており、上昇基調にあることがうかがえる。

これからどうなる?

地価は戻る一方で不動産価格は上昇

地価上昇はコロナ前の水準に需要が戻りつつある一方で、不動産価格はその分高騰しており、住宅購入検討者などにとっては厳しい状況となっていることも否めない。近年、エネルギーや資材高騰などの影響により住宅価格も大幅に高騰し、注文住宅市場不振の要因の一つになっている。地価上昇も加わり分譲住宅も大きく値上がっており、用地取得も難しくなっている。金利の先高観なども加わり、住宅市場に逆風が吹いている。

KEYWORD 33

海外事業展開

ハウスメーカーの最も強力な成長エンジンに

キーポイント

米国、豪州などに進出、急成長
海外事業が全売上の6割を超える企業も
地域に即した戦略で市場を深耕

海外事業で成長軌道に乗る大手ハウスメーカーが増えている。2022年度の大手ハウスメーカーの決算は、売上高、営業利益共に過去最高を更新、増収増益となる企業が目立った。強力な成長エンジンとなっているには海外事業だ。M&A、現地に即した事業を展開し、新たな収益の柱として急成長している。住友林業の22年度の海外住宅・不動産の売上高は売上高8487億円（同31・7%増）、経常利益1613億円（同54・6%増）。21年度の海外比率は6割と既に海外が国内を上回っているが、30年には海外比率を8割に高める。特に注力する米国では、高品質の構造用部材と施工サービスを一貫体制で提供するFully Integrated Turn key Provider（FITP）事業を推進する。米国の22年度の供給戸数は9000戸だが、30年度に2万3000戸に、さらに豪州では、3500戸を5500戸に増加させる計画だ。

積水ハウスの22年度の国際事業の売上高は、5211億円（同34・0%増）、営業利益738億円（同47・3%増）。21年にアメリカ、北西部に拠点を置くHolt社、22年にアメリカ南部のChesmar社のM&Aに成功、この連結化も寄与し大幅な増収増益となった。西部から南部、さらに東部へM&Aにより販売エリアを拡大しシャーウッド事業を強化し25年に海外全体で1万戸の住宅供給を目指す。商品・生活提案を含む一気通貫のテクノロジー移植を総合的に進め、戸建住宅事業は25年度売上高4265億円、営業利益361億円を目標に掲げる。

大和ハウス工業は米国において、経済が好調な東部・南部・西部を結ぶ「スマイルゾーン」で戸建住宅事業を展開。東海岸のＳｔａｎｌｅｙ Ｍａｒｔｉｎ、西海岸のＴｒｕｍａｒｋ、に加えて、21年9月、南部のＣａｓｔｌｅＲｏｃｋを同社グループに迎え事業拡大の基盤を強化した。建築の工業化ノウハウを海外へ技術移転し、工場生産による工期短縮を実現。現地3グループのシナジー創出によるサプライチェーンの再構築の戦略を進める。22年度の戸建住宅セグメントの売上高は前期比15・9％増の9100億円のうち海外の売上は同45・9％増の4638億円で、5割超を海外が占める。22年度の米国の住宅供給戸数は6100戸。26年度1万戸超（戸建のみ）、海外売上高7300億円の達成を目指す。

旭化成ホームズは米国において21年に配管事業で高い実績を誇るＢｒｅｗｅｒ社、22年に基礎・配管・躯体・電気のサプライヤーＦｏｃｕｓを買収し、Ｅｒｉｃｋｓｏｎ社・Ａｕｓｔｉｎ社とともに、製造や施工現場での多岐にわたる工程を合理的に行えるサプライヤーモデルの確立を目指す。豪州では、21年6月、大手戸建住宅会社、ＭｃＤｏｎａｌｄ Ｊｏｎｅｓ社を子会社化した。25年度売上高2000億円の目標を3年前倒しで22年度に達成した。

日本木造建築海外推進協議会の設立記念式典が東京大学弥生講堂アネックスで行われた

これからどうなる?

オールジャパンで軸組金物工法を海外へ輸出

大手ハウスメーカーだけはなく、産学官が連携したオールジャパンの体制で、日本の軸組金物工法をシステムとして海外に輸出し、新たな市場拡大を目指す動きもあり、今後、さらに勢力を増していきそうだ。23年3月、「日本木造建築海外推進協議会」が発足した。院庄林業（岡山県津山市）、都築木材（長野県伊那市）、ポラテック（埼玉県越谷市）、銘建工業（岡山県真庭市）、BXカネシン（東京都葛飾区）、ライフデザイン・カバヤ（岡山県岡山市）の6社を正会員としてスタート。まずはベトナム、中国を有望な輸出先と位置づける。協議会内にそれぞれの国の市場開拓に向けワーキンググループを立ち上げ、具体的なアプローチを進める。

KEYWORD 34

残価設定型住宅ローン

2つのオプションで将来の不確実性に柔軟に対応

キーポイント

求められる住宅ローン改革
「返済額軽減」で残価設定月以降、返済額を抑制
「残価買取」でローン負債残額と同額で買い取り

2021年に行われた国の住生活基本計画の見直しにおいて、目標の一つに「脱炭素社会に向けた住宅循環システムの構築と良質な住宅ストックの形成」が掲げられ、その実現に向けた施策の一つとして「健全なリースバックの普及、リバースモーゲージや残価設定ローン等の多様な金融手法の活用を進め、住宅の資産価値の合理化・明確化を推進」することが示された。

こうした背景がある中で、国の支援を受けてマイホーム借り上げ事業を行う（一社）移住・住みかえ支援機構（JTI、東京都千代田区、大垣尚司代表理事）と、モーゲージバンク大手の日本住宅ローン（MCJ、東京都渋谷区、安藤直広社長）は、業界初の残価設定型住宅ローン「ローンのお守り」を共同開発し22年に商品化した。

MCJが取り扱う（独）住宅金融支援機構の住宅ローン（フラット35など）に、残価設定月以降いつでも、毎月の返済額を大幅に抑えた「新型リバースモーゲージ」に借り換え変更できる「返済額軽減オプション」、住宅ローンの負債残額と同額で住宅をJTIが買い取る「残価買取オプション」という2つのオプションを付帯する。

住まい手は定年退職といったライフステージの大きな変化のタイミングで、2つの権利を行使することで、将来の不確実性へ柔軟に対応できる。

JTIの大垣代表理事は、「住宅ローンはもともと退職時に合わせて25年が標準だったが、01年に主として景気対策から35年が標準的なものとなり長期化が進んでいる。30歳代で借りれば退職後に返済が10年残る。退職後に10年

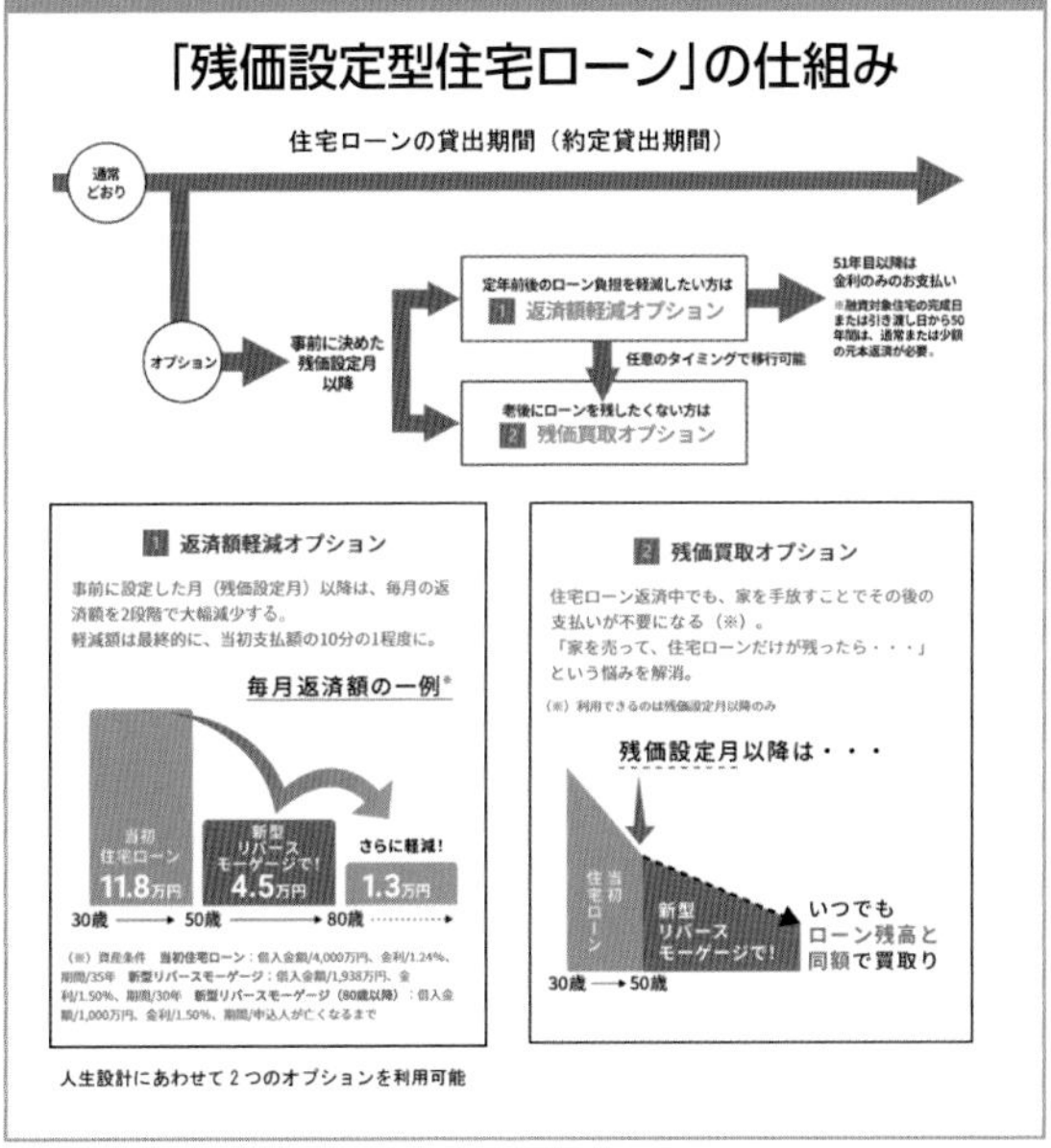
「残価設定型住宅ローン」の仕組み
住宅ローンの貸出期間（約定貸出期間）
通常どおり
オプション
事前に決めた残価設定月以降
定年前後のローン負担を軽減したい方は
1 返済額軽減オプション
51年目以降は金利のみのお支払い
※融資対象住宅の完成日または引き渡し日から50年間は、通常または少額の元本返済が必要。
任意のタイミングで移行可能
老後にローンを残したくない方は
2 残価買取オプション
1 返済額軽減オプション
事前に設定した月（残価設定月）以降は、毎月の返済額を2段階で大幅減少する。
軽減額は最終的に、当初支払額の10分の1程度に。
毎月返済額の一例*
当初住宅ローン 11.8万円
新型リバースモーゲージで! 4.5万円
さらに軽減! 1.3万円
30歳 → 50歳 → 80歳
（※）試算条件 当初住宅ローン：借入金額/4,000万円、金利/1.24%、期間/35年 新型リバースモーゲージ：借入金額/1,938万円、金利/1.50%、期間/30年 新型リバースモーゲージ（80歳以降）：借入金額/1,000万円、金利/1.50%、期間/申込人が亡くなるまで
2 残価買取オプション
住宅ローン返済中でも、家を手放すことでその後の支払いが不要になる（※）。
「家を売って、住宅ローンだけが残ったら・・・」という悩みを解消。
（※）利用できるのは残価設定月以降のみ
残価設定月以降は・・・
当初住宅ローン
新型リバースモーゲージで!
いつでもローン残高と同額で買取り
30歳 → 50歳
人生設計にあわせて2つのオプションを利用可能

出典：JTI

返済が続く住宅ローンを借りて家を買ってもらうなら、最後の10年が借主の人生に悪影響を与えない仕組みも用意すべきではないかという問題意識があった。最近は40年、50年ローンも登場し、老後返済はますます厳しくなっている」と話す。

「ローンのお守り」を利用できる住宅は、当面は認定長期優良住宅のみに限定する。残価設定月、2つのオプションの利用可能年齢は、土地価格、建物価格を合わせた物件の査定価格によって決定する。住宅価格の9割の融資を受けた場合、20年から25年後が目安となる。「ローンのお守り」の利用手数料は5万5000円（税込）。

大垣理事は、「死ぬまで欠かせない『衣食住』の一つである住まいの安さとは、目先の負担の軽さだけではない。生涯負担と将来の不確実性への柔軟度で図る必要がある。残価設定型住宅ローンが利用できる家は、収入が減る時期の負担が軽減できる。生涯返済額も通常のローンに比べて安いか同水準。残価設定月以降は売ればローンは残らず、貸せば余剰収入が得られる可能性が高い」と説明する。

これからどうなる？

大手ハウスメーカーが相次いで取り扱いを開始

大手ハウスメーカーは相次いで、人生100年時代の将来不安に柔軟に対応する金融商品として残価設定ローンの提案を開始している。大和ハウス工業は、22年10月から、全国の新築戸建住宅の購入を検討する顧客に向けてこの「ローンのお守り」の紹介を始めている。ミサワホームは23年3月、同社が販売する戸建分譲住宅の購入を検討する顧客に対して、三菱UFJ銀行とJTIと共同開発によるメガバンク初の残価設定型住宅ローンの取扱いを開始。さらに、旭化成ホームズも、楽天銀行、JTIと共同開発した残価設定型住宅ローン「ヘーベルハウス・アフォーダブルプラン」の取り扱いを23年4月から一部販売エリアで開始した。

KEYWORD 35

シェアリングエコノミー

所有からシェアへ価値観の変化が市場拡大を後押し

キーポイント

モノ、サービス、スキルなどをシェア
シェアリングシティが全国に拡大
「デジタル社会の実現に向けた重点計画」にも明記

シェアリングエコノミーとは、インターネットを介して個人と個人・企業などの間でモノ・場所・技能などを売買・貸し借りするといった経済モデルである。インターネットや、SNSの発達により注目度を増してきている。さまざまなシェアサービスを通じて、「売り主は遊休資産などの活用により収入を得られる」、「買い主は所有することなく利用できる」といったメリットがある。シェアの対象は、不動産や車にとどまらず、家事、料理、モノ、スキルなど様々な分野に広がる。

シェアサービスの提供事業者で構成する（一社）シェアリングエコノミー協会（343社）は、官民を挙げてシェアリングエコノミーサービスを活用し、地域課題解決に取り組む都市をシェアリングシティと呼び、推進する。2020年7月には、社会を支える真のインフラとてシェアリングエコノミーを社会実装すべくシェアリングシティ推進協議会を設立した。22年3月時点で104の自治体が入会する。

さらに22年6月、閣議決定された「デジタル社会の実現に向けた重点計画」においても、シェアリングエコノミーが重要なソリューションのひとつと位置付けられた。官民連携して構築したシェアワーカー及びシェア事業者の認証制度の普及を図るとともに、公共サービスとしての新たな活用について検討を深める、としている。

同計画に基づき、同協会は23年3月、地方自治体の実情や潜在的なニーズを図る目的で「シェアリングシティ実態調査」を実施した。地域課題へのシェアリングエコノミー活用は「関係人口」

「観光」「働き方」「モビリティ」など地域経済の維持・発展に関わる分野へのニーズが高いこと、特に「観光」分野では「場所」「交通」「人」「体験コンテンツ」といった様々な要素への関心が分散する結果となり、これら多くの要素を複合的に解決することが必要であることがわかった。

今後は、政府やシェアリングシティ推進協議会加入自治体、同協会加入法人会員と連携し、共助のビジネスモデルや地域におけるシェアリングエコノミーの効果的な導入方策を具体的に検討していく。また、22年3月に発行した「シェアリングエコノミー活用ハンドブック」や、同協会加入会員と連携した全国での優良な活用事例をデータベース化するとともに、政府とも連携しデジタル田園都市国家構想交付金の活用によるシェアリングエコノミー導入モデルを地方公共団体向けに提案し、共助のビジネスモデルや地域におけるシェアリングエコノミーの効果的な活用を推進していく考えだ。

2022年度と2032年度の
シェアリングエコノミー市場規模推計

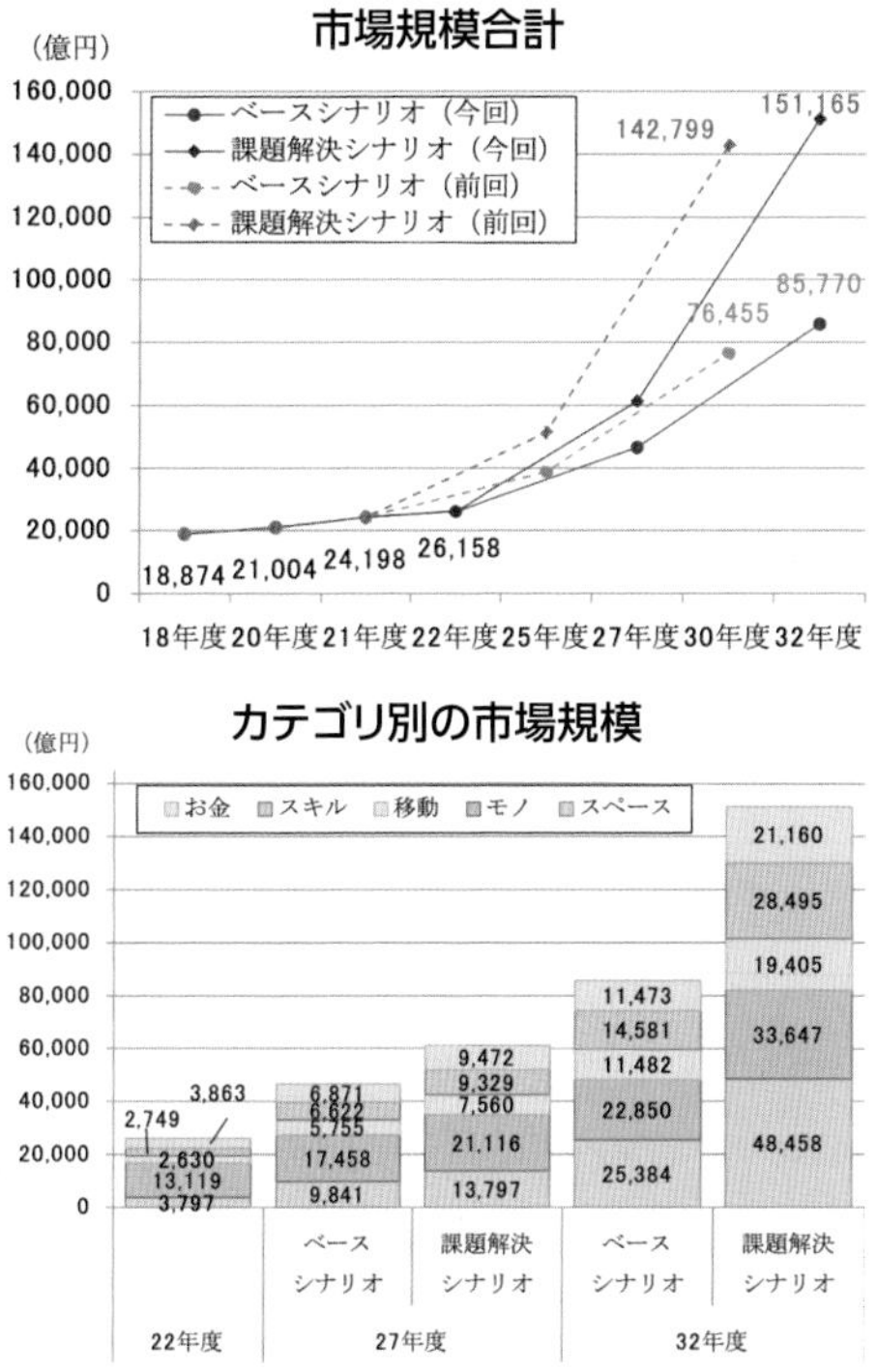

出典:（一社）シェアリングエコノミー協会「シェアリングエコノミー市場調査 2022年版」

これからどうなる?

市場規模は32年度14兆円に拡大
価値観、ライフスタイルの変化の変化に合致

コロナを契機に、密集から分散、都市から地方へといったニーズが顕在化してきている。シェアサービスの普及により、たとえ、地方で暮らしていても、オンラインで、場所や時間の制約を受けることなく、簡単に確保できるようになってきている。価値観、ライフスタイルが変化するニーズに合致して、シェアリングエコノミー市場拡大の勢いは加速していきそうだ。（一社）シェアリングエコノミー協会の調査では、国内シェアリングエコノミーの22年度の市場規模は2兆6158億円。32年度には15兆1165億円にまで拡大すると予測している。

KEYWORD 36

Z世代

住宅も〝個〟への対応が求められる

キーポイント

デジタル技術が普及した時代に生まれ育つ

〝自分らしさ〟に強いこだわり

ライフステージの変化に応じて柔軟に住み替えたい

Z世代とは、主に1997年から2012年の間に生まれた世代を指す。デジタル技術が普及している時代に生まれ、そのなかでも30歳以下は特に「デジタルネイティブ」とも呼ばれ、物心ついた時からスマートフォンに慣れ親しみ、ITやスマートフォン、ソーシャルメディアなどに精通する人が多い。コミュニケーション方法や価値観、労働観において、ほかの世代とは違った特性があるといわれる。多様性とインクルージョンを重んじ、自己表現やオリジナリティが重視される傾向がある。彼らが社会進出するにつれて、デジタルビジネスやネットワーク社会の進展に大きな影響を与えることが期待されている。

このZ世代、さらに2000年代初頭に青年期を迎えた「ミレニアル世代」(※JTB総合研究所では1981年~1995年生まれと定義)と合わせ、いわゆる若年世代の住宅購入に対する意識は大きく変わってきている。ライフステージの変化に合わせて柔軟に住み替えていきたいというニーズの高まりが各種調査からうかがえる。

不動産情報サービスのアットホームは22年11月、賃貸物件で現在一人暮らしをしているZ世代(17~26歳)の400人を対象にライフスタイルや価値観、求める住まいに関する調査を実施した。

住まいの価値観については6割以上が「ライフステージに応じて違った場所に住みたい」と回答し、転職・結婚などに合わせて住まいを変えたいという意向がみられた。

YKK APは、22年3月、全国の男

Z世代は大人世代に比べて、フレキシブルな住まいへの関心が高い

Q. A・Bどちらの暮らしをしたいですか？
※「どちらでもない」回答を除く

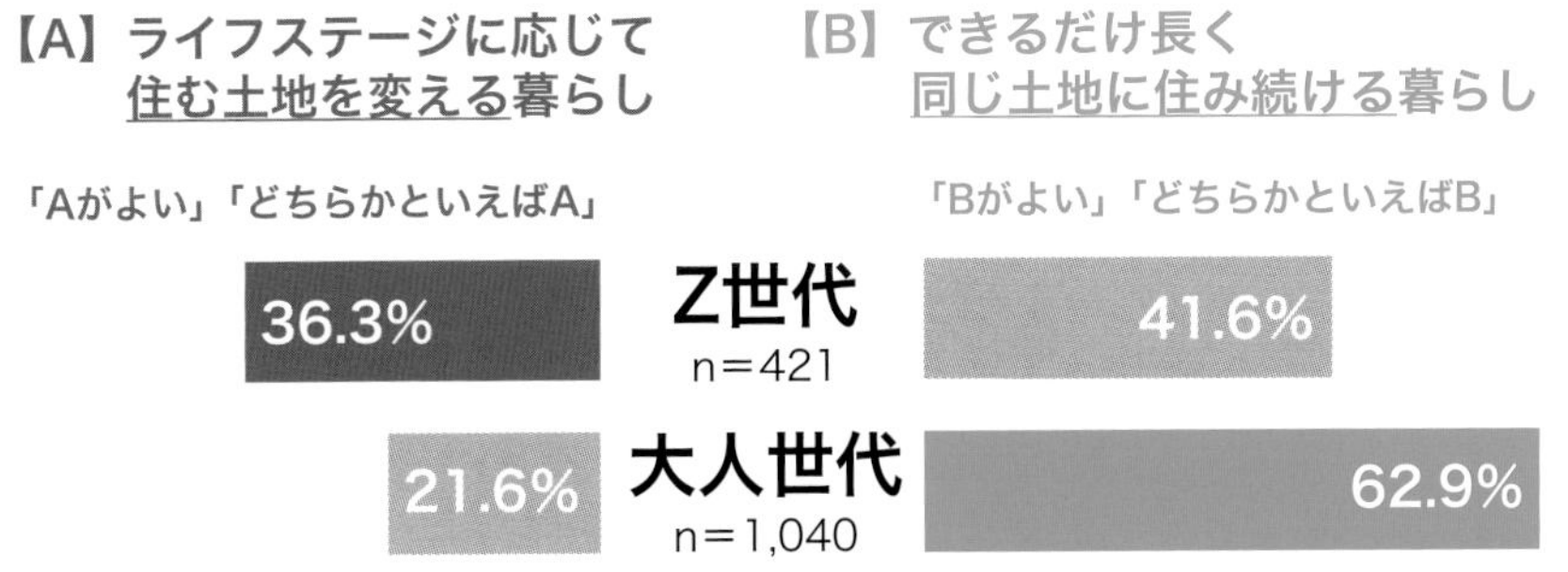

出典：YKK AP「住まいに関する意識調査」

女2090人を対象に「住まいに関する意識調査」を実施。15~24歳の421人を「Z世代」、25~39歳の629人を「ミレニアル世代」、40~69歳の1040人を「大人世代」として集計した。

A「ライフステージに応じて住む土地を変える暮らし」、B「できるだけ長く同じ土地に住み続ける暮らし」、どちらの暮らしがしたいかを聞いた問いでは、Z世代はAを希望する人は36・3%となり、大人世代に比べて14・7ポイント多くなった。一方で、大人世代はBを希望する人が半数以上の62・9%となり、Z世代（41・6%）と比べ、21・3ポイントの大きな差が生まれる結果となった。

若い世代ほどライフステージに応じて土地や住まいを変えるフレキシブルな住まい方への関心が高いことが分かった。

これからどうなる？

モノを持たずに身軽でいたい 生活提案の姿も変わる

FJネクストホールディングスの「Z世代ひとり暮らしの生活事情」によると、「映画・音楽配信のサブスク」は約7割が利用し、もはや生活の必需といっていい。矢野経済研究所の試算によると、20年度の国内サブスクリプションサービス市場は消費者支払額ベースで8759億6000万円と、前年度から3割近くも拡大した。“自分らしさ”にこだわりが強いが、コストは押さえたい、多くのモノを持たずに身軽でいたい、そんな暮らしが広がる。加えて、サブスクリプションやシェアリングサービスはモノを無駄にしないSDGsな暮らしにもつながる。必然的にこれまでの年齢や年収、世帯構成などでカテゴライズされたマーケティングは通用せず、“個”への対応が強く求められるようになる。そんな社会にサブスクリプションやシェアリングというサービスが広がる。これまで住宅各社が続けてきた生活提案を軸とした商品開発もその姿を変えそうだ。

KEYWORD 37

インサイドセールス

見込み客に対して非対面で営業活動、コロナで脚光

キーポイント

- コロナで顧客アプローチの主戦場に変化
- バーチャル展示場、オンラインの家づくりを強化
- 住宅会社のインサイドセールスを支援する事業者も

従来は、住宅展示場が主たる営業の場であり、対面による接客「フィールドセールス」が当たり前であったが、コロナの感染拡大により、住宅展示場の来場者が激減し、多くの住宅事業者は、オンラインでの住宅営業を強化せざるを得なくなった。ここで重要性が高まってきているのが、見込み客に対して非対面で営業活動を行う「インサイドセールス」だ。いかにオンラインにおいて、各社の住宅の魅力を深く知ってもらうのか、それぞれの顧客の住宅購入に対する温度感を把握するのか、効果的にアプローチしていくのか、インサイドセールの仕組みづくりが成約率を大きく左右する。

住宅事業者は、バーチャル展示場やオンラインの家づくりなどを推進している。大和ハウス工業は、戸建住宅の戦略骨子のひとつに「デジタルツール活用による提案スピード強化と顧客満足向上」を挙げる。タブレットなどの活用により、顧客により分かりやすく、スピーディーに情報を提供し、売れ筋プランなどビックデータ活用により業務効率化と共に、接客品質向上、提案力の強化を図り、２０２１年度比で、新規情報取得数50％増、デジタルでの成約数１５０％増を目指す。

その一環として、メタバースの活用にも着手する。デジタル上の住宅展示場、「ＬｉｖｅＳｔｙｌｅ ＰＡＲＴＮＥＲ」において登録会員専用のコンテンツの一つとして、主力の住宅商品を「メタバースＶＲモデルハウス」で体感できるサービスの提供を22年４月からスタートした。オンライン上で単に情報を発信するのではなく、〝人が介在

する〃新しい家づくり手法を作り上げ、「顧客が真に興味、関心のある情報」が的確に届き、気軽に相談できる仕組みの構築を目指す。

ハウスメーカーや工務店のインサイドセールを支援する事業者の存在感も高まっている。Cocolive（東京都千代田区）は、住宅・不動産業界に特化した業界初のMA（マーケティングオートメーション）ツール「KASIKA」を展開。トラッキングコードという専用の計測コードを各住宅事業者のウェブサイトに埋め込むことで、顧客が自社サイト内に到達した際に、自社サイト内における顧客の動きをデータ化する。これにより、「今、見込みが高まっている顧客は誰なのかを抽出する」、そして「見込みが高まったタイミングで、個人の顧客はどの領域に興味を持っているのかを可視化する」という大きく2つの役割を果たす。また、同社は1社に1人のカスタマーサクセス担当者がつく仕組みを導入している。それぞれの会社のリソース、状況に応じた提案を行う。単にツールを提供するだけではなく、コンサルの領域まで踏み込み、サポートすることで、成果につながりやすい。

大和ハウス工業は、仮想空間上の住宅展示場を自由に見学できる「メタバース住宅展示場」を2022年４月、業界で初めて公開した

これからどうなる?

フィールドセールスが復活しても インサイドセールスは定着

コロナ後も、インサイドセールスの重要性はさらに高まっていくと見る向きは多い。Cocoliveの担当者は、「インターネットが普及し、顧客が自らネット上で情報を集め、判断することが当たり前になってきている。こうした状況の中で、これまでの受動的な住宅業界の営業スタイルは通用しにくい」と指摘する。顧客と対面し、要望を把握し、的確に提案を行うことで成約に結びつけやすくなることは確かだが、それ以前に、インサイドセールスにより、住宅購入に対する温度感や、関心を持つ事柄などを把握することで、対面接客までのプロセスを効率化でき、対面接客も進めやすくなる。フィールドセールスとインサイドセールスは対立するものではなく、それぞれをうまく使いこなしていくことが、これからの住宅営業に求められていきそうだ。

MISAWA
防災・減災住宅は、ミサワホーム。
ちょっとした揺れなのに、過剰に反応してしまう。豪雨のニュースに、家や家族が心配になる。
ミサワホームは、災害大国・日本のご家族に、ひとつ上の安全・安心をご提案します。
平常時から災害発生時、発生後まで3段階の防災・減災ソリューション「MISAWA-LCP」。
ふだん快適に暮らせる住まいが、そのとき、避難所としての役割を果たしてくれます。
FIRST AID KIT
1st SAFETY SOLUTIONS 備えるデザイン
2nd SAFETY SOLUTIONS 守るデザイン
3rd SAFETY SOLUTIONS 支えるデザイン
MISAWA-LCP
MISAWA Life Continuity Performance
備える▸守る▸支える[防災・減災ソリューション]

3

第三章

ストック活用

既存住宅の活用で社会資産の価値創出

KEYWORD 38

ストック施策

20兆円の市場規模の実現に向けて取り組みが加速

キーポイント

25年までにストック市場を20兆円へ
住宅施策は既にストック中心に
官民挙げてのさらなる取り組みが求められる

戦後の住宅市場は新築マーケットを中心に成長してきた。

その結果、世界有数の住宅市場を形成したが、その一方でリフォームや既存住宅の売買といったストック分野については、先進諸国の中でも取り組みが遅れていることが指摘され続けてきた。

また、住宅不足から住宅余りの時代へと転換し、空き家問題も深刻化する中で、既にここ数年の住宅施策の軸はストック分野へと移行したと言っていいだろう。

新築からストックへという住宅施策の潮流を決定付けたものが、2012年に国土交通省が発表した「中古住宅・リフォームトータルプラン」。10年に閣議決定された新成長戦略において、中古住宅・リフォーム市場の倍増について言及されたことを受けて策定したもので、20年までに中古住宅・リフォーム市場を倍増させ、20兆円規模のマーケットを形成することを目標として掲げた。

しかし、この目標は達成することができず、その後、住宅生活基本計画において、25年までにリフォーム市場を現状の7兆円から12兆円に、既存住宅流通市場を4兆円から8兆円にまで拡大させ、合計20兆円の市場にすることが目標として盛り込まれた。

目標年次が20年から25年にまで伸びたが、「市場規模20兆円」という目標は継続させた格好だ。この目標を達成するために、国土交通省を中心として、リフォーム市場と既存住宅流通市場を拡大させるための施策が相次ぎ打ち出されている。

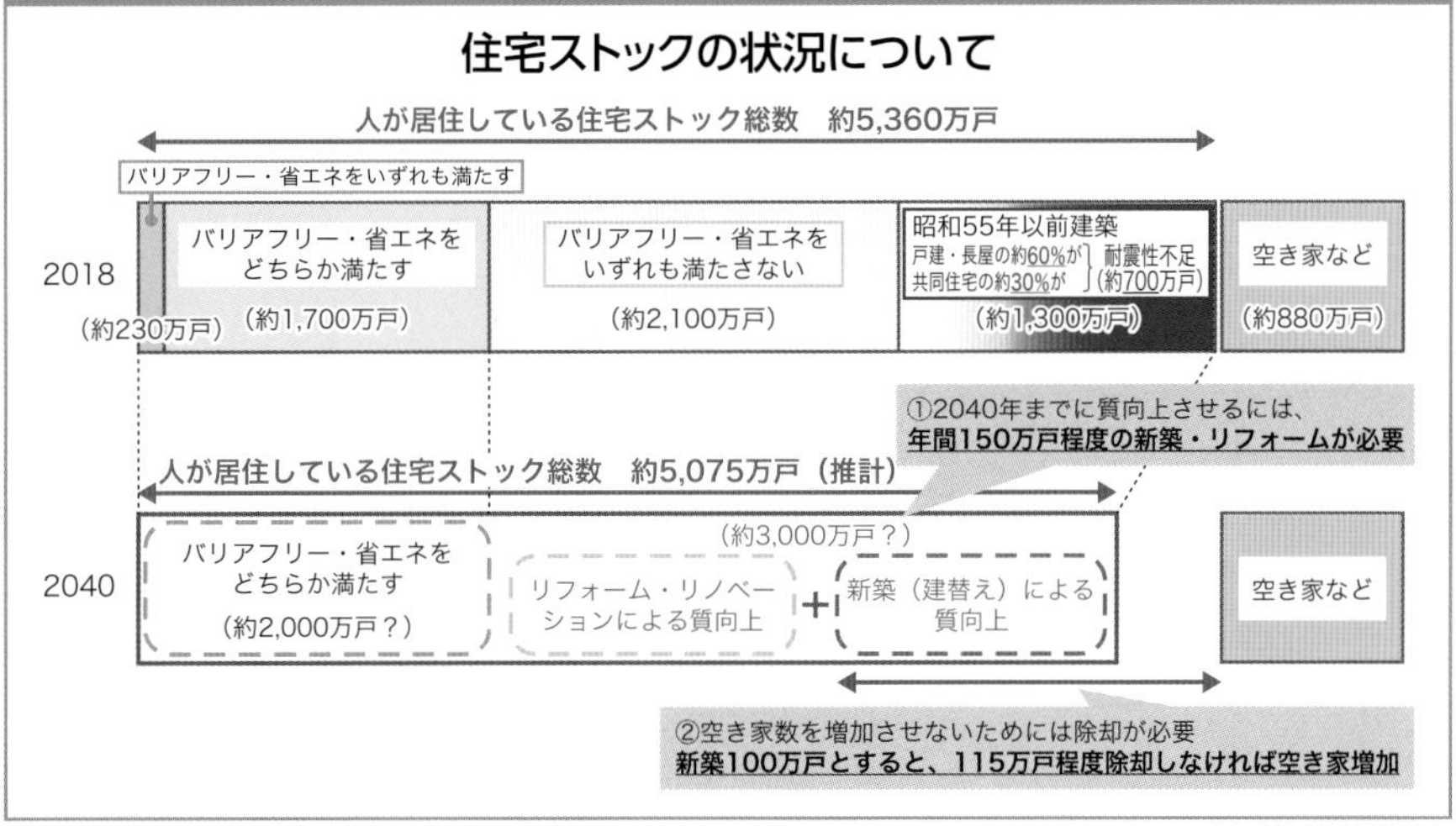

出典：国土交通省資料より

50年までに年間150万戸の新築・リフォームが必要に

国土交通省の資料によると、18年時点で人が居住している住宅ストックが約5360万戸存在している。しかし、国が定める現状のバリアフリー・省エネの基準をいずれも満たしているものはわずかに約230万戸しかない。

こうした住宅ストックの質を向上していくためには、40年までに年間150万戸程度の新築・リフォームが必要になる。

ただし、例えば150万戸のうち100万戸を新築によって更新すると、空き家数を増加させないために年間115万戸程度のストックを除去しなくてはいけない。そう考えると、150万戸のうちリフォームによって性能向上を図る建物が大部分を占めるという状況を生み出す必要があるだろう。こうした状況が実現できれば、20兆円という市場規模は決して無理な目標ではないと言えそうだ。

これからどうなる？

新たなビジネスモデルの創造が不可欠

20兆円規模のストック市場を形成するためには、現在の延長線上のビジネスモデルだけでは限界がある。補助制度などで一時的な盛り上がりは見せるものの、中期的にはリフォーム市場は伸び悩む傾向にある。こうした状況を打破するためには、リフォームと既存流通を一体的に捉えながら、新しいビジネスモデルを構築することが不可欠になるだろう。一部で買取再販の分野で新たなビジネスモデルが芽吹きつつあるが、今後はDXやリバースモーゲージなどの金融的手法、民泊などの住居以外の活用方法の創出、残価設定ローンのような仕組みを活用した新たな住宅の取得方法なども考慮しながら、新たな事業モデルの構築が求められそうだ。

KEYWORD 39

リフォーム・リノベーション市場

伸び悩むリフォーム市場　性能向上リノベなどに期待

キーポイント

リフォーム市場は伸び悩み傾向

性能向上リフォームに関する支援策が拡充

既存住宅の売買時のリフォーム提案がカギに

国では、2025年までに7兆円規模のリフォーム市場を12兆円にまで拡大させることを目標として掲げているが、なかなか市場規模が増えていかないというのが実情だ。

(公財) 住宅リフォーム・紛争処理支援センターの推計によると、21年の住宅リフォーム市場の規模は6・5兆円となっている。「新設住宅」に計上される増築・改築工事と、エアコンや家具等のリフォームに関連する耐久消費財、インテリア商品等の購入費を含めた広義のリフォーム市場でも7・64兆円となっている。18年以降、市場規模は拡大する傾向にあるものの、その伸び率はそれほど大きくなく、12兆円までの道のりが決して容易ではないことが分かるだろう。

こうした状況の中で、リフォーム市場の拡大に向けて重要な役割を果たすと見られているのが性能向上リフォームだ。老朽化に伴い設備機器の交換などを行う小規模なリフォームではなく、既存住宅の省エネ性能や耐久性、耐震性などを向上するために実施するリフォームへの期待が高まっている。

国でも省エネリフォームや長期優良住宅化リフォームなどを推進するために様々な支援策を打ち出している。例えば、国土交通省、経済産業省、環境省では、「住宅省エネ2023キャンペーン」を実施し、3省が連携し省エネリフォームに対する手厚い補助を実施する。

民間企業でも性能向上リフォームを推進するための商品開発などが活発化してきており、今後の市場拡大に向けた期待が高まってきている。

住宅リフォームの市場規模

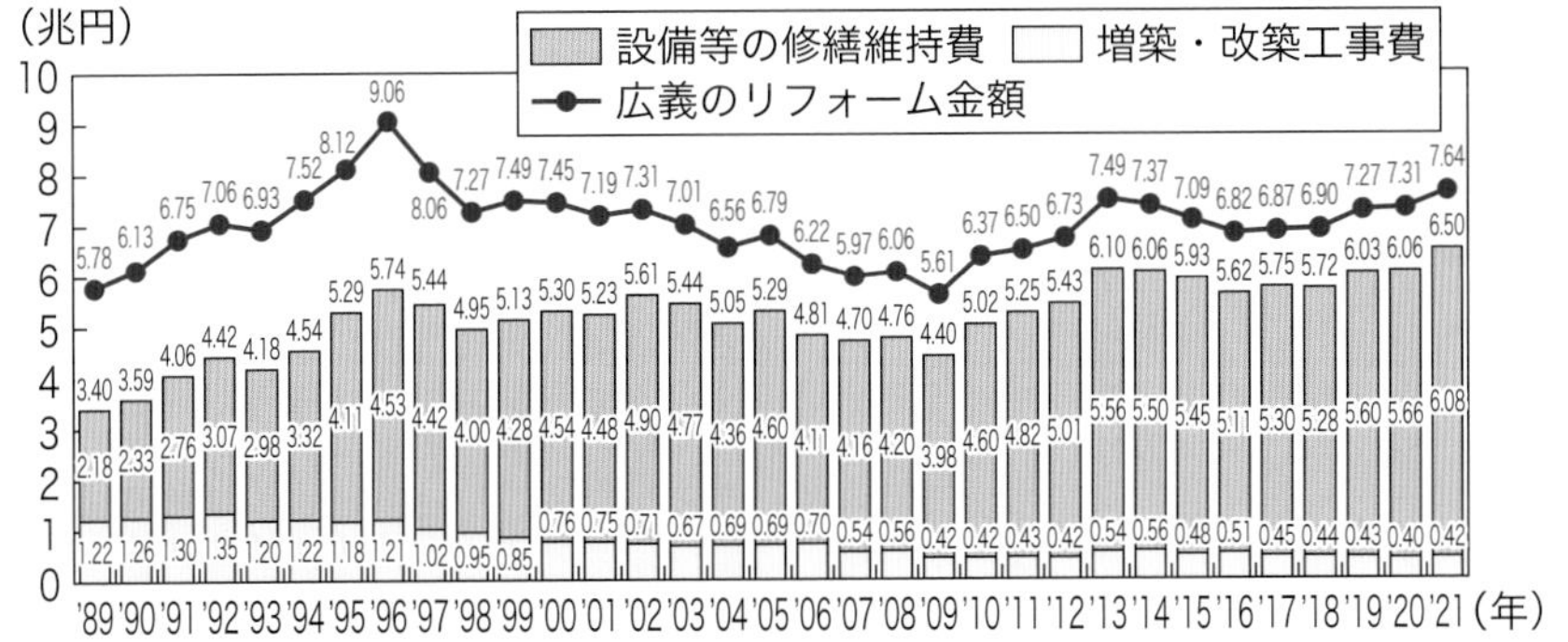

注) ①「広義のリフォーム市場規模」とは、住宅着工統計上「新設住宅」に計上される増築・改築工事と、エアコンや家具等のリフォームに関連する耐久消費財、インテリア商品等の購入費を含めた金額を言う。
②推計した市場規模には、分譲マンションの大規模修繕等、共用部分のリフォーム、賃貸住宅所有者による賃貸住宅のリフォーム、外構等のエクステリア工事は含まれていない。
③本市場規模は、「建築着工統計年報」(国土交通省)、「家計調査年報」(総務省)、「全国人口・世帯数・人口動態表」(総務省)等により、公益財団法人住宅リフォーム・紛争処理支援センターが推計したものである。

出典:(公財)住宅リフォーム・紛争処理支援センター

既存住宅流通と一体化で大規模リフォーム活性化

既存住宅流通とリフォームを一体化することで、大規模リフォームを活性化させようという動きも出てきている。既存住宅の売買時に同時にリフォーム提案を行うことで、設備機器の更新だけでなく、建物性能向上まで踏み込んだリフォームを実施しようという企業が増えてきているのだ。いわゆる買取再販事業を手掛ける事業者だけでなく、中小の不動産業者と工務店などが連携して、既存住宅の売買時に大規模リフォームを提案するケースも出てきており、リフォーム市場の拡大に向けたキーポイントになりそうだ。

また最近では空き家を大規模に改修し、経済的な負担を軽減しながら子育て世帯などに供給しようという機運も高まっている。

これからどうなる?

性能向上リフォームのメリットの可視化が求められる

リフォーム市場の拡大に向けて性能向上リフォームの活性化が求められているが、消費者の支持を得るためにはリフォームによって得られるメリットを可視化し、より分かりやすい形で訴求していくことが必要になるだろう。例えば省エネリフォームであれば、光熱費削減効果だけでなく、快適性の向上、健康維持増進効果などを見える化することが求められそうだ。どうしてもコストの問題に直面してしまう性能向上リフォームだが、リフォームで得られるあらゆるベネフィットを可視化することができれば、潜在需要の掘り起こしへとつながるだろう。

KEYWORD 40

既存住宅流通市場

伸び悩むリフォーム市場　性能向上リノベなどに期待

キーポイント

25年までに市場規模を4兆円から8兆円に

市場拡大の兆しは見え始めている

築古物件の増加でリノベ市場の拡大にも期待

2025年までに4兆円の市場規模を8兆円にまで拡大するという政策目標が掲げられている既存住宅流通市場だが、そもそも日本のマーケット規模が極端に小さいことがたびたび指摘されてきた。

少し古いデータになるが、13年時点での日本の既存住宅取引戸数は年間16・9万戸となっている。一方で米国は515・6万戸（09年）、英国は71・1万戸（09年時点）、フランスは59・4万戸（09年時点）。

しかし、ここにきて日本の既存住宅流通市場も活性化の兆しを見せはじめている。国土交通省が公表している既存住宅販売量指数は、10年の数値を100として、既存住宅の販売量を指数化したものだが、22年10～12月の戸建住宅の数値が111・5で、マンションが111・4となっている。いずれも10年よりも販売量が増えていることを示している。

最近の同指数の動向を見ていくと、多少の増減はあるものの概ねマンション、戸建てともに上昇する傾向にあり、着実に既存住宅流通市場が拡大している様子をうかがわせている。

また、（一社）不動産流通経営協会の推計によると、21年における既存住宅の流通量は61万4885戸となっており、前述の米国の流通量には及ばないものの、英国やフランスと同程度の流通量になってきている。また、その年の新設住宅着工戸数との比率を表す既存住宅流通比率は41・6％に達している。12年時点での比率は34・9％であり、既存流通市場は順調に成長してきていると言えるのではないか。

既存住宅販売量指数の推移（2010年の平均を100とした指数）

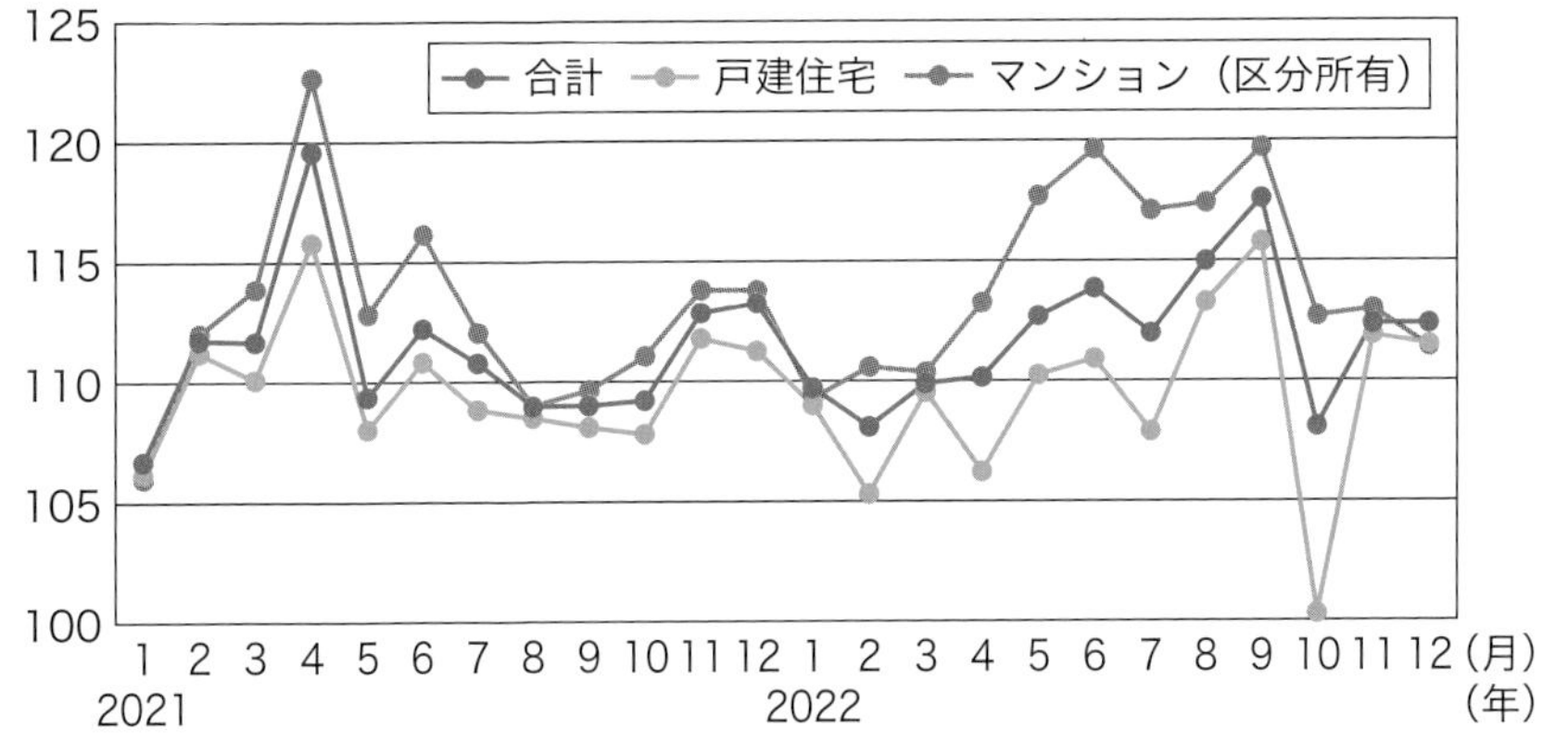

出典：国土交通省

築古物件の流通拡大によってリノベ需要の活性化にも期待

（公財）東日本不動産流通機構の調査によると、22年に首都圏で取引きされた既存住宅の築年数は上昇する傾向にある。マンションの場合、12年の成約物件の平均築年数は18・97年だったが、22年には23・33年になっている。

戸建住宅の成約物件も、12年の19・71年から22年には21・31年まで平均築年数が上昇し、築31年以上のものも24・3％を占めている。

築古物件が増える傾向は、新規に登録された物件ではさらに顕著に表れており、売りに出される物件と成約に至る物件の築年数の乖離も進んでいる。

今後、流通量が増えてくれば、この傾向はさらに顕著になることが予想される。できるだけ新しい物件が欲しい買い手と、築古物件を売りに出す売り手側のギャップを埋めるためには、大規模なリフォーム・リノベーションを行うことが求められるだろう。

これからどうなる？

既存住宅の買い手だけでなく売り手への支援も

今後も手ごろな既存住宅の需要は底堅い状況が続くことが予想されるが、十分な量の既存住宅が売りに出されるのかという問題もある。とくにシニア世代では、現在の持家を終の棲家にしたいという意向が強い。結果として、「既存住宅を買いたいが、市場に手ごろな物件がない」という状況が発生することも考えられる。

それだけに、買い手への支援だけでなく、売り手側が安心して自宅を売却し、例えばサービス付きの高齢者住宅などへ移住できる環境も同時に整備することが肝要になってきている。この課題が解消されない限り、市場倍増も絵に描いた餅になってしまう懸念もあるだけに、早急な取り組みが求められている。

KEYWORD 41

リフォーム事業者団体登録制度

健全なリフォーム市場の育成に向けた安心の証に

キーポイント

リフォームに関するトラブルは増加傾向に

消費者の不安払しょくが市場拡大のために必要

事業者団体登録で事業者選択の安心感を醸成

（公財）住宅リフォーム・紛争処理支援センターでは、国土交通省より住宅紛争処理支援センターの指定を受けて、新築やリフォームに関する消費者からの相談に対応している。2021年度に受け付けた電話相談のうち、リフォームに関する相談は前年度比20・1%増の1万1046件であった。

近年では訪問販売によるリフォームのトラブルが増加する傾向にあり、とくに高齢者などに対して「保険金で費用をまかなえる」と勧誘して不要なリフォームを実施する事例が問題になっている。消費者庁でもこうした事態を重く受け止め、訪問販売や電話勧誘販売に該当する住宅リフォームは特定商取引の規制対象であり、とくに過量販売（必要以上の工事を勧誘するような場合）については、行政処分の対象になるだけでなく、消費者による契約解除の対象となる考え方を公表している。

こうした消費者トラブルに伴う不安感が社会的に広がっていくことで市場拡大にブレーキがかかってしまうだけでなく、「どのリフォーム事業者に工事を依頼すればいいのか分からない」という想いが募ってしまい、結果的にリフォーム需要が潜在化してしまう懸念もあるだろう。

登録事業者団体に所属する会員企業の情報を提供

こうした問題を解消するために14年9月にスタートしたのが住宅リフォーム事業者団体登録制度だ。この制度は、リフォームに関連する事業者団体のうち、一定の要件を満たしている団体を国が登録・公表するもの。

登録住宅リフォーム事業者団体（2023年４月６日時点）

登録番号	名称	登録（更新）年月日
1	一般社団法人マンション計画修繕施工協会	令和2年9月19日
2	一般社団法人日本住宅リフォーム産業協会	令和3年1月9日
3	日本木造住宅耐震補強事業者協同組合	令和3年3月20日
4	一般社団法人リノベーション協議会	令和3年4月16日
5	一般社団法人ベターライフリフォーム協会	令和3年5月18日
6	一般社団法人日本塗装工業会	令和3年5月18日
7	一般社団法人リフォームパートナー協議会	令和4年7月8日
8	一般社団法人全建総連リフォーム協会	令和4年8月25日
9	一般社団法人　住生活リフォーム推進協会	令和2年4月6日
10	一般社団法人JBN・全国工務店協会	令和2年11月9日
11	一般社団法人住宅リフォーム推進サポート協議会	令和3年6月27日
12	一般社団法人住活協リフォーム	令和3年9月18日
13	一般社団法人全国古民家再生協会	令和4年2月9日
14	一般社団法人木造住宅塗装リフォーム協会	令和3年11月1日
15	一般社団法人ステキ信頼リフォーム推進協会	令和4年5月24日
16	一般社団法人日装連リフォーム推進協議会	令和2年8月3日

出典：国土交通省

登録の対象になるためには、設立・組織・運営・管理等が法令により定められていなくてはいけない。その上で、団体に加盟する構成員などに対して、リフォーム技術の向上や消費者保護のための研修を定期的に行うといった活動を行うことも求められる。

構成員は団体が実施する研修などを受講し、工事内容に応じて必要な知識や技術を取得しなくてはいけない。

こうした要件を満たすと、登録団体に加盟する事業者は「住宅リフォーム事業者団体国土交通大臣登録」と表示されたマークを使用でき、名刺や社用車、工事現場などでこのマークを示すことができるようになる。

（一社）住宅リフォーム推進協議会のホームページ上では、登録団体に加盟する事業者を検索できるようになっている。国土交通省では、災害などで被災した場合に住宅再建工事を行う事業者を検索できるサイトを開設しているが、ここで検索できる事業者も登録団体に加盟する事業者となっている。

これからどうなる？

“安全･安心の証” で事業機会を創出

（一社）住宅リフォーム推進協議会が実施した22年度 住宅リフォーム消費者実態調査によると、リフォーム検討者が不安に感じていることは、費用面と施工面が上位を占めている。また、20代～40代では「事業者選び、手続きが面倒そう」の割合が高まる傾向にある。リフォーム事業を展開するうえで、こうした消費者の不安を取り除くことは不可欠。リフォーム事業者団体登録制度によって得られる“安全･安心の証”が事業者にもたらすメリットは大きく、証の有無が事業活動に影響を及ぼす可能性は高いだろう。

KEYWORD 42

リフォーム瑕疵保険

リフォーム事業者・消費者双方に安心をもたらす保険制度

キーポイント

リフォーム工事費用の瑕疵保険制度

工事完了から5年以内に発生した瑕疵が対象

第三者による検査でさらに安心

リフォーム工事は、ある意味では新築以上に難しいという声もあり、故意ではない場合でも何らかの不具合が発生してしまう懸念がある。このことは消費者だけでなく、リフォーム事業者にとっても重大なリスクであり、事業者がリフォーム事業に二の足を踏んでしまう要因のひとつにもなっている。

こうしたリスクを回避するものがリフォーム瑕疵保険だ。新築工事で義務化されている瑕疵保険と同じように、リフォーム事業者が加入する保険であり、万が一、リフォーム工事を実施した部位に不具合が生じた場合、補修費用を事業者に支払う。

事業者と発注者の請負契約に基づく工事が完了し、第三者検査員の現場検査が完了した後に、事業者と発注者が工事完了確認書で工事完了を確認した日から保険の対象となる。

工事完了から5年以内に構造耐力上必要な部分や雨水の浸入を防止する部分などに瑕疵が発生し、事業者が補修を実施すると、その費用を保険でまかなうことができる。

加えて、対象住宅の居住者が補修のために一時的な移転を余儀なくされたことで生じた仮住居費用や転居費用なども保険の対象となる。

リフォームを実施した事業者が倒産などによって瑕疵担保責任を履行できない場合、発注者に補修費用などが支払われる仕組みだ。

前述したように、保険に加入するためには、工事完了後に第三者の検査が求められる点もリフォーム瑕疵保険の特徴だ。第三者による検査が入ることで不具合の発生を抑制することができ、

リフォーム瑕疵保険の概要

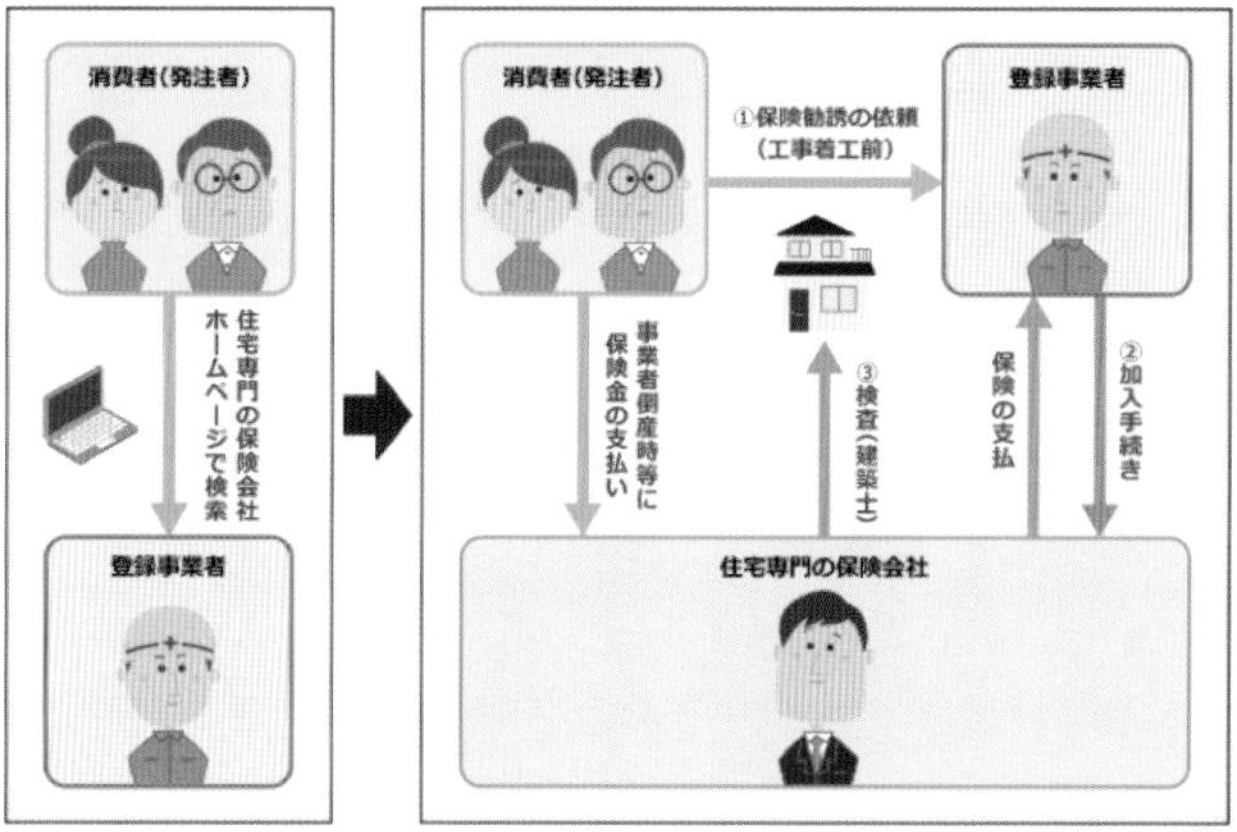

出典：国土交通省

消費者に安心感をもたらす。

つまり、リフォーム瑕疵保険は、事業者が抱える事業リスクを軽減するだけでなく、消費者の不安感の払しょくにもつながるというわけだ。

登録事業者の情報公開で事業者選択の材料に

リフォーム瑕疵保険については、現在（23年4月時点）、国土交通省が指定した5つの保険法人が取り扱っている。リフォーム瑕疵保険に加入するためには、いずれかの保険法人へ事業者登録を行う必要がある。（一社）住宅瑕疵担保責任保険協会では、ホームページ上で保険法人に登録しているリフォーム事業者の検索システムを公開しており、事業者の保険利用件数なども分かるようになっている。

まず保険に加入できる時点で一定の要件を満たした事業者であり、消費者が事業者選択を行う際の有益な情報になる。加えて、保険利用件数が少ない事業者ほど、工事に伴う不具合が少ないと考えることができ、より安心して工事を依頼できる事業者であると知ることができる。

事業者選択のための消費者への情報提供という点でも、リフォーム瑕疵保険の注目度は高そうだ。

これからどうなる？

専門家相談と紛争処理の対象追加で普及が進むか

22年10月から、新築住宅だけでなく、リフォーム瑕疵保険でも専門家相談と紛争処理を利用できるようになった。リフォーム瑕疵保険に加入している工事であれば、弁護士と建築士による対面相談を全国の弁護士会で受けられる専門家相談は、原則無料で受けられる。また、弁護士と建築士が関与しながらトラブルを解決に導く裁判外の紛争処理も有料にはなるが利用でき、リフォーム瑕疵保険に加入するメリットが追加されたことになる。これによって、さらにリフォーム瑕疵保険の普及が進むことが期待できそうだ。

KEYWORD 43

安心R住宅

「不安」、「汚い」、「分からない」という不安を取り除く

キーポイント

既存住宅のネガティブなイメージを解消
一定の要件を満たす良質な既存住宅に標章を付与
消費者が既存住宅を選ぶ際の判断材料に

国土交通省が実施したアンケート調査によると、既存住宅を選ばなかった理由として、「好みに合う中古住宅がなかったため」（38・0％）、「価格が妥当か判断できなかったため」（31・3％）といった情報不足によって「分からない」という点をあげる回答者が多かった。また、価格や将来にかかわる費用に加えて、品質や性能に関する「不安」や見た目の「汚い」というイメージを理由としてあげる回答者も多く、「不安」、「汚い」、そして「分からない」という点が既存住宅流通の活性化を阻害する要因になっているようだ。

こうした状況を改善するために同省では、17年12月から「安心R住宅」（特定既存住宅情報提供事業者団体登録制度）を開始した。この制度は、国が「安心R住宅」の標章とそれを使用できる既存住宅の要件を設定し、その上で標章の使用を希望する事業者の団体を審査・登録し、標章の使用を許諾するというものだ。

登録された事業者団体は、リフォームの基準と標章の使用について事業者が守るべきルールを設定し、事業者の指導・監督を行う。

事業者は、要件に適合した住宅について、団体の基準やルールに則って広告時に標章を使用することができる。

21年度までに5144件が流通

国が定める安心R住宅の基準については、「不安」を払しょくするために、耐震基準をクリアしているほか、既存住宅売買瑕疵保険契約を締結するための検査基準に適合していること、共同

住宅では適切な管理が行われていることなどを求めている。

「汚い」イメージの払しょくという点では、事業者団体毎に「住宅リフォーム工事の実施判断の基準」を定め、基準に合致したリフォームを実施するか、リフォーム提案書を提出することなどを要件にしている。

「わからない」については、建築時も情報や維持保全の状況などを広告時などに知らせるだけでなく、「安心R住宅調査報告書」の作成・交付を求めている。同報告書は、住宅履歴情報などの保存状況などを記載したもの。

国土交通省の調査によると、21年度までに累計で５１４４件の安心R住宅調査報告書が提出されている。なお21年度の実績では、１２５３件の報告書が提出されており、そのうち３１３件がリフォーム済みの戸建住宅、１４８件がリフォーム提案が行われた戸建住宅、７８４件がリフォーム済みの共同住宅等、８件がリフォーム提案が行われた共同住宅等となっている。

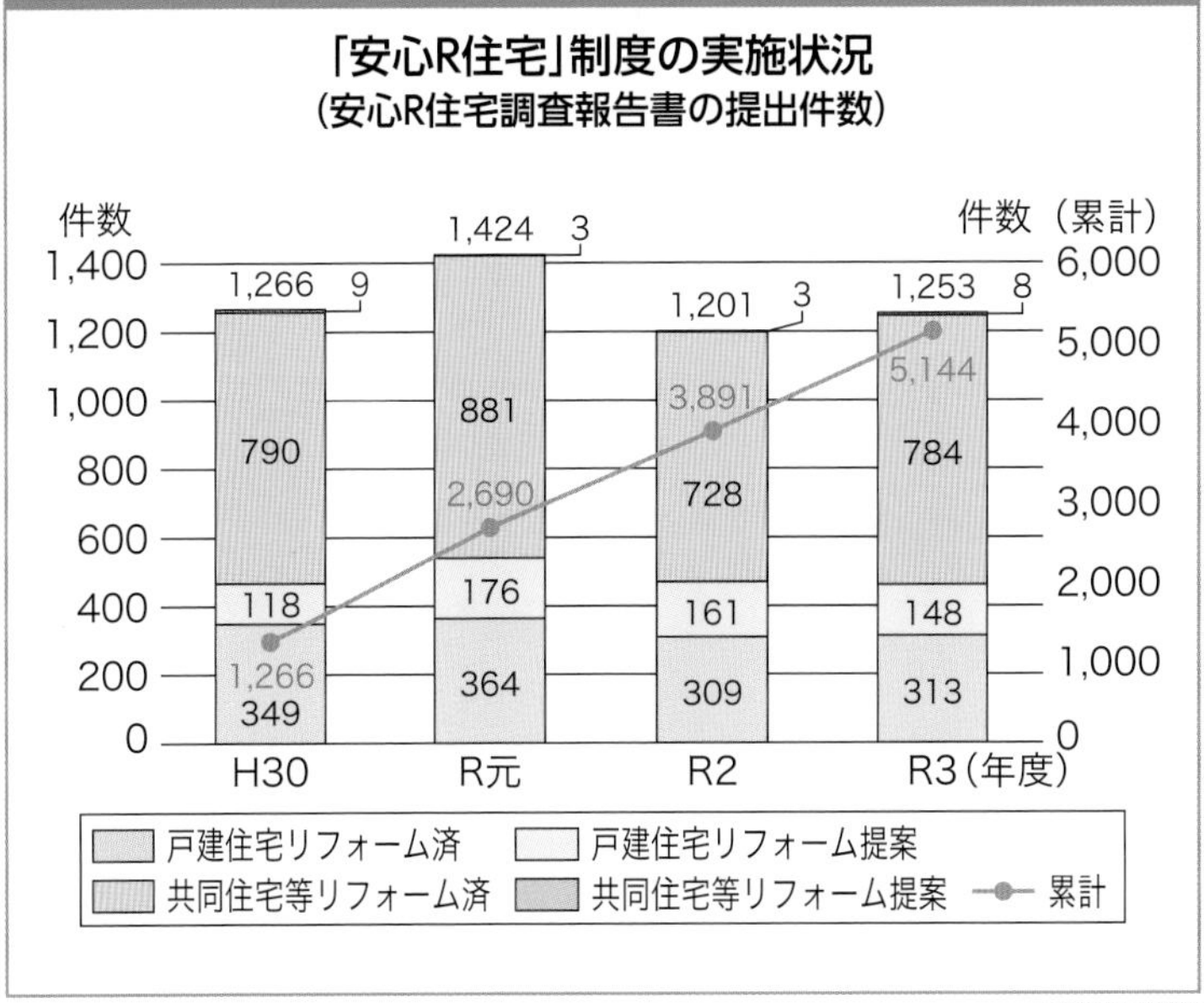

出典：国土交通省

これからどうなる?

支援策との連携で購入のメリットが拡充

安心R住宅については、住宅に関する公的な支援策との連携が進んでいる。例えば、「こどもエコすまい支援事業」では、リフォームの場合、原則1戸当たり30万円を上限に補助を実施しているが、子育て・若者夫婦世帯以外の世帯が、安心R住宅を購入し、同時にリフォームを行う場合には上限が45万円に引き上げられる措置が講じられた。その他の支援策でも安心R住宅に対してより手厚い支援を行うものがあり、こうした支援策との連携によって、消費者にとっても「既存住宅なら安心R住宅を」と考えやすい環境が整いつつある。

KEYWORD 44

ホームインスペクション

宅建業法の改正で不動産仲介時の現況調査を促す

キーポイント

宅建業法で建物状況調査の斡旋などを義務化

調査実績は増加傾向に

消費者の理解を深めることが課題

既存住宅流通市場が盛んな米国では、既存住宅の売買時に第三者によるインスペクションを実施することが一般的だと言われている。

インスペクションとは、専門の知識を有したインスペクター(住宅診断士)が劣化状況や欠陥の有無、改善すべき箇所といった住宅の現況を調査し、その結果を買主に報告するというものである。

日本の既存住宅市場では、米国のようなインスペクションサービスが一般化しておらず、そのことが既存住宅流通市場の活性化を妨げているという指摘がされてきた。

そこで国土交通省では、2013年6月に「既存住宅インスペクションガイドライン」を策定し、インスペクションの日本での本格的な普及へ向けた取り組みを本格化させた。

既存住宅状況調査技術者の養成も進む

「既存住宅インスペクションガイドライン」の策定をひとつの契機として、日本でもインスペクションに関する動きが活発化している。

18年4月には宅地建物取引業法が改正され、宅地建物取引業者は不動産仲介時に売主に対してインスペクションを実施するかを確認し、実施する場合にはインスペクションを実施できる事業者をあっ旋することが義務付けられた。

また、国はインスペクターの質を確保するために、「既存住宅状況調査技術者講習制度」も創設。前述の宅建法上のインスペクションを実施する場合、

既存住宅状況調査技術者講習制度の概要

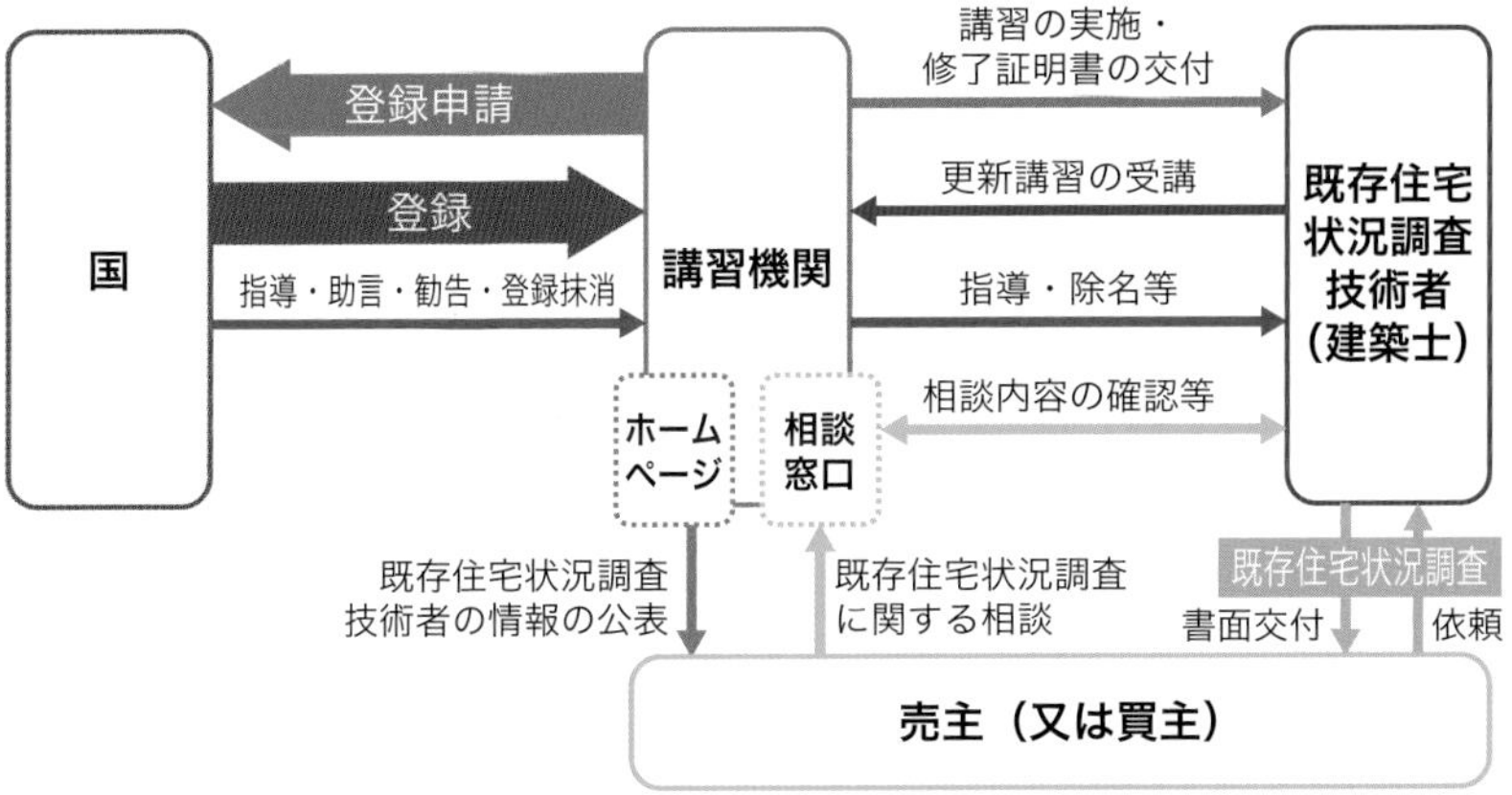

出典：国土交通省

同制度の講習を受講した建築士（既存住宅状況調査技術者）が調査を行うことを求めている。

国の登録を受けた講習機関が建築士に講習を実施し、修了した建築士は調査方法基準に基づき適正に調査を行うことになっている。

国土交通省が宅建業法に基づく建物状況調査の制度施行から1年が経過したしたことを受けて19年に実施した調査によると、17年に4638件であった住宅状況調査の件数が、18年には7013件にまで増加している。

ただし、調査に回答した事業者全体で5万7141件の媒介契約件数があったが、斡旋希望が無かったものが全体で93・5％を占めており、売主から斡旋の希望があったものはわずかに5・9％という状況であった。

買主からの斡旋希望はわずかに0・6％である。

斡旋希望があったもののうち約9割が実際に状況調査を実施しており、調査の必要性などを上手く伝えることができれば、インスペクションが実施される可能性はありそうだ。

これからどうなる?

米国並みに普及するには課題も

宅地建物取引業法の改正によって、日本でもインスペクションの普及が進み出したことは間違いないだろう。
しかし、米国並みに一般化するためには、まだまだ消費者の認知度向上やメリットの創出を図っていく必要がありそうだ。
とくにインスペクションの結果と建物価値の査定が紐づくような状況が生まれれば、売主が自ら調査を希望するケースは増えていくだろう。
この点がインスペクションの一般化に向けた大きな課題になるのではないだろうか。

KEYWORD 45

スムストック

大手ハウスメーカー10社が既存住宅の評価見直しで連携

キーポイント

大手ハウスメーカーが連携し査定方法を見直し
一定の要件を満たした住宅を独自査定で高評価
既存住宅の流通促す先導役に

（一社）優良ストック住宅推進協議会（スムストック）は、大手ハウスメーカー10社（旭化成ホームズ、住友林業、積水化学工業、積水ハウス、大和ハウス工業、トヨタホーム、パナソニック ホームズ、ミサワホーム、三井ホーム、ヤマダホームズ）と、それぞれの住宅メーカーのグループ会社で構成する組織。2008年度から「スムストック」の認定事業を開始している。

会員である住宅メーカーが過去に供給した住宅が既存住宅市場で流通される際に、要件を満たしている物件を認定し、独自に開発したスムストック査定によって価格査定を行っている。

認定のための要件は、①「住宅履歴データ」が整備されている住宅、②「50年以上にわたって長期点検・補修制度」を守り続けることができる住宅、③一定の耐震性能を有している住宅（新耐震基準）という3つ。この要件を満たした住宅であれば、スムストック査定による価格査定を行う。

価格査定はスケルトン部分の流通耐用年数を50年、インフィル部分を15年として評価していく。インフィル部分については、リフォームなどの実施状況によって価値が高くなる。査定を行うのは、様々な試験や研修をクリアし、不動産だけでなく、建物のプロでもある「スムストック住宅販売士」。

一般的な既存住宅の査定の場合、リフォームなどの実施状況を考慮せずに、築年数によって価値が評価されてしまう。どんなに丁寧に住んだ住宅であっても、その価値が適正に評価されない。結果として、居住者のメンテナンス意識の低下にもつながる。

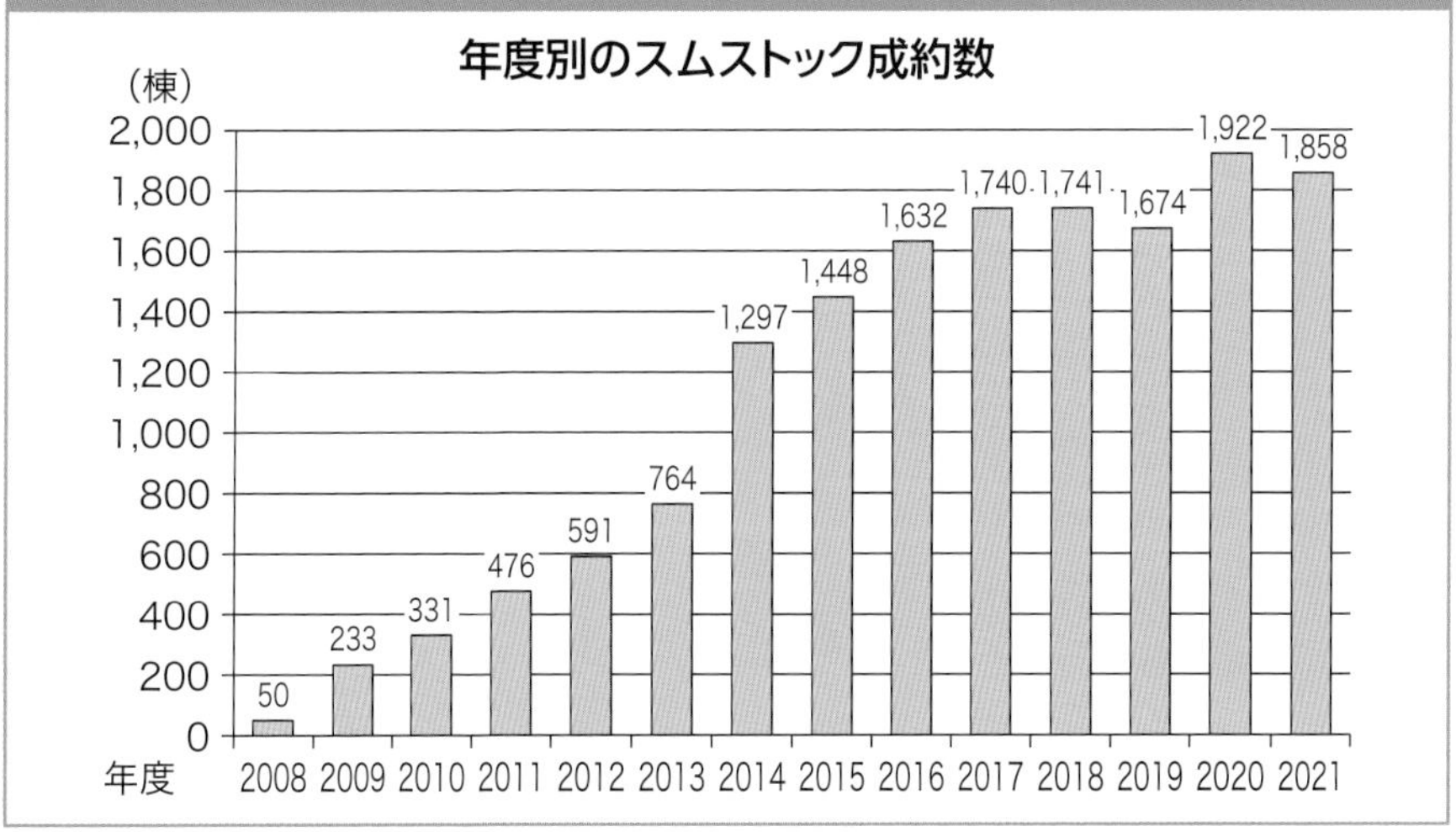

出典：（一社）優良ストック住宅推進協議会

（一社）優良ストック住宅推進協議会は、大手ハウスメーカーが連携し、こうした状況に一石を投じている。

成約は年間1800棟超 捕捉率20％を目標に

21年度のスムストック成約数は前年度比3・3％減の1858棟となった。コロナ禍などの影響もあり前年度実績からは微減だったが、過去2番目の成約数となり、2年連続で成約棟数が1800棟を超えている。スムストック累計成約数も1万5757棟に達している。

同協議会に加盟する10社の戸建ストックは390万棟で、年間推定流通数（22年3月時点）は1万1700棟となっている。対して、21年度にスムストックで仲介した物件数は1858棟であり、協議会10社の流通捕捉率は約16％であった。同協議会では、この数字を20％にまで引き上げることを目標として掲げており、さらなる取り組みを推進していく方針だ。

これからどうなる？

査定手法の見直しで既存流通市場を本格化

どんなに手入れをしても建物部分の価値が高まらないという状況は、既存住宅流通市場とリフォーム市場の拡大を阻害している大きな要因である。価値が高まらないので手入れをしない、手入れをしないから売れないという悪循環を断ち切らない限り、ストック分野のさらなる市場拡大は困難だろう。また、建物の価値が適切に評価されないという状況下では、「住宅を売却して移住しよう」というモチベーションも高まらない。スムストックは、いち早くこうした状況に一石を投じようと活動を続けており、着実に実績も残している。こうした取り組みを深耕していくことで自ずとストック市場の拡大へとつながっていくのではないか。

KEYWORD 46

リバースモーゲージ

超高齢化時代、住宅が老後の暮らしを救う

キーポイント

住宅を担保に老後の生活資金などを調達

リ・バース60の利用件数が急増

新たな事業モデルの創造にも貢献

リバースモーゲージは、米国などで普及しているローン商品。自宅を担保として金融機関から資金を調達するもので、毎月の返済は利子のみ。元金は死亡時に自宅を売却し返済する。

日本でもいくつかの金融機関がリバースモーゲージ型のローン商品を発売しているが、普及に向けた課題があることも事実。利用者が想定以上に長生きした場合や金利上昇などによって担保割れになってしまうリスクがあるため、金融機関としてもなかなか本腰を入れ難いという側面がある。

また日本特有の問題もある。日本では既存住宅の価格査定を行う場合、建物価値は画一的に築年数で評価される場合が多い。米国のように建物の状態やリフォーム実施の有無などに応じて建物の査定額が変わることは少ない。そのため、リバースモーゲージを利用するために担保となる自宅の査定を行う際、一定の築年数を超えた住宅については、土地の価格しか担保価値に組み込むことができないのだ。

結果として、借りられる額も少なくなってしまい、利用者にとってもメリットが少ないものになってしまう。

こうした課題もあり、日本ではなかなか本格的な普及に至らなかったリバースモーゲージだが、ここにきて状況が変わりつつある。その変化を生み出しているのが、(独)住宅金融支援機構が民間金融機関と連携して提供する住宅ローン「リ・バース60」。

「リ・バース60」は、自宅を担保として融資を行い、利用者が亡くなるまでは利子分のみを支払えばいいというもの。元金は死亡時に住宅を売却して完

【リ・バース60】の付保申請戸数等の推移（2022年12月末現在）

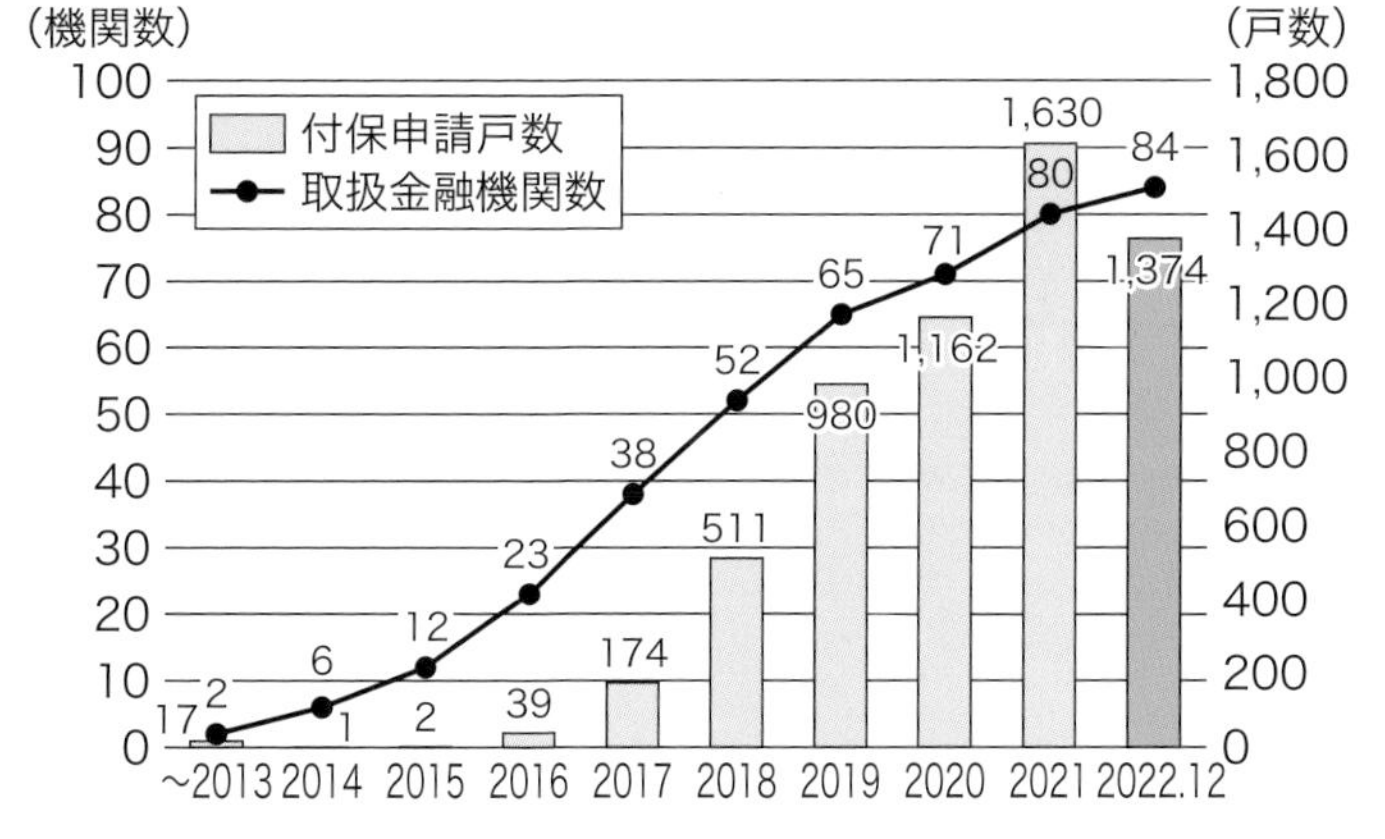

出典：（独）住宅金融支援機構

済するか、もしくは相続人などが代わって支払うこともできある。

ここ数年、「リ・バース60」の利用件数が急増している。17年にわずか174戸であった付保申請戸数は、21年には1630件にも増加している。

22年10月〜12月における利用者の属性は、平均年齢が70歳で、53・6%が年金受給者となっている。資金の使途では注文住宅が27・8%で最も多い。融資額の平均は1577万円で、毎月の支払額は3・5万円だ。

リバースモーゲージを活用した新たな住宅ローンの提供も

リバースモーゲージを活用した新たな住宅ローンも登場している。（一社）移住・住みかえ支援機構（JTI）と日本住宅ローン（MJC）が共同開発した残価設定型の「ローンのお守り」だ。

30歳前後で新築戸建を購入すると想定し、収入が減少する60歳前後に、残価設定月以降いつでもローンの負債残額と同額で住宅をJTIが買い取る「残価買取オプション」と、毎月の返済額を大幅に抑えた「新型リバースモーゲージ」に借り換え変更できる「返済額軽減オプション」の2つの選択肢を提供する。

これからどうなる?

超高齢化時代の中で持家のメリットが増える!?

リバースモーゲージの普及は、住宅を所有することのメリット増大にもつながる。住宅を所有しておくことで、老後に住宅が働き、生活資金を稼いでくれる可能性を持っているからだ。自宅を売却し資金を調達し、売却後は賃料を支払いながら住み続けることができるリースバックなどにも同じことが言えるが、今後、住宅を所有することが老後の備えになるという状況が生まれるかもしれない。ただし、いずれも新しい仕組みだけに深刻なトラブルへ発展するリスクにも配慮することが求められる。

KEYWORD 47

既存住宅売買瑕疵保険

既存住宅市場の健全な市場拡大に貢献

キーポイント

既存住宅購入の万が一に備えた保険
補修費用などを保険でまかなう
検査とのセットでより安心に

既存住宅売買瑕疵保険は、既存住宅の売買時に利用できる保険だ。既存住宅購入後に欠陥などが見つかった場合、補修費用などを保険金でまかなうことができる。

この保険には、宅建業者販売タイプと個人間売買タイプの2種類がある。宅建業者販売タイプは、事業者が既存住宅を買取り、リフォームなどを実施した後に販売する際に利用するもの。

この場合、既存住宅を販売する事業者が保険に加入することになる。

保険の対象は、既存住宅の隠れた瑕疵のうち、住宅の品質確保の促進等に関する法律で定められた構造耐力上主要な部分など。加えて、給排水管路または電気・ガス設備等も対象とすることも可能だ。

保険期間は2年または5年。保険金額は500万円または1000万円。

一方、個人間売買タイプは、売主、買主ともに消費者であるケースで活用する。

この時の保険加入者は、既存住宅の検査を行う検査事業者か仲介を行う事業者になる。保険の対象は、宅建業者販売タイプと同じ。

保険期間は1年、2年または5年。保険金額は200万円、500万円または1000万円となっている。

保険と検査のセットで既存住宅購入時の不具合リスクを抑制

いずれのタイプも保険に加入するためには、専門の建築士による検査（インスペクション）を行い、一定の要件を満たしていることを確認することが求められる。

既在住宅売買瑕疵保険制度の仕組み

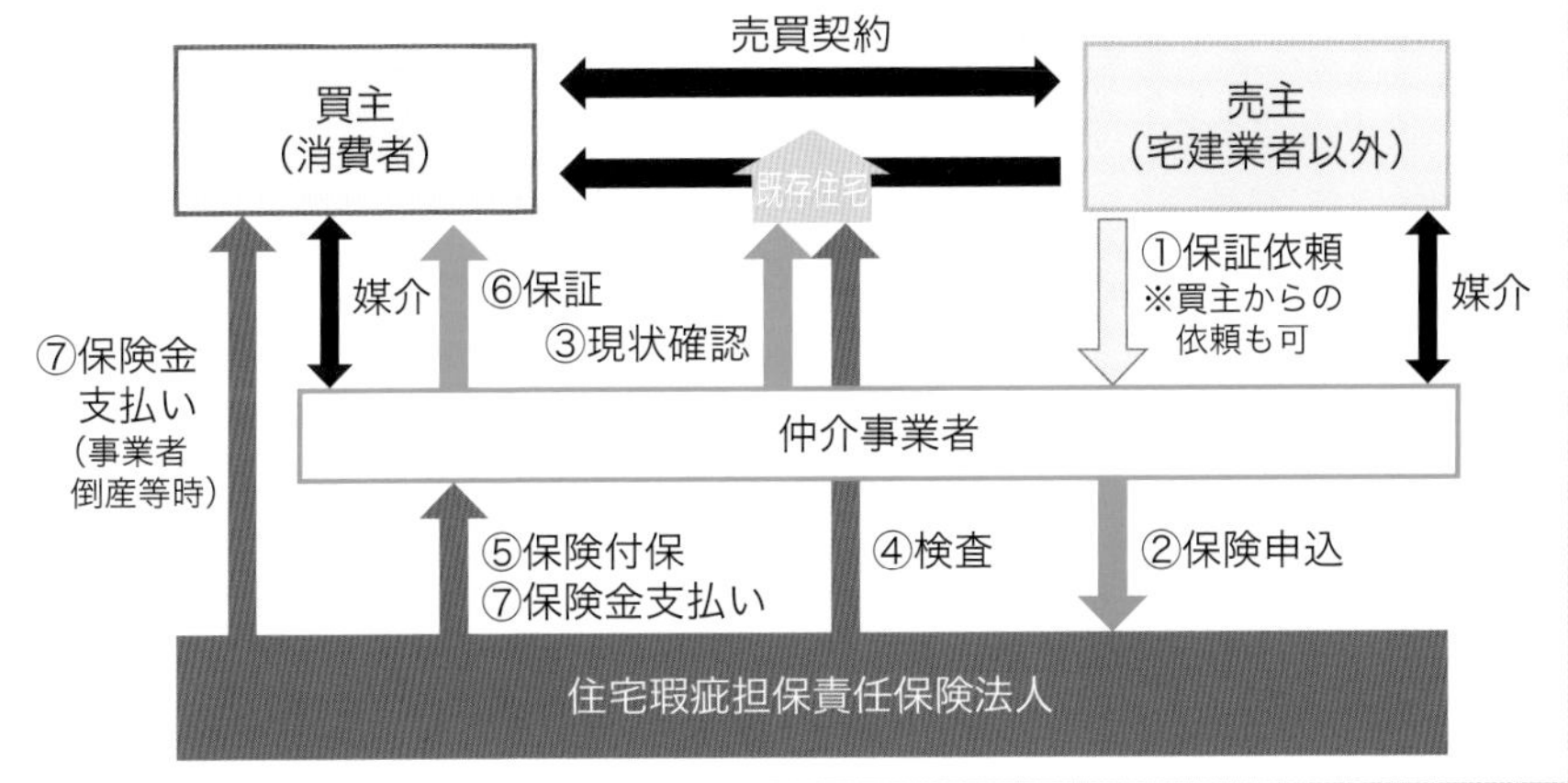

出典：国土交通省

検査は被保険者となる検査機関が実施し、さらに保険法人も現場検査を行う必要があったが、制度改正によって既存住宅状況調査技術者が検査を行った場合、一度の検査だけで保険に加入できるようになった。

検査と保険がセットになっている点こそが既存住宅売買瑕疵保険の特徴でもある。検査を行うことで既存住宅購入後の不具合の発生を未然に防ぐことができ、また万が一、不具合が発生したとしても保険金は支払われるという安心感がある。

国土交通省の調べによると、2016年度までの実績で既存住宅売買瑕疵保険（宅建業者販売タイプ・保険期間5年）に加入した物件の事故率は、1年未満が1・58%、2年未満が0・93%、3年未満が0・69%、4年未満が0・60%、5年前までが0・89%となっており、そもそも不具合の発生率が低いことが分かる。

この数字からも、検査と保険をセットで提供することで、既存住宅の売買に関する不安の大部分を取り除くことができる可能性を伺い知ることができそうだ。

これからどうなる?

さらなる普及へ、新たな推進役も必要に

既存住宅売買瑕疵保険については、14年度あたりから急激に利用件数が伸びている。これは、13年度の税制改正において、既存住宅の購入時にローン減税を受ける際の耐震基準の証明書類として、同保険の保険付保証証明を利用できるようになったことが大きく関係している。

最近では安心R住宅の要件に同保険への加入を盛り込むケースもあり、こうした新たな推進役の登場でさらなる普及へとつながりそうだ。

KEYWORD 48

空き家・所有者不明土地問題

地域の負の遺産を資産として活用する

キーポイント

空き家対策特措法を改正

活用拡大、特定空家除去などの取り組みを強化

政府一体となり総合的な取り組みを推進

大きな社会的課題となっている空き家問題。総務省の「住宅・土地統計調査」によると、居住目的のない空家は1998年の182万戸から2018年には349万戸と20年間で1・9倍も増加、30年には470万戸に達すると見込まれている。

一方、所有者不明土地（不動産登記簿等の所有者台帳により、所有者が直ちに判明しない、または判明しても所有者に連絡がつかない土地）も大きな課題だ。全国の所有者不明率は20・3％と推計されている。これらは防犯や防災面のリスク、周辺の資産価値低下など地域の負の資産となっており、その対策が急務となっている。

23年3月、「空家等対策の推進に関する特別措置法の一部を改正する法律案」（空家対策特措法）が閣議決定された。改正のポイントは、①活用拡大、②管理の確保、③特定空家の除去の3つだ。注目されるのが、「空家等活用促進区域」の設定。中心市街地や地域の再生拠点、観光振興を図る区域などを想定し、市区町村が区域や活用指針などを定め、用途変更や建替えなどを促進する。接道に係る前面道路の幅員規制や、用途規制の合理化など行う。

また、放置することで特定空家になるおそれがある空家を「管理不全空家」と位置づけ、管理指針に即した措置を市区町村長が指導・勧告できるようになる。管理不全空家は固定資産税の住宅用地特例を解除され、200㎡以下の小規模住宅用地では評価額6分の1の特例を受けられなくなる。

国土交通省では、法施行後5年間の目標・効果として、空家等活用促進区

「空家等対策の推進に関する特別措置法の一部を改正する法律案」の概要

（1）所有者の責務強化
現行の適切な管理の努力義務に加え、国、自治体の施策に協力する努力義務を追加
（2）空家等の活用拡大
①空家等活用促進区域
市区町村が空家等活用促進区域及び空家等活用促進指針を定めた場合に接道規制や用途規制を合理化し、用途変更や建替え等を促進
市区町村長は、区域内の空家等の所有者等に対し指針に合った活用を要請
②空家等管理活用支援法人
市区町村長は、空家等の管理や活用に取り組む NPO法人、社団法人等を空家等管理活用支援法人として指定
（3）空家等の管理の確保
市区町村長は、放置すれば特定空家等になるおそれがある空家等を管理不全空家等として、指導、勧告
勧告を受けた管理不全空家等の敷地は固定資産税の住宅用地特例を解除
（4）特定空家等の除却等
市区町村長に特定空家等の所有者等に対する報告徴収権を付与
特定空家等に対する命令等の事前手続きを経るいとまがないときの緊急代執行制度を創設

出典：国土交通省

域の指定数100区域、市区町村の取組みにより管理や除却等された管理不全空家及び特定空家数15万件などの目標を立てている。

空き家と所有者不明土地対策を一体的・総合的に推進

23年2月、政府は「所有者不明土地等対策の推進のための関係閣僚会議（第11回）」を開催。新たな工程表を決定し、総務省、国土交通省、法務省などが連携しながら、政府一体となって総合的な対策を推進することになった。

国土交通省は「空き家対策と所有者不明土地等対策の一体的・総合的推進（政策パッケージ）」をまとめ、地域で混在する空き家と所有者不明土地の対策を一体的・総合的に推進し、その有効活用や適切な管理を図り、地域経済の活性化に繋げていく。また、子育て世帯向けの住まいや子供の居場所として、空き家の活用を促進する方針だ。

これからどうなる?

空き家を地域活性化の起爆剤に

都市中心部、郊外の住宅地、中山間地域など、広く散在する空き家。除去せざるを得ない空き家がある一方で、資産として活用できる空き家も少なくない。

今、移住や二拠点・多拠点居住、また、ワーケーションなど住・職のニーズが広がりつつある。これらの受け皿として、空き家の活用が始まっている。また、地域のハブとなる場としても活用が期待される。

地域の負の遺産となっている空き家を、どう地域の資産として蘇らせることができるか。住宅産業の腕の見せ所と言えるだろう。

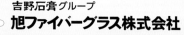

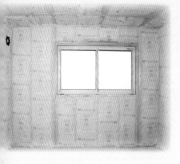

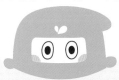

4

第四章

持続可能性

脱炭素時代の成長・変革の動き

KEYWORD 49

脱炭素化

2050年に向けた省エネ政策の基盤

キーポイント

「2050年カーボンニュートラル」を宣言

様々な省庁による施策が展開

建築分野でも脱炭素へのシフトが加速

2020年10月、菅義偉首相（当時）が「2050年までに温室効果ガスの排出を全体としてゼロにする」と、2050年カーボンニュートラル（脱炭素化）を宣言した。資源エネルギー庁では、この「全体としてゼロ」を、「排出量から吸収量と除去量を差し引いた合計をゼロとするとしている。つまり排出を完全にゼロにすることは現実的に難しいため、排出せざるを得なかった分については同じ量を「吸収」または「除去」することで差し引きゼロとする」と説明している。

21年4月には菅首相が地球温暖化対策推進本部の会合で、30年度の温室効果ガスの削減目標として13年度比46%削減することを表明、さらに50%に向けて挑戦するとした。以降、わが国は脱炭素社会の実現に向けて急速に動き出し、各府省から様々な施策を打ち出している。

例えば、内閣府は環境省など関係省庁と共に「地域脱炭素ロードマップ」を取りまとめている。25年までを政策の集中期間とし、①100カ所以上の「脱炭素先行地域」づくり、②全国での脱炭素の基盤となる重点対策を実施することで、50年を待たずに多くの地域で地域課題を解決しつつ脱炭素を達成し、強靭で活力のある社会の創出を目指す。

また、環境省では「脱炭素につながる新しい豊かな暮らしを創る国民運動」および国、自治体、企業、団体、消費者などによる「新国民運動官民連携協議会」を立ち上げ、官民一体の取り組みを加速している。

さらに、経済産業省では21年10月に

「第6次エネルギー基本計画」を公表し、エネルギー政策の新たな道筋などを示している。

地域脱炭素ロードマップの政策イメージ

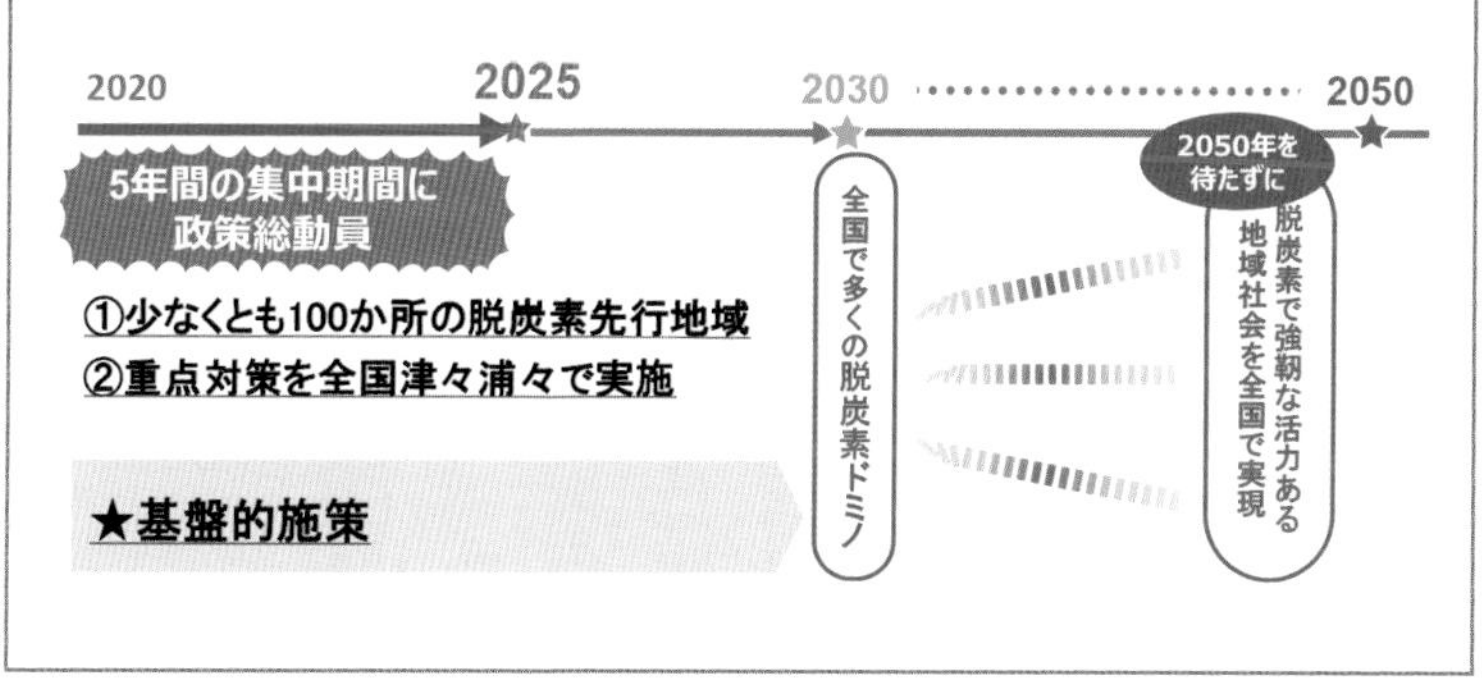

出典：環境省「脱炭素ポータル」

ZEH・ZEB建築の普及を当たり前に

脱炭素への気運が高まる中、住宅・建築分野もわが国のエネルギー消費量の約3割を占めているだけに脱炭素に向けた取り組みが重要視されている。

国土交通省、経済産業省、環境省は、3省合同で「脱炭素社会に向けた住宅・建築物の省エネ対策等のあり方検討会」を21年4月に設置し、同年8月に「脱炭素社会に向けた住宅・建築物における省エネ対策等のあり方・進め方に関するロードマップ」を策定・公表した。30年時点で新築される住宅・建築物にZEH・ZEBレベルの省エネ性能が確保され、新築戸建住宅の6割に太陽光発電設備が導入、また、50年にはストック平均でこの性能が確保され、太陽光発電設備の導入が一般的となることなどを打ち出している。

脱炭素化に向けて建築物のZEH・ZEB化はもはや待ったなしの状況である。

これからどうなる?

エンボディードカーボンの削減が急務 カーボンリサイクルに期待

住宅・建築分野におけるCO_2排出量のうち約70%にあたる「オペレーショナルカーボン」(暮らすときのCO_2)について、ZEHやZEBの普及によって削減しようという動きが加速している。一方で、残り約30%を占める「エンボディードカーボン」(建設時のCO_2)についても様々な取り組みが進む。例えば、環境配慮型建材の利用などによる削減だ。その中で、CO_2を資源として活用できる「カーボンリサイクル」技術を用いて製造されるCO_2吸収コンクリートが注目されている。経済産業省では普及拡大の道筋ため、「カーボンリサイクル技術ロードマップ」を策定。40年頃の一般普及を目指している。今後のイノベーションに期待がかかる。

KEYWORD 50

パリ協定

先進国として脱炭素を牽引

キーポイント

ウクライナ侵攻で脱炭素に陰り
先進主要国は引き続き脱炭素に邁進
日本では住宅産業界の取り組みが重要

パリ協定は、京都議定書に代わり、2020年以降の気候変動問題に関するルールを定めた国際的な枠組みだ。15年の国連気候変動枠組み条約締約国会議（COP21）で採択され、16年11月に発効、現在196の国と地域が参加している。京都議定書では先進国のみに温室効果ガスの排出削減義務が生じていたが、パリ協定では参加する全ての国に削減目標を「国が決定する貢献（NDC）」として5年ごとに提出・更新する義務が課せられている。

しかし、22年にエジプトで開催されたCOP27では、世界的な脱炭素の潮流に陰りが見え始めた。パリ協定では世界共通の長期目標として、工業化以前と比較して世界的な平均気温の上昇を2℃未満、可能な限り1・5℃未満に抑えること（1・5℃目標）が定められたが、COP27の合意文書ではこの目標が削除されたのだ。

また、22年2月から続くロシアのウクライナ侵攻の影響により、エネルギー価格が高騰したことなどを受け、発展途上国にとって化石燃料は必要であるという意見が浮上。21年のCOP26で採択された「グラスゴー気候合意」に盛り込まれていた段階的な石炭火力発電の廃止もCOP27の最終的な合意では削除された。

COP27はパリ協定の発効以降、一貫して強化されてきた脱炭素の流れにブレーキを掛けたが、日本を含む先進主要国が取り組みを緩めることは許されない。

脱炭素に向けた温室効果ガスの削減目標として、例えばEU（欧州連合）では30年に少なくとも55％減（90年

主要各国・地域の温室効果ガス削減目標

国・地域	GHG削減目標		エネルギー起源CO_2排出割合（2020年）
	中期目標	長期目標	
米国	2030年に△50～52%（2005年比）	2050年にカーボンニュートラル達成	13.4%
日本	2030年度まで△46%（2013年度比）	2050年にカーボンニュートラル達成	3.1%
EU	2030年に△55%（1990年比）	2050年にカーボンニュートラル達成	7.6%
英国	2035年に△78%（1990年比）	2050年にカーボンニュートラル達成	1.0%
カナダ	2030年に△40～50%（2005年比）	2050年にカーボンニュートラル達成	1.6%
中国	①2030年までにCO_2排出量をピークアウトさせる ②2030年にGDP当たりCO_2排出量で△65%以上（2005年比）	2060年にカーボンニュートラル達成	31.8%
インド	2030年にGDP当たりCO_2排出量で△45%（2005年比）	2070年にカーボンニュートラル達成	6.6%
ロシア	2030年に△30%（1990年比）	2060年にカーボンニュートラル達成	4.9%

出典：外務省および環境省の資料より作成

比）、英国では35年に78%減（90年比）、米国では30年までに50～52%減（05年比）という大胆な中間目標を掲げている。

わが国も、30年度までに温室効果ガス排出量を46%削減（13年度比）することを目指している。

この46%削減という目標の達成に向けては、家庭部門で66%の削減が求められており、住宅産業界が果たすべき役割は大きい。

こうしたなか、特に重要となるのが住宅の省エネ化だ。22年6月、建築物省エネ法が改正・施行され、25年以降全ての新築建築物に省エネ基準の適合が義務化される。また、同年には住宅性能表示制度の断熱等性能等級に等級5、6、7が、一次エネルギー消費量等級にも等級6が追加されるなど省エネに関する施策が様々展開、住宅のZEH化の流れが一段と加速している。

これからどうなる?

サプライチェーンを含めた脱炭素の取り組みがカギ

脱炭素で重要となるのが温室効果ガスの「サプライチェーン全体の排出量」として定義される「SCOPE（スコープ）」だ。ガスの排出方法や排出者などによって「スコープ1（事業者自らの直接排出）」、「スコープ2（他社から支給された電気、熱などの使用に伴う間接排出）」、「スコープ3（その他の間接排出）」に区分される。住宅事業者においては、排出の多くを占めるスコープ3、とりわけ住宅・建築物の使用時や資材調達における排出量が重視されている。しかし、住宅産業は裾野が広いだけに単独での取り組みには限界がある。住宅産業全体での脱炭素の仕組みづくりに期待がかかる。

KEYWORD 51

都市の低炭素化の促進に関する法律

改正法施行で低炭素なまちづくりをさらに促進

キーポイント

- 2つの基本方針を策定
- 認定低炭素建築物の認定基準が引き上げ
- 認定住宅は税制優遇措置の対象に

「都市の低炭素化の促進に関する法律」(「エコまち法」)は、地球環境の保全のために、低炭素でコンパクトなまちづくりを推進する法律だ。

日本のCO_2排出総量を見ると、約5割は家庭部門、業務部門、運輸部門の都市における社会活動に起因すると考えられる3部門が占めている。

また、21年の「都市計画現況調査」によると、都市計画を実施するにあたり都道府県知事や国土交通大臣が指定する「都市計画区域」は、1027万6259haと国土面積の約27%を占め、総人口の約94%が居住しているとされている。さらに、そのうち既に整備が進められ、市街地となっている地域や概ね10年以内に優先的かつ計画的に市街化を図るべき地域とされる「市街化区域」の面積は145万3149haで、国土面積に占める割合は3・8%、総人口の約7割がそこに集中している。そのため、CO_2排出量が人口の多さに比例していると仮定した場合、そのほとんどが都市計画区域、とりわけ市街化区域から排出されていることになり、都市の低炭素化が強く求められている。

同法の基本方針は大きく2つ。市街化区域内での「低炭素まちづくり計画の策定」、および「低炭素建築物の認定」だ。

低炭素まちづくり計画は、計画区域や期間、達成状況の評価事項など、都市の低炭素化に関する施策を総合的に推進するための計画を策定できる制度。地域それぞれの実情に応じて区域を設定できることが特徴だ。22年12月末時点で26都市が同計画を策定している。

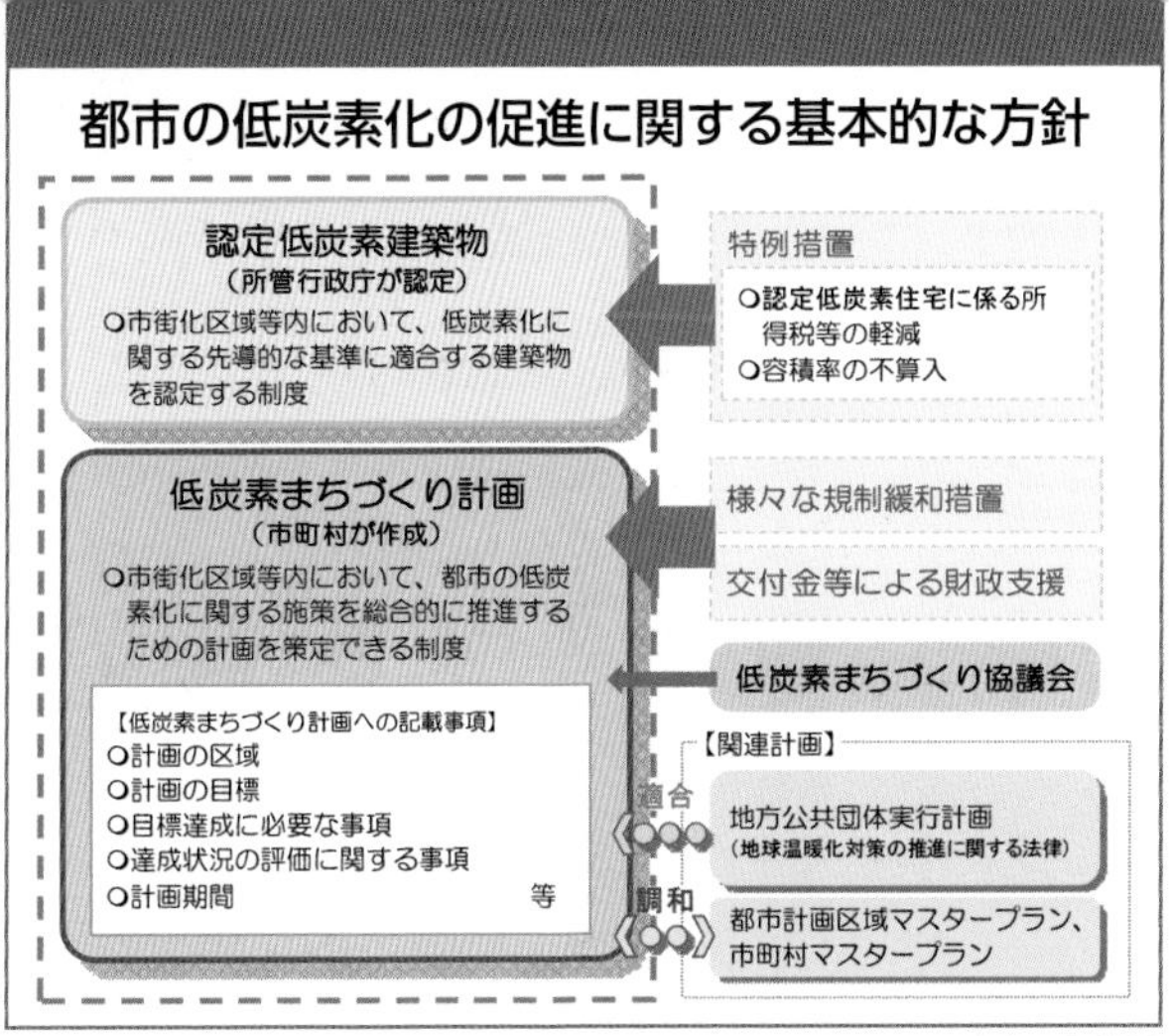

出典：国土交通省

一方、「低炭素建築物の認定」では、低炭素化に関する一定の基準をクリアした建築物を新築、増築、改修する場合に、低炭素建築物新築等設計を作成し、所管行政庁から認定を受けることで税制優遇が受けられる。この認定基準については、20年10月に行われたカーボンニュートラル宣言や、22年2月の社会資本整備審議会の答申などを踏まえた見直しが行われ、認定する建物の省エネ基準をZEH・ZEB水準へと引き上げるべく、22年10月に同法の改正が行われた。また、それ以外の改正点として、認定申請単位が変更となり、共同住宅等や複合建築物の住宅部分、非住宅部分の認定が可能になったほか、認定の必須項目に再生可能エネルギーを利用するための設備の導入などが求められることとなった。

21年度の低炭素建築物新築等設計の認定件数は、一戸建てが1万6464件（前年度比281％増）、共同住宅等の住戸または住棟が4127件（同193％増）、複合建築物が72件（同153％増）件、非住宅建築物が1件（同84％減）、と非住宅以外は大幅に伸長し、総件数は2万6664件（同257％増）。これにより、制度開始の12年12月からの累計件数は7万4344件となった。

これからどうなる？

社会経済の側面からも集約型のまちづくりを

「都市の低炭素化の促進に関する法律」で形成を推進するコンパクトなまちは、商業施設や公共施設など多様な都市機能を集約することで、自家用車に依存せずとも徒歩や公共交通機関での移動で生活が完結するようになるため、脱炭素の観点で重要な取り組みだ。
さらに、都市機能が集約されることで高齢者の生活利便性が確保できるほか、まちの魅力度が上昇し、居住者の増加が見込めるため、都市経営コストの低減が期待できるなど社会経済的な側面からも効果的と言える。人口減少の局面を迎えるなか、今後のまちづくりの在り方に注目が集まる。

KEYWORD 52

省エネ法（エネルギー使用の合理化及び非化石エネルギーへの転換等に関する法律）

カーボンニュートラルの実現へ新たな取り組み

キーポイント

抜本改正で法律名も変更

対象を非化石エネまで拡大

窓の性能強化を推進

「エネルギー使用の合理化等に関する法律」（省エネ法）はオイルショックを踏まえ、化石エネルギーの使用の合理化を目的に1979年に制定、同年10月に施行された法律である。

これまで数度の改正が行われているが、特に、08年には経済的社会的な環境変化を踏まえ「住宅・建築物分野の対策の強化」が行われ、09年に施行された。この改正により大規模な住宅・建築物の建築主に対する従来の指示・公表のほかに命令規定が導入、一定の中小規模の住宅・建築物に届け出義務が導入された。また、住宅事業建築建築主が新築する特定住宅に係る省エネ性能向上を促す措置や、省エネ性能表示の推進なども盛り込まれた。

なお、建築物のエネルギー消費量の増大などを背景に、建築物部門の省エネ対策の抜本的強化が必要不可欠と、15年に「建築物のエネルギー消費性能の向上に関する法律」（建築物省エネ法）が制定、同法に基づいて住宅・建築物の規制措置、誘導措置が行われるようになった。

法律名も変更し取り組みを強化 非化石エネへの転換も

2050年カーボンニュートラルの実現に向け、これまでの省エネ政策に加え、エネルギー需給構造の変化を踏まえた新たな取り組みが必要なことから、22年5月に改正省エネ法が成立、法律名も「エネルギー使用の合理化及び非化石エネルギーへの転換等に関する法律」に見直され、23年4月に施行された。

改正のポイントは、①エネルギー使

エネルギー使用の合理化等に関する法律の改正概要需 要構造の転換

非化石化エネルーを含むエネルギー全体の仕様の合理化

- 非化石エネルギーの普及拡大により、供給側の非化石化が進展。これを踏まえ、エネルギーの使用の合理化（エネルギー消費原単位の改善）の対象に非化石エネルギーを追加。化石エネルギーに留まらず、エネルギー全体の使用を合理化

非化石エネルギーへの転換の促進

- 工場等で使用するエネルギーについて、化石エネルギーから非化石エネルギーへの転換（非化石エネルギーの使用割合の向上）を求める
- 一定規模以上の事業者に対して、非化石エネルギーへの転換に関する中長期的な計画の作成を求める

ディマンドリスポンス等の電気の需要の最適化

- 再エネ出力制御時への需要シフトや、需給逼迫時の需要減少を促すため、「電気需要平準化」を「電気需要最適化」に見直し
- 電気事業者に対し、電気需要最適化に資するための措置に関する計画（電気需要最適化を促す電気料金の整備等に関する計画）の作成等を求める

出典：資源エネルギー庁の資料より

用の合理化の対象範囲を非化石エネルギーまで拡大、②非化石エネルギーへの転換に関する措置、③電気の需要の最適化に関する措置、の3点であり、これらを施行するための省令・告示の改正が行われた。例えば、①については「化石燃料」（従来の「燃料」）に該当しないものすべてを「非化石燃料」と定義した。

改正省エネ法で住宅産業界に直接関わる見直しが窓関係だ。サッシ及び複層ガラスの建材トップランナー制度について、30年以降に新築される住宅に求められる省エネルギー性能から窓に求められる断熱性能を逆算したうえで算出、目標基準値を約4割引き上げた。なお、断熱材についても5～6％程度基準値を引き上げた。

一方、窓の性能表示制度について、より高い断熱性能の窓を評価できるよう基準値を見直すとともに、住宅の省エネルギー性能のさらなる向上に向けて、日射熱取得率についても表示することとした。

これからどうなる？

省エネ性向上の要「窓」が注目

「2050年カーボンニュートラルの実現」や「温室効果ガス46％削減目標」の達成に向けた取り組みのなかで、住宅分野で注目されるのが「窓」である。サッシ・複層ガラスの建材トップランナー制度の目標基準値が引き上げられ、窓の性能表示制度の基準値も見直された。ちなみに先にまとまった「GX実現に向けた基本方針」でも、25年までに断熱窓導入へ集中的な支援を行い、26～30年に断熱窓を含む、さらに性能が高い建材の普及拡大を進めるとされた。住宅において熱が最も逃げ、最も侵入する開口部。その性能は住宅の省エネ性能を大きく左右する。新築住宅におけるZEHの標準化が目指されている30年に向け、「窓」が大きくクローズアップされている。

KEYWORD 53

建築物のエネルギー消費性能の向上に関する法律

建築物の省エネ性能を底上げへ

キーポイント
- 22年6月、改正法が公布
- 省エネ基準の適合義務対象が拡大
- 30年までにはZEH水準への適合も義務化

「建築物のエネルギー消費性能の向上に関する法律（建築物省エネ法）」は、建築物に対する省エネ基準適合義務などの規制と、建築物の容積率特例、省エネ性能表示などについて定めた法律。建築物におけるエネルギー消費量が増大するなか、その省エネ対策の抜本的な強化が不可決と、2015年に「エネルギー使用の合理化等に関する法律」（省エネ法）から独立するかたちで制定された。

規制措置では、①延床面積2000㎡以上の大規模非住宅建築物および同300㎡以上の中規模非住宅建築物について、新築時に建物のエネルギー消費性能基準（省エネ基準：断熱等性能等級4、一次エネルギー消費量等級5）への適合と所管行政庁または登録判定機関同基準による適合判定を受けることを義務化しているほか、②延床面積300㎡以上の建築物全般について、新築・増築計画の所管行政庁への届出義務、③延床面積300㎡未満の小規模建築物を新築する際、設計士や建築士が建築主に対し、省エネに係る説明をすることの義務、④住宅事業建築主に対して、新築する戸建住宅に関する省エネ性能基準である「住宅トップランナー基準」を設け、省エネ性能をより高いレベルに誘導する「住宅トップランナー制度」の運用について定めている。

改正法が可決
ZEHレベルの標準化に向けた第一歩

政府が打ち出した「2050年カーボンニュートラル」の実現、また、「2030年度温室効果ガス46％削減（13

年度比）」の実現に向け、建築物の省エネ性能のさらなる向上を図ることを目的に、22年6月に建築物省エネ法が改正、公布された。

改正の最大のポイントは、省エネ基準の適合義務対象の拡大である。従来の「建築物省エネ法」では、省エネ基準の適合義務は中大規模の非住宅建築物（特定建築物）に限られていたが、脱炭素に向けて建築物の省エネ性能の底上げを図るため、適合対象をすべての新築住宅・非住宅へ拡大、建物の規模や住宅・非住宅を問わず適合を義務化した。

もともと、この省エネ基準への適合義務化は20年に予定されていたが、中小工務店などの対応に遅れが出るなどの懸念から実施が見送られた経緯がある。

しかし、住宅の省エネ性能の向上が進み、脱炭素の潮流が世間一般でも醸成されてきていることから実施に踏み切った。施行は公布日から3年以内とされており、中小工務店や審査側の体制整備などに配慮しつつ、十分な準備期間を設けた上で25年度までに施行する。

この基準は遅くとも30年までにZEHレベル（断熱等性能等級5、一次エネルギー消費量等級6）に引き上げられる予定だ。

基準適合に係る規制の概要

現行

	非住宅	住宅
大規模 2,000m² 以上	適合義務 2017.4〜	届出義務
中規模 300m² 以上	適合義務 2021.4〜	届出義務
小規模	説明義務	説明義務

改正

	非住宅	住宅
大規模	適合義務 2017.4〜	適合義務
中規模	適合義務 2021.4〜	適合義務
小規模	適合義務	適合義務

出典：国土交通省

これからどうなる？

新基準、トータルコストを見据えた高断熱化の取り組みが加速

ZEH水準がスタンダードになろうとするなか、差別化を図る意味からも断熱等性能等級6を標準化する動きが加速している。例えば、一部断熱材メーカーでは異素材同士でタッグを組み付加断熱を提案しているほか、開口部メーカーと連携する企業も出てきた。

さらに、将来的なランニングコストを含めたトータルコストを考えれば等級6は大きな武器となろう。エコワークスの小山貴史社長は「15年以上住み続ける場合、等級4よりも等級6の方がトータルコストは安くなる」とユーザーメリットを強く打ち出す。脱炭素化を踏まえた、新たな性能競争の幕が上がった。

KEYWORD 54

省エネ基準の適合義務化

省エネ性能の最低ラインが変更

キーポイント

すべての新築建築物に省エネ基準の適合が義務化
30年までには基準をZEH水準まで強化
省エネ基準の適判・審査手法を見直し

2022年6月、「脱炭素社会の実現に資するための建築物のエネルギー消費性能の向上に関する法律等の一部を改正する法律案」が衆議院本会議で可決され、「建築物のエネルギー消費性能の向上に関する法律（建築物省エネ法）」が改正、公布された。

省エネ基準の適合義務化は、同法第10条において定められている制度で、建築物に省エネ基準以上の省エネ性能を確保することを義務付けるもの。

省エネ基準とは、建築物が備えるべき省エネ性能の確保のために必要な建築物の構造および設備に関する基準であり、これまで数度にわたって見直されてきた。現在の基準は「平成28年省エネルギー基準」と呼ばれるもので、全国を気候ごとに1～8の地域に区分し、その地域ごとに定めた外皮性能（U_A値）と設計一次エネルギー消費量が一次エネルギー消費量以下になることを求める一次エネルギー消費量基準（BEI）からなる。住宅性能表示制度における断熱等性能等級4、一次エネルギー消費量等級5が相当する。

従来の建築物省エネ法では、中・大規模（300㎡以上）の非住宅に対して省エネ基準への適合義務を課していたが、法改正により、適合対象がすべての新築住宅・非住宅へ拡大された。

本来、この適合義務化は20年に予定されていたが、中小工務店などの対応に遅れが出ることなどを懸念し、一度実施が見送られた経緯がある。しかし、50年カーボンニュートラルや30年度温室効果ガス46％削減（13年度比）の実現に向け、建築分野においても省エネ対策の取組の強化は不可欠であり、住

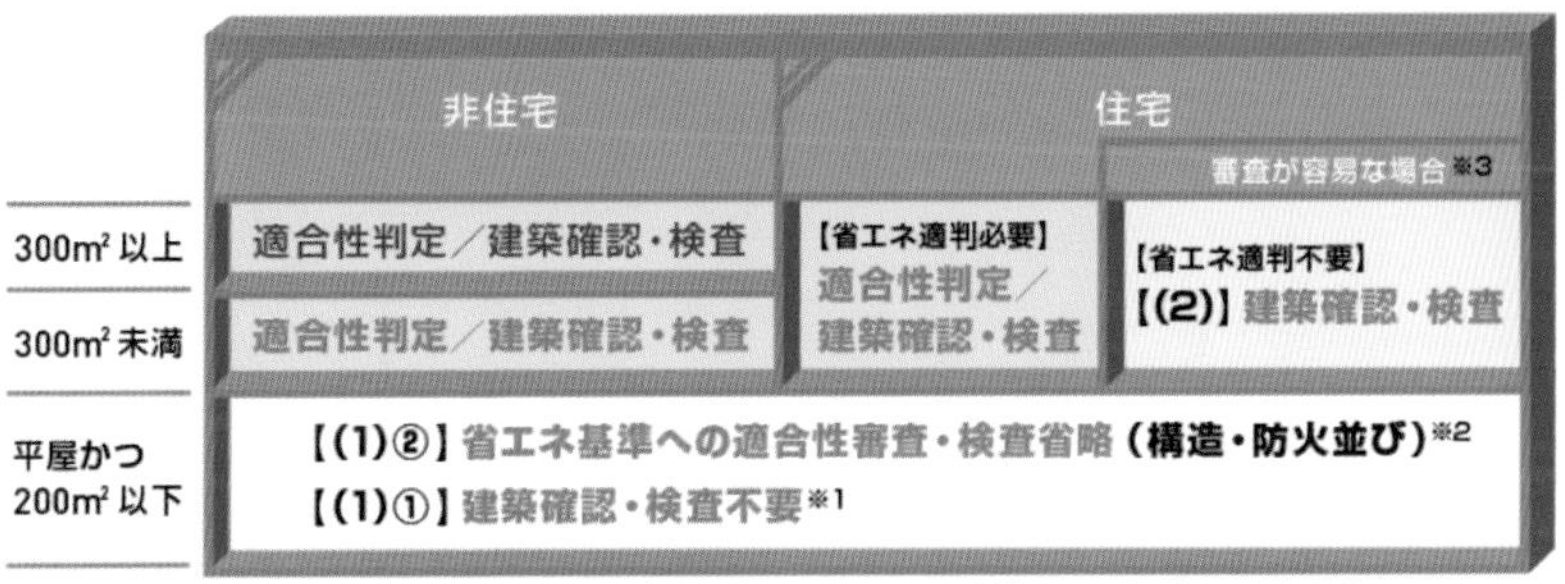

【適合義務対象建築物における手続き・審査の要否】

※1 都市計画区域・準都市計画区域の外の建築物（平屋かつ200㎡以下）
※2 都市計画区域・準都市計画区域の内の建築物（平屋かつ200㎡以下）で、建築士が設計・工事監理を行った建築物
※3 使用基準による場合（省エネ計算なし）等
【施行日：公布の日から３年以内】

出典：国土交通省

宅や小規模な建築物を含め、省エネ性能を確保することが急務であることを受け、今回の義務化に至った。施行は公布日から3年以内で、中小工務店や審査機関の体制整備に配慮しつつ、十分な準備期間を設けた上で25年までに適用される。また、30年までにはこの基準をZEH水準（断熱等性能等級5、一次エネルギー消費量等級6）まで引き上げる予定だ。

さらに、同法の改正を受け、省エネ基準の適合性判定・審査手法についても見直しを行う。現行法の適合義務では、所管行政庁もしくは登録省エネ判定機関による省エネ基準に関する適合性判定を受け、判定通知書の写しを建築主事または指定確認検査機関に提出しなければならないとされている。

しかし、適合義務対象が全ての建築物に拡大されることに伴い、対象件数の大幅な増加が予測され、申請側・審査側双方の負担の増大が見込まれている。そこで、省エネ基準の仕様基準により計算なしで基準への適合性を確認できる場合は、適合判定を省略可能とする。

これからどうなる？

既存住宅の性能向上が急務 補助制度活用でさらなる省エネへ

新築住宅については脱炭素に向けた着実な歩みが見られる一方、それ以上に対策が重要となるのが膨大な数のストック住宅だ。国は50年にストック平均でZEH水準の省エネ性能の確保を目標としているが、現時点では省エネ基準すら満たしていない住宅が溢れている。リフォームやリノベーションによる性能向上が急務だ。例えば、国交省、経産省、環境省が一体となって取り組む「住宅省エネ2023キャンペーン」など省エネ改修を後押しする補助制度を多数展開する。50年に向け、ストック市場へのテコ入れが重要だ。

KEYWORD 55

住宅トップランナー制度

住宅の省エネ性能の向上を誘導

キーポイント

省エネ基準よりも高いレベルの住宅へ誘導
分譲戸建住宅の性能向上に寄与
目標を26年度に分譲マンションも追加

「建築物のエネルギー消費性能の向上に関する法律（建築物省エネ法）」に基づき、住宅事業建築主に対して、供給する住宅に関する省エネ性能の向上を目的として定められているのが「住宅トップランナー制度」。

２００８年の法改正の際に、「エネルギー使用の合理化に関する法律」に基づく家電トップランナー制度などを参考にして、高い省エネ性能を有する新築住宅の供給を促進するための方策の一つとして導入された。

省エネ性能基準（住宅トップランナー基準）を定め、断熱性能の確保や高効率な設備機器の導入などによる、一層の省エネ性能の向上を誘導する。目標年度までに基準を達成しない場合には、必要に応じて国土交通大臣が勧告・公表・命令などを行う。

当初、年間１５０戸以上を手掛ける建売戸建住宅事業者を対象として、平成20年標準住宅（平成11年省エネ基準の外皮に、平成20年時点の標準設備を導入した住宅）の一次エネルギー消費量に比べ10％の削減を求めた。結果、大手の住宅事業建築主が供給する分譲戸建住宅のうち9割以上がトップランナー制度に適合し、住宅の省エネ性能向上に大きく寄与した。

制度改正で対象を拡大 目標26年度でマンションも

17年度に、基準適合の目標年度が20年度に設定され施行。一次エネルギー消費量を平成20年標準住宅と比べて概ね20％の削減を求めた。現行のエネルギー消費性能基準から15％削減という大幅アップとなった。

住宅トップランナー制度の概要

	対象事業者	目標年度	外皮基準※1	一次エネルギー消費量基準※2、※3
建売戸建住宅	年間150戸以上供給	2020年度	省エネ基準に適合	省エネ基準に比べて15%削減
注文戸建住宅	年間300戸以上供給	2024年度	省エネ基準に適合	省エネ基準に比べて25%削減（当面の間20%削減）
賃貸アパート	年間1000戸以上供給	2024年度	省エネ基準に適合	省エネ基準に比べて10%削減
分譲マンション	年間1000戸以上供給	2026年度	強化外皮基準に適合	省エネ基準に比べて20%削減

※1 目標年度に供給する全ての住宅に対して求める水準
※2 目標年度に供給する全ての住宅の平均に対して求める水準
※3 太陽光発電設備及びコージェネレーション設備の発電量のうち自家消費分を含む

出典：国土交通省

また、建築物省エネ法の改正により、19年11月からは、注文戸建住宅、賃貸アパートも住宅トップランナー制度に追加された。

目標年度を24年度とし、注文戸建住宅は年間300戸以上を供給する事業者を対象に、省エネ基準に対して25%削減（当面の間は20%削減）、賃貸アパートは年間1000戸以上供給する事業者を対象に、同10%の削減を要求する。

さらに、22年6月に改正された建築物省エネ法では、分譲マンションも対象に。年間1000戸以上を供給する事業者に対して、26年度までに外皮基準を強化外皮基準に適合、一次エネルギー消費量を省エネ基準に比べて20%削減という水準を設けた。

21年のアンケート調査では、分譲マンションを扱う大手事業者16社のうち、すべての住戸で強化外皮基準を満たしている事業者は0社。住宅トップランナー制度の対象拡大で住宅の省エネ化が加速することは間違いなさそうだ。

これからどうなる？

住宅の省エネ化へ向けた取り組み強化が待ったなし

21年10月、「エネルギー基本計画」が閣議決定され、50年カーボンニュートラルの実現に向け、省エネルギー基準適合義務の対象外である住宅及び小規模建築物の省エネルギー基準への適合を25年度までに義務化するとともに、30年度以降新築される住宅・建築物について、ZEH・ZEB基準の水準の省エネルギー性能の確保を目指すことが示された。エネルギー消費のなかでも大きな割合を占める建築物分野での省エネ対策は避けて通れない道となっている。

今後もさらなる取り組みの加速が予測され、省エネ基準の適合はもとより、ZEHやその先のLCCM住宅が当たり前になろうとしている。

KEYWORD 56

建材トップランナー制度

建材の省エネ性能向上へ基準を設置

キーポイント

目標年度までに基準クリア、性能を表示

基準の見直し、改定が進められる

窓は性能表示制度も新しく

1999年に開始したトップランナー制度は、すでに商品化されているもののなかで、最も省エネルギー性能に優れているもの（トップランナー）の性能値を目安として、製品ごとに基準値を設定、目標年度までの達成を事業者に求めるもの。家電や住宅設備などのエネルギー消費機器から始まり、2013年の省エネ法の改正に伴い建材が対象に加わった。

建材トップランナー制度は、グラスウール、ロックウール、押出法ポリスチレンフォームという3種類の断熱材を対象にスタートし、14年に窓を構成するサッシと複層ガラスが対象に追加された。

さらに、17年には現場吹き付けの硬質ウレタンフォーム断熱材も加わった。ただし、吹き付け硬質ウレタンフォーム断熱材の場合、断熱材の製造者は原液メーカーではなく施工業者になる。そのため硬質ウレタンフォームの原液メーカーを対象とした、「準建材トップランナー制度」を導入。省エネ法に基づく勧告や公表、命令などはできないものの、目標基準値などを公式に設定し、性能改善を促す。

同制度は、製造業者などに性能表示も課す。省エネ性能をカタログなどに分かりやすく表示することで、消費者が性能の高い製品を選びやすくする。

断熱材の目標基準値窓の性能表示を見直し

経済産業省は、22年にグラスウール及び押出法ポリスチレンフォームについて、目標年度を30年度とし、目標基準値を5～6％程度引き上げることを

建材トップランナー制度の概要

対象範囲			目標年度	目標基準値	
断熱材	押出法ポリスチレンフォーム		2030年度	W/(m・k)	0.03036
	グラスウール		2030年度		0.03942
	ロックウール		2022年度		0.03781
	硬質ウレタンフォーム	2種	2026年度		0.02216
		3種			0.02289
サッシ	引違い		2030年度	W/(㎡・k)	2.16
	縦すべり出し				2.06
	横すべり出し				2.04
	FIX				1.87
	上げ下げ				2.30
複層ガラス					1.67

出典：経済産業省の資料より作成

決定。

断熱材（グラスウールと押出法ポリスチレンフォーム）の建材トップランナー制度は、導入された13年当時のトップランナー製品の性能値に、以降の技術開発などによって見込める効率改善値を上乗せする形で目標基準値を設定、22年度までにクリアすることを事業者に求めていた。

トップランナー製品の性能値が目標基準を下回っており、さらなる性能改善が期待できることや、出荷シェアが大きいことなどを踏まえ、目標基準値の見直しが行われた。

また、23年の改正ではこれまでアルミ、アルミ樹脂複合、樹脂が対象だったサッシに木製サッシが追加。目標基準値は、30年以降に新築される住宅に求められる省エネルギー性能から逆算し、熱貫流率2・08W／（㎡・K）を据える。これに基づき、30年度を目標年度としてサッシ及び複層ガラスの目標基準値を定めた。

併せて、窓の性能表示制度も改定。新たな評価区分を6つの★で評価する。トップランナー制度の見直しを踏まえ、これまでよりも高い断熱性能の窓を評価できるようにした。

これからどうなる?

30年の新築ZEH化へ 建材の性能改善が急がれる

23年4月から施行された改正省エネ法での、窓の建材トップランナー制度は、サッシとガラスを組み合わせた際の、目標基準値の引き上げ率は約4割と大幅なアップとなった。また、今回は基準改定に組み込まれなかった硬質ウレタンフォーム断熱材の基準見直しや防耐火用、シャッター付きサッシの基準設定についても、随時検討していくとし、30年度に向けた建材の性能改善が急務となっている。

KEYWORD 57

省エネ性能表示

建築物省エネ法改正で新表示ルール

キーポイント

建築物省エネ法改正で制度を強化
わかりやすく、使いやすい新表示ルールを制定
省エネ性能を踏まえた物件選定が目的

省エネ性能表示は、「建築物のエネルギー消費性能の向上に関する法律」（建築物省エネ法）の第7条において、より高い省エネ性能への誘導を図るために、販売・賃貸事業者に対する建築物の省エネ性能の表示について努力義務を定めた制度で、2016年4月から施行されている。

同制度の施行に先駆けて16年3月には性能表示に関するガイドライン「建築物のエネルギー消費性能の表示に関する指針」を策定・公表した。このガイドラインのなかで具体的な表示内容に関する遵守事項と推奨事項を定めている。

遵守事項では、表示項目、表示方法、留意点について定める。表示事項の具体的な内容は、①建築物の名称（戸建住宅の場合は省略可能）、②評価年月日、③第三者認証又は評価別の項目、④第三者認証機関名称、⑤設計一次エネルギー消費量の基準一次エネルギー消費量からの削減、などである。また、第三者認証の場合はそのマークを表示する。

その第三者認証マークの一つが「建築物省エネルギー性能表示制度（BELS）」。BELSの実績は、21年までの累積で、戸建住宅が16万8586戸、共同住宅等の住戸が4万3869戸、非住宅が2774件、複合建築物が23件となっている。

表示義務を大幅強化
外皮性能などをラベル表示

22年6月、「建築物のエネルギー消費性能の向上に関する法律」が改正、公布された。主な改正ポイントの一つが

「販売・賃貸時における省エネ性能表示の推進」で、これまでは「表示の努力義務」であったものが大幅に強化される。具体的には、販売・賃貸の広告などに省エネ性能を表示する方法を国土交通大臣が告示で定め、告示に従い表示を行わない事業者には勧告・公表・命令などの措置が可能となる。

この改正を受け、国土交通省は22年11月に「建築物の販売・賃貸時の省エネ性能表示制度に関する検討会」（座長：明海大学不動産学部 中城康彦教授）を設置。消費者にとってわかりやすいだけでなく、販売・賃貸事業者が取り組みやすい、また、実現可能な仕組みとすることを基本方針として新たな表示ルールにおける基本事項をとりまとめた。

新表示ルールは、消費者が建築物の省エネ性能を踏まえて物件の選択ができるように、①建築物の省エネ性能（一次エネルギー消費量の性能・断熱性能）を多段階に評価した結果、②省エネ性能を評価した時点（評価日）、という2点を表示する。この2つについては、国が様式を定める「ラベル」を用いて販売・賃貸時の広告や、消費者がアクセスできるホームページなどに掲載することをルールとして告示で定めるとした。

表示ルールはまとまった。次は、行政、業界でいかに運用していくかの段階を迎える。

ラベルのイメージ（再エネ利用設備が設置されている住宅の場合）

①一次エネルギー消費量の性能の多段階表示（４～最大6段階）
①'再エネ利用設備による削減効果（自家消費）を加味した性能
※★１が省エネ基準適合、★が一つ増えるごとに10％削減（★６で50％削減）
②断熱性能の多段階表示　※等級１～７相当の７段階
③再エネ利用設備が設置されている場合は、その旨
④第三者評価を受けている場合は、その旨
⑤評価年月日

出典：国土交通省

これからどうなる?

省エネ住宅の魅力訴求がカギ

表示ルールの改正を追い風に、省エネ住宅の良さを消費者に伝えていくことが重要だ。近年、環境問題に注目が集まっているほか、直近では電気代の高騰など住まいの省エネに対するユーザーの意識は高まっている。ただ、性能向上にはどうしてもコストアップがともなう。断熱性などの数値、また、目安としての光熱費も大事であるが、その表示とあわせて、暮らしがどう変わるのか、快適性や健康などのメリットをいかに伝えていくかが住宅事業者にとって重要となる。

KEYWORD 58

太陽光発電

再生可能エネルギーの中核

キーポイント

東京都などで新築物件への導入が義務化
ＺＥＨ住宅の普及が要に
災害対策、電気代高騰などで自家消費の流れ

カーボンニュートラル実現に向けての鍵として拡大が注目される再生可能エネルギー。なかでも、その中核を担う代名詞とも言えるのが太陽光発電だ。

昨今、脱炭素や電気代の高騰などを背景に、住宅業界でも太陽光発電の重要性がますます高まっている。また、自然災害も激甚化するなかで非常時の暮らしを考慮した住宅設計として太陽光＋蓄電池、Ｖ２Ｈなどにも注目が集まっており、太陽光発電の導入メリットとして自家消費に重点が置かれている。

（一社）太陽光発電協会によれば、２０２１年度の住宅用（10ｋＷ未満）太陽光発電の導入件数は、15万３１０１件で、前年度比８・１％増と4年連続で増加となった。住宅用太陽光発電の普及が加速したのは、ＦＩＴ（固定価格買取制度）の導入がきっかけだ。ＦＩＴとは、再生可能エネルギーで発電した電気を設備導入から10年間、電力会社が固定料金で買い取ることを国が保証する制度で、開始された12年7月～13年度にかけての年平均導入件数は27・2万件となっており、売電収入を魅力として住宅での普及に一役買ってきた。しかし、近年では売電価格がピーク時の3分の1程度まで低下しており、導入数もピーク時の6割弱に落ち込むなど普及に停滞感が見え始めている。

こうしたなか、太陽光発電を一層普及させる上でポイントとなるのがＺＥＨだ。ＺＥＨは、高断熱化による省エネ性の強化に加え、太陽光発電による創エネが必須となる。国ではさまざまな補助金を交付するなどＺＥＨの拡大に力を入れており、太陽光発電の住宅への搭載にも加速がつきそうだ。

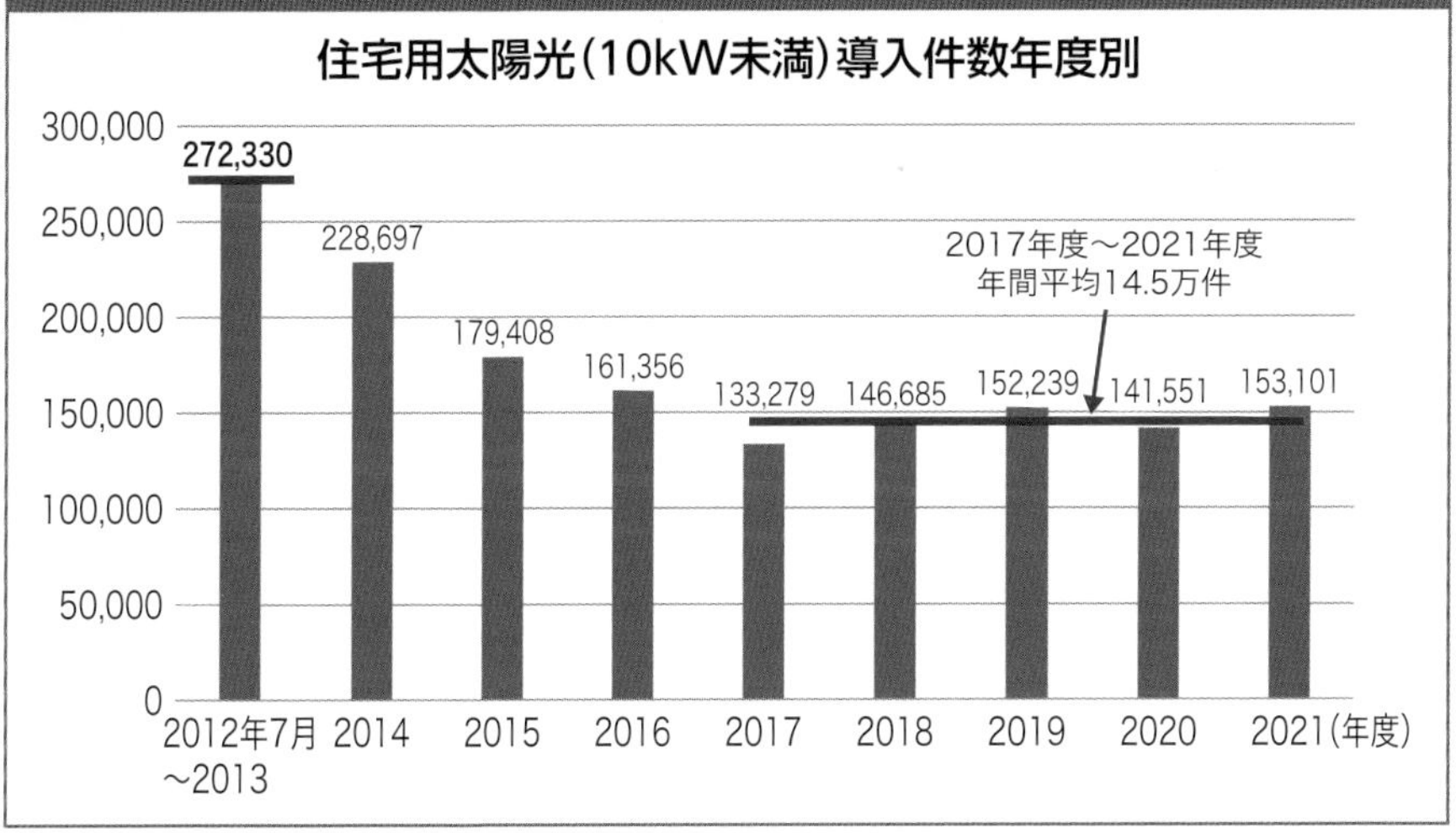

出典：資源エネルギー庁第78回調達価格等算定委員会の資料より

例えば、国土交通省、経済産業省、環境省の３省合同で「戸建住宅ネット・ゼロ・エネルギー・ハウス（ＺＥＨ）化等支援事業」を実施。①ＺＥＨを新築する事業者に55万円／戸、②ＺＥＨ＋を新築する事業者に１００万円／戸を補助するほか、①および②に加えて蓄電システムの導入などを行う場合にも別途補助を行う。

自治体独自の施策も進む。東京都では、22年12月に東京都議会の第４回定例会を開催し、改正環境確保条例を可決、これにより、都内に新設する建築物への太陽光発電設備の設置が義務化された。義務が課せられるのは、年間床面積２万㎡以上を供給する住宅事業者。戸建住宅を含む設置の義務化は全国初の事例。今後、２年程度の周知、準備期間を経た上で、25年４月から施行する予定で、30年度に太陽光パネルの導入量として75万ｋＷを見込んでいる。

神奈川県川崎市も「川崎市地球温暖化対策推進条例」を23年３月に改正。太陽光発電の設置を東京都同様25年４月から義務化する予定だ。住まいでの創エネを広げていくための施策が官公主導で本格的に動き出している。

これからどうなる？

次世代電池の開発が進む 設置箇所拡大で高効率発電

従来の一般的な太陽電池はシリコン系のパネルで、屋根に載せて発電するスタイルが基本であったが、現在開発が進むフィルム型ペロブスカイト太陽電池は、次世代型として注目を集める。軽量で柔軟という特徴を持つため、ビルの壁面をはじめとする曲面や耐荷重の小さい屋根などへの設置も可能とされており、発電量の増加が期待できる。本格的な実用化はまだ先になりそうだが、今後の太陽光発電市場を牽引していくことが予想される。

KEYWORD 59

都市（まち）の木造化推進法

民間建築含め木材利用を促進し脱炭素に貢献

キーポイント

木促法施行から10年超の節目に法改正
農水大臣をトップとする「木材利用促進本部」を新設
建築物の木材利用推進で協定を結ぶ新制度も

伐採期を迎えた国産材を活用していこうという機運が高まり、２０１０年10月に「公共建築物等における木材の利用の促進に関する法律（木促法）」が制定され、国は率先して公共建築物での木材利用を促進してきた。低層の公共建築物の木造化率は、10年度17・9％から21年度には29・4％まで上昇。木材利用の取り組みは進展している。

さらに、木促法の施行から10年以上が経ち、ＳＤＧｓ、脱炭素化といった観点からも木材利用、木造建築に脚光が集まる中で、さらに、建築物への木材利用を促進する目的で、同法が改正され、法律の題名が「脱炭素社会の実現に資する等のための建築物等における木材の利用の促進に関する法律」（通称：都市（まち）の木造化推進法）へと変わり、22年10月に施行された。同法による木材利用の基本方針、都道府県や市町村が定める基本方針の対象範囲を、現状の公共建築物から建築物一般に拡大し、広く民間建築も含めて木材利用を促進する。農林水産省内に特別機関として「木材利用促進本部」（本部長：農林水産大臣、本部員：総務大臣・文部科学大臣・経済産業大臣・国土交通大臣・環境大臣など）を設置し、建築物の木材利用に関する基本方針を策定し、関連する施策を実施、推進する。木材製造事業者が、公共建築物に係る建築用木材の供給能力の向上を図るために、建築用木材の製造のために必要な施設の整備、高度な知識または技術を有する人材を確保する取り組みに対して、国や地方自治体が必要な措置を講じるように努める。木材製造の高度化に関する事業者の計画を認定し、

建築物の木造化率の推移

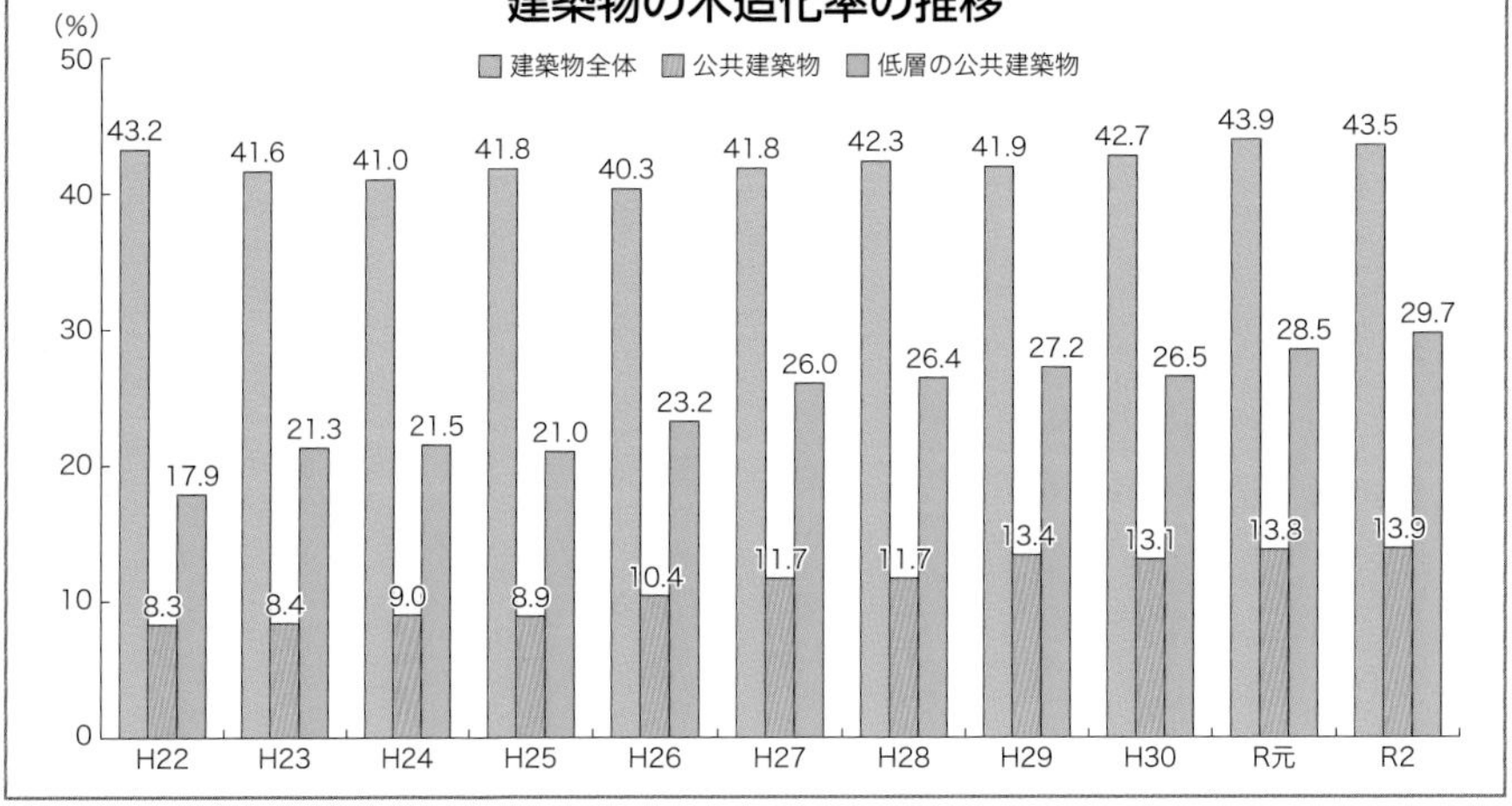

出典：林野庁

開発資金を助成する仕組みなども盛り込んだ。

木造建築物の設計・施工に係る先進的技術や、強度などに優れた建築用木材の製造技術の開発・普及も図る。

また、農林水産省は、建築物に利用した炭素貯蔵量をわかりやすく表示するためのガイドラインを定め公表。建築物に利用した木材に係る炭素貯蔵量を国民や企業にとってわかりやすく表示するため、標準的な計算方法（炭素貯蔵量（CO_2換算量）計算式）と表示方法を示した。

さらに、国・地方公共団体と事業者などによる建築物における木材利用促進のための「建築物木材利用促進協定」制度も新たに創設した。建築物における木材利用を促進するために、建築主である事業者などと国または、地方公共団体が協定を結び、木材利用に取り組む。国・地方公共団体は、協定を締結した事業者などへ必要な支援を行う。

これからどうなる?

低層では木造が定着 今後は中高層の木造化も

都市(まち)の木造化推進法の前身である、木促法が施行されたのが2010年。2階、3階の低層で、かつ大きな建物については、木造で建てることが定着してきたことは、木促法の成果の一つといえる。次のステップで求められているのが中高層の建物の木造化だ。現状では、ある程度の規模の建物は、RC造、S造で建てられることが多く、木造が選択肢にあがることはほとんどない。しかし、非住宅木造のための工法の標準化、部材の規格化が進み、建てやすくするためのベースができてくれば、地方のゼネコンなどの中にも、木造を選択肢に持とうとする事業者が増えていく可能性がある。全国で非住宅木造の安定的な需要が生まれることで、構造用合板はじめ、集成材、CLT、LVLなどのメーカーにとっても大口需要の獲得が期待できそうだ。

KEYWORD 60

木材利用促進協定

民間建築物での木材活用が協定締結で加速

キーポイント

国・地方公共団体と民間が協働で木材活用

社会的評価・認知度の向上などのメリット

協定は計70件に

2021年10月施行の「脱炭素社会の実現に資する等のための建築物等における木材利用の促進に関する法律」(木促法)で新たに創設された制度の一つが「建築物木材利用促進協定」制度だ。

同制度は、建築物における木材利用を促進するため、建築主である事業者等と国または地方公共団体が協定を結び、木材利用に取り組む制度。建築物における木材利用促進の構想、構想の達成に向けた取り組みの内容、その実施期間を定める。川上と川中の事業者が協定に参加することで、地域材の利用促進にもつながることも期待される。

協定の形態としては、国または地方公共団体と建築主が結ぶ「2者協定」、そこに林業・木材産業事業者や建設事業者などが加わる「3者協定」、都市における自治体と建築主、そして山村における自治体と林業・木材産業事業者等が結ぶ「都市/山村連携型」が想定されている。

建築主となる事業者にとっては、ホームページでの公表やメディアに取り上げられることなど社会的な認知度の向上や、環境意識の高い事業者として社会的な評価が高まること、ESG投資など新たな資金獲得の可能性、国や地方公共団体による財政的な支援を受けられる可能性などが期待できる。

林業・木材産業事業者にとっては、信頼関係に基づくサプライチェーンの構築、事業の見通しができることによる経営の安定化、林業・木材産業が環境保全に資するという国民理解の醸成促進などがメリットだ。

また、建設事業者にとってのメリットとしては、信頼関係の構築による安定的な需要の確保、サプライチェーンの構築による安定的な木材調達、ホームページでの公表やメディアに取り上げられることによる社会的認知度の向上などがあげられる。

協定締結により使用された木材は1万5000㎥超えに

農林水産省の木材利用促進本部によると、22年12月末時点で、国との協定締結は8件、これらの協定に基づいて団体・企業により計２１６件の建築物の木造化・木質化が行われ、計約４９００㎥の木材が使用された。また、地方公共団体との協定は46件で、計５１６件の木造化・木質化が行われ、計約１万２００㎥の木材が使用された。

さらに23年3月15日現在において、国との協定締結は計10件、地方公共団体との締結は60件にまで増えている。

国は、この協定制度の周知にさまざまな取り組みを進めている。例えば農林水産省と国土交通省は補助事業において協定締結者に対して優先的に支援する措置を行っている。

国・地方公共団体と協定を締結する事業者も、建築や木材関連の団体・企業だけでなく、(一社)日本女子プロゴルフ協会、日本マクドナルドなど、その幅も広がりつつある。

建築物木材利用促進協定の形態

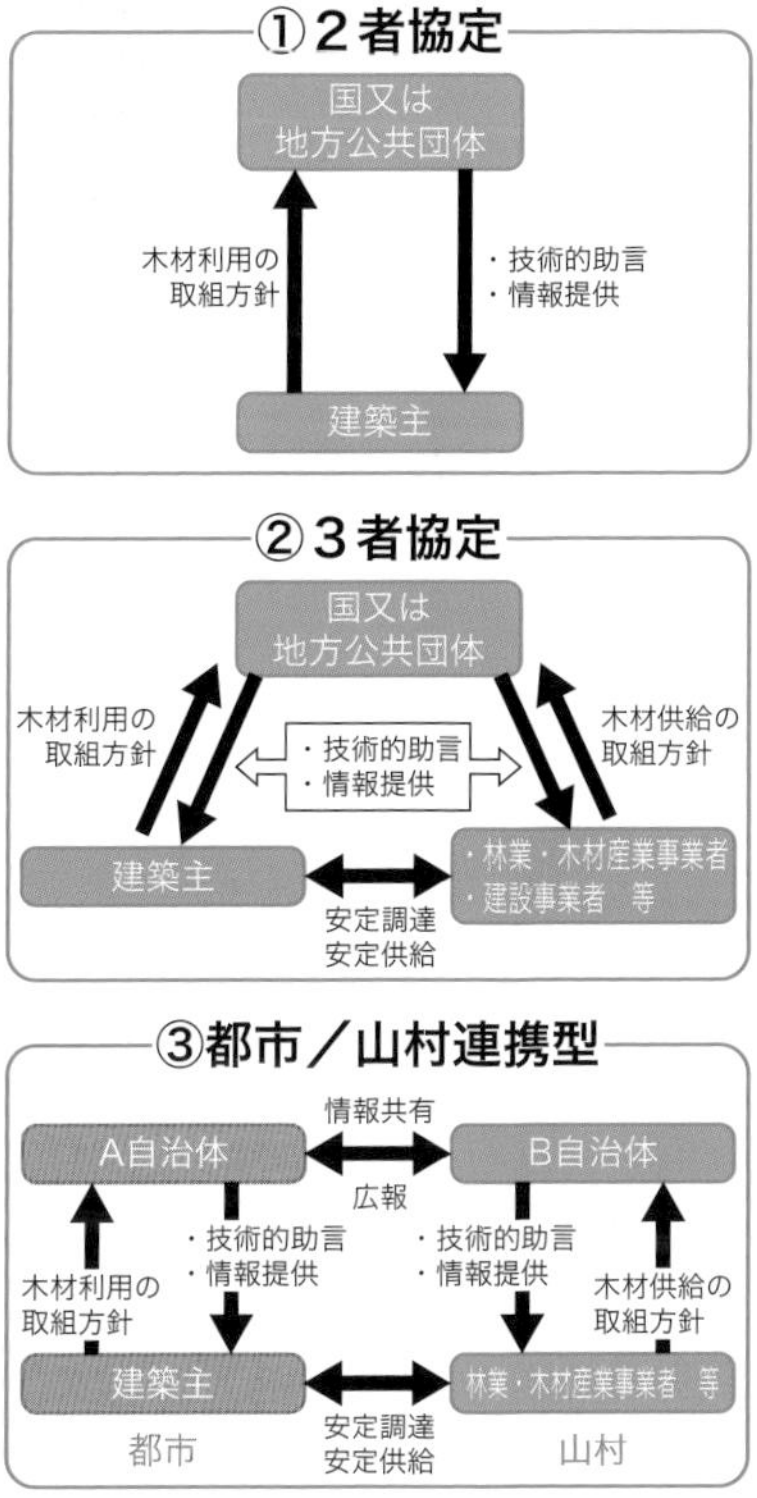

出典:林野庁ホームページより

これからどうなる?

住宅産業界でも広がる協定締結

国・地方公共団体との協定は、住宅・建築・不動産業界でもさまざまな企業や団体が締結している。例えば、住宅事業者では大和ハウス工業、ライフデザイン・カバヤ、建築ゼネコンでは竹中工務店、大林組、また、不動産では三井不動産、野村不動産ホールディングス、もちろん地域の住宅・建築・不動産事業者も多く名を連ねている。

木材利用が大きな流れとなりつつあるなか、住宅産業界においても協定締結の動きが広がりそうだ。

KEYWORD 61

クリーンウッド法

輸入事業者などに合法木材確認を義務化へ

キーポイント

世界各国で違法伐採対策の制度強化の動き

25年度から全面施行

義務化対象は全国に約5000社

農林水産省、国土交通省、経済産業省の3省は2022年12月、「合法伐採木材等の流通及び利用の促進に関する法律（クリーンウッド法）」の改正案をとりまとめた。違法伐採対策を強化し輸入事業者や木材市場、木材加工事業者などの川上・水際の木材関連事業者が合法性確認（デュー・デリジェンス）に確実に取り組むよう義務付ける方針だ。

同法は17年5月に施行。木材関連事業者に対し国が定める基準に沿った合法木材の確認を行う努力義務を課すとともに、合法伐採木材の利用を確保するための措置を講ずる事業者の登録制度により、合法伐採木材の流通、利用を促進する。登録木材関連事業者は、第一種と第二種に分けられ、第一種は、輸入事業者や木材市場、製材工場、合板工場などの川上に位置する事業者。第二種は、第一種以外の事業を行う木材関連事業者で、集成材工場、プレカット工場、住宅事業者などが対象。

22年12月時点で、合法性の確認などの措置を確実に講ずる登録木材関連事業者の登録件数は、約606件（第一種のみ登録：32件、第一種・第二種の登録：202件、第二種のみ登録：372件）。これら登録木材関連事業者の取り扱う木材のうち合法性が確認された木材の割合（21年度）は、第一種で96%、第二種で92%であった。一方で、優遇措置などを講じたことにより登録件数は増加してきたものの、近年、伸びは鈍化。また、第一種登録木材関連事業者により合法性が確認された木材の量の木材総需要量に対する割合も鈍化している。さらに、近年、地球規模の環境問題への注目が高まる中、世界

第一種登録木材関連事業者により合法性が確認された木材の量と木材需要量の比較

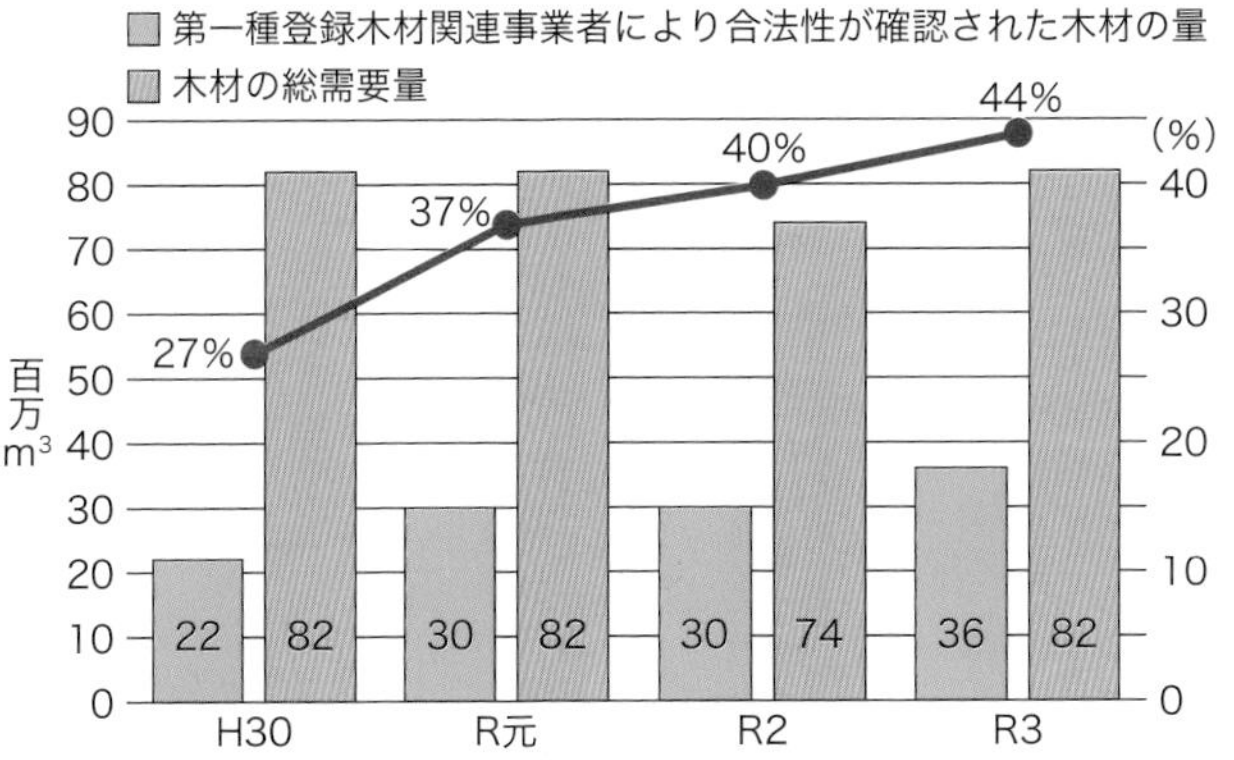

注:クリーンウッド法の対象木材と木材需給表の集計範囲が異なるため、合法性が確認された量と総需要量で対象品目は一部異なる。
注:木材関連事業者の木材の確認及び取扱量は、m・丸太換算した値。

出典:林野庁

各国で違法伐採対策の制度を強化する動きが見られる。違法伐採に対する日本の対応が不十分であると国際的な非難を受けかねず、さらなる対策強化が必要と判断した。

同法改正案では、国産材及び輸入材のいずれについても、第一種木材関連事業者による合法性確認、情報提供及び記録保存を義務付ける。また、国内の素材生産事業者などに対し、第一種木材関連事業者からの求めに応じて、伐採届などの情報提供を行うことを義務付ける。23年度公布、25年度から第一種木材関連事業による合法性確認の義務化など全面施行する。第一種木材関連事業者は全国に約5000社存在する。合法木材の流通・利用が大きく拡大する契機となりそうだ。

これからどうなる?

ネイチャーポジティブが新たな潮流に サプライチェーンの把握が一層重要に

「ネイチャーポジティブ(自然再興)」という観点から、木材に係わらず、住宅に関連するあらゆる原料、部品について、合法性、トレーサビリティ、サプライチェーンの透明性などを確保することが強く求められそうだ。

21年6月のG7サミット(英国)では、「2030年自然協約」を制定、「2030年までに生物多様性の損失を留め、反転させる」という世界的な使命を確認した。また、22年12月、生物多様性条約第15回締約国会議(COP15)において「昆明・モントリオール生物多様性枠組」が採択された。30年までに、これまで減少傾向であった生物多様性の状態を回復軌道に乗せるというネイチャーポジティブを目指す目標が掲げられた。各国には、同枠組みを踏まえ、生物多様性国家戦略を策定・改定することが求められた。これを受けて、政府は23年3月、「生物多様性国家戦略2023-2030」を閣議決定。5つの基本計画の一つに「ネイチャーポジティブ経済の実現」が設定されており、今後、事業者にとっても、生物多様性の保全に取り組む重要性が増していきそうだ。

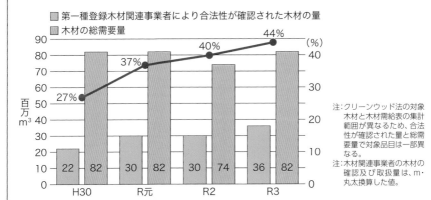

KEYWORD 62

SDGs

持続可能な成長に向けた17の開発目標

キーポイント

2030年を期限に環境・社会問題を解決

17ゴール・169のターゲットを設定

企業にも環境・社会的配慮が必須に

2015年の国連サミットで、加盟国の全会一致で採択された「持続可能な開発のための2030アジェンダ」に記載された、30年までに持続可能でより良い世界を目指す国際目標が「SDGs（サステナブル・ディベロップメント・ゴールズ＝持続可能な開発目標）」だ。

30年を期限として、途上国、先進国の区別なく、あらゆる国の環境、社会問題を解決し、世界の持続的な成長を目指していく。「貧困をなくそう」、「ジェンダー平等を実現しよう」、「エネルギーをみんなに、そしてクリーンに」、「住み続けられるまちづくりを」、「気候変動に具体的な対策を」など17の目標、169のターゲットを設定した。

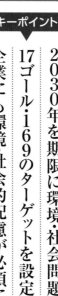

日本では、16年5月に総理を本部長とし全閣僚を構成員とする「SDGs推進本部」を設置、16年には日本がアジェンダを実施し30年までに国内外においてSDGsを達成するための中長期的な国家戦略「SDGs実施指針」を策定（19年に改訂）した。SDGs推進本部は指針に基づき政府の施策のうちの重点項目を整理した「SDGsアクションプラン」を策定している。

また、自治体によるSDGsの達成に向けた取り組みを公募、優れた取り組みを「SDGs未来都市」として選定、そのなかから先導的取り組みを行う都市を「自治体SDGsモデル事業」に選定し、資金的な支援を行っている。成功事例の普及展開などを通じ、自治体におけるSDGsの達成に向けた取り組みの拡大が目的だ。毎年約30程度の都市がSDGs未来都市に選定され、22年度までの5年間で計154都市が

SDGsの17のゴール

選定、また、自治体ＳＤＧｓモデル事業は毎年10事業ずつ選定され計50事業となっている。

住宅・建築・不動産業界でも取り組みが広がる

ハウスメーカーやゼネコン、大手不動産など大企業だけではなく、地域の工務店や建築会社でも取り組みが広がっている。

掲げられたゴールをみても「気候変動に具体的な対策を」、「エネルギーをみんなに そしてクリーンに」は近年、急速に進む住宅の省エネ化を始めとする環境問題への取り組み、「すべての人に健康と福祉を」は住空間の快適・健康な環境づくりの取り組みを通じて実現していくべき課題だ。「住み続けられるまちづくりを」は文字通り住産業界が担うべき役割である。

環境や社会への貢献が企業評価、商品評価につながる時代を迎えているなか、ＳＤＧｓに関する取組はさらに加速しそうだ。

これからどうなる?

地方創生の重要なキーワード

地方公共団体におけるSDGsの達成に向けた取り組みの推進は「デジタル田園都市国家構想総合戦略」における「モデル地域ビジョン」の一つとして例示されている。
「SDGsアクションプラン2022」においても「SDGs未来都市に加え、新たに複数の地方公共団体が連携して実施する脱炭素化やデジタル化に関する取組に対しても支援を行うことで、地方におけるSDGs達成に向けた取り組みを加速する」と重点事項に取り上げられている。
今後、デジタル田園都市国家構想にのっとって各自治体が地域活性化の取り組みを加速させていくことになるが、地方創生の場においてもSDGsは重要なキーワードとなる。

KEYWORD 63

CASBEE

建築物の環境性能を評価し格付けするツール

キーポイント

環境負荷と環境品質を評価

住宅は戸建の新築と既存、集合の3種

一般向けのチェックリストも開発

CASBEE（建築物環境総合性能評価システム）は、建築物の環境性能を客観的に評価し、格付けするためのツール。環境性能を同じモノサシで評価するツールを普及させることで、環境負荷が少ない建物への投資を活性化させることが狙いだ。（一財）住宅・建築SDGs推進センターが中心となり仕組みを構築し、継続的に開発とメンテナンスを行っている。

具体的には、建築物の「環境負荷」と「環境品質」という2つの要因を取り上げ、サステナビリティの簡単から総合的に評価、S～Cの5段階でランキングする。2002年に大型建築物を対象にスタート、07年に戸建住宅版の「CASBEE戸建・新築」を開発した。11年には「CASBEE戸建・既存」を開発し、住宅ストックの環境性能を評価できるようになり、14年には「CASBEE戸建・住戸ユニット」を開発し、集合住宅について住戸単位で環境性能を評価することが可能になった。また、21年に公開された最新版では、SDGsの理念を反映させた。

現在、住宅系、建築系、街区系、都市系でさまざまなツールが開発され、全体として「CASABEEファミリー」と称されている。

CASBEEのツールは事業者・設計者が自らの建築物などの環境性能を判断するため自由に使用して構わないが、その評価結果を公表する場合などは正当性や透明性が求められることから、第三者機関が評価内容を審査し的確であることを認証する「CASBEE評価認証制度」が設けられている。

この認証を取得することで、認証書

や認証票（認証マーク）が交付され、認証物件であることを明示することができ、高い環境性能であることを公式な結果としてアピールすることができる。

健康、改修、災害など自己診断できるリストも

住宅系は戸建の新築と既存、集合住宅の住戸とラインアップが揃ったが、この住宅系には3つの一般向けチェックリストが用意されている。「CASBEE-健康チェックリスト」は健康面に特化して開発され、各項目に応えることで自己診断が可能だ。「CASBEE-住まい改修チェックリスト」は耐震性や省エネ性、バリアフリー性などを、居住者が簡単にチェックすることができる。また、「CASBEE-レジリエンス住宅チェックリスト」はどのような災害リスクがあるのか、どのような備えが必要なのかなどをチェックできる。

CASBEEファミリーの構成

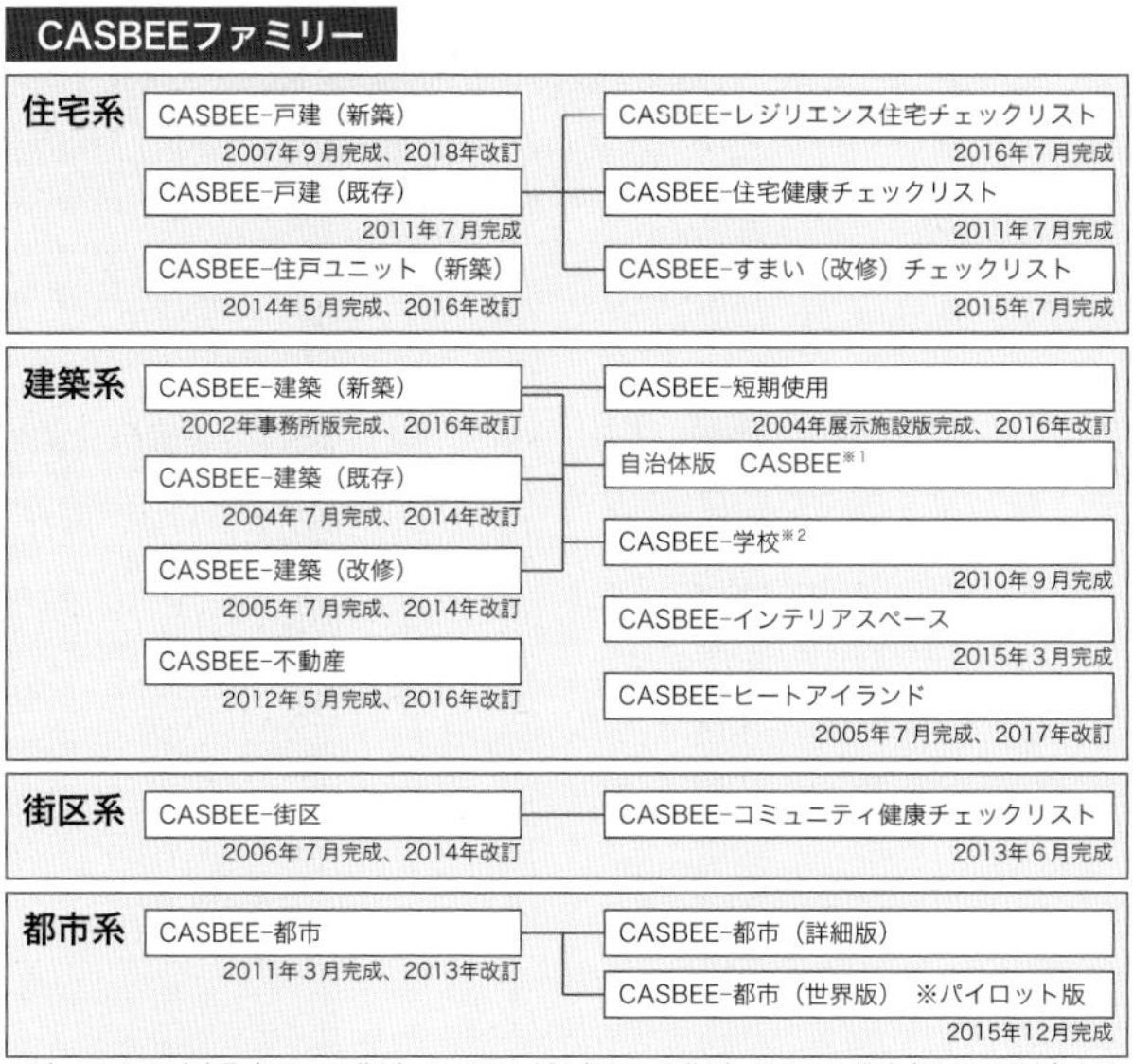

※1）　CASBEE-名古屋（2004. 04施行）、CASBEE-大阪（2004. 10施行）、CASBEE-横浜（2005. 07施行）など、全国の自治体で開発が進んでいる。
※2）　CASBEE-学校は文部科学省が企画・開発したツールであり、小中高校の施設管理担当者を主なユーザーとしている。

これからどうなる?

脱炭素の実現に向けて活用が拡大

現在、CASBEEは国や地方公共団体、公的団体、民間企業教育機関などにおいて活用されている。例えば、国土交通省の「LCCM住宅整備推進事業」では、その要件として「CASBEE B＋ランク以上または、長期優良住宅認定」を求めている。また、一部の地方自治体では一定規模以上の建築物を建てる際に環境計画書の届け出を義務付けており、その際にCASBEEによる評価書の添付を求めている。

CASBEEはさまざまなツールが開発されており、日本が脱炭素に向けて取り組みを急ピッチで進め、住宅においてさらなる省エネ化が求められるなか、その活用はさらに広がりそうだ。

KEYWORD 64

HEAT20

室内温度環境を指標とした外皮性能を提示

キーポイント

温熱環境の質向上が狙い

最低体感温度でわかりやすく提示

G1、G2、G3の3グレードを設定

「(一社) 20年先を見据えた日本の高断熱住宅研究会 (HEAT20) は、坂本雄三・東京大学名誉教授を理事長に研究者や住宅・建材生産団体、企業などにより2009年に設立、外皮と設備機器、創エネ、それぞれの性能がバランスよく調和した住宅を実現するための目標となる外皮性能の検討をスタートした。

15年12月に「G1」、「G2」、さらに19年に「G3」という2つの外皮性能グレードを策定している。

このグレードの大きな特徴は、室内温度環境を指標としていること。例えば、冬期に暖房を使用しない状態で住宅内の最低体感温度が一定の温度以上を保つために必要な外皮性能の水準を示している。温度を主な指標としたのは、一般生活者にもわかりやすく、生活実感のある目安であるためであり、加えて住宅内の温熱環境の質の向上を図ることも可能になる。

「G1」は、各地域において冬期に、非暖房室も含めて住宅内の最低体感温度を概ね10℃以上に保つレベル。さらに冬期の暖房負荷を省エネ基準レベルの住宅と比較して概ね20～30%程度削減できる水準とした。「G2」は、同15℃以上に保ち、同30～50%以上削減する水準。「G3」は、同15℃を下回らないレベルで、同約50～75%削減という非常に高い水準であり、温暖地域においてはほぼ無暖房で過ごすことができる性能となっている。

これらの水準をクリアするために必要な外皮性能を地域区分に応じて外皮平均熱貫流率 (U_A値) で示している。例えば、温暖地の6地域においては、G

HEAT20のグレードと断熱等性能等級

	U_A値（外皮平均熱貫流率）（W/㎡・K）							
	1地域	2地域	3地域	4地域	5地域	6地域	7地域	8地域
G1グレード	0.34	0.34	0.38	0.46	0.48	0.56	0.56	-
G2グレード	0.28	0.28	0.28	0.34	0.34	0.46	0.46	-
G3グレード	0.20	0.20	0.20	0.23	0.23	0.26	0.26	-
等級5	0.40	0.40	0.50	0.60	0.60	0.60	0.60	-
等級6	0.28	0.28	0.28	0.34	0.46	0.46	0.46	-
等級7	0.20	0.20	0.20	0.23	0.26	0.26	0.26	-

出典：HEAT20の資料より

1が0・56W／（㎡・K）、G2が0・46、G3が0・26W／（㎡・K）W／（㎡・K）となっている。

等級6、7が施行 ベースはG2・G3

22年、住宅性能表示制度の断熱等性能等級に上位等級が新設された。それまで等級4（省エネ基準レベル）が最高等級であったが、4月に等級5が、10月に等級6、7が施行となった。等級6、7を検討するにあたって断熱等性能等級社会資本整備審議会の建築物エネルギー消費性能基準等小委員会で示した案はHEAT20のG2とG3をベースに作成されたものである。

上位等級の新設は、30年までに新設住宅の性能ZEH水準に高めていくという流れのなかでZEHレベルの水準の設定はもとより、その上をいく水準を設定してトップアップを図るという狙いがある。

HEAT20が設立時から描いていた世界が現実となりつつある。

これからどうなる？

求められる“暮らし”の視点

脱炭素化を目指し住宅のさらなる省エネ化が強く求められるなか、新たな断熱性能競争が始まっている。ZEH水準が標準となりつつあるなか、差別化を図るうえからもG2・G3もしくは等級6・7への取り組みが不可欠になっている。こうしたなかで特に断熱材や開口部メーカーの取り組みが加速、地域工務店に対する提案、サポートが進む。

HEAT20は、室内温度環境を指標にグレードを設定した。つまり単なる外皮性能の数値ではなく、そこでの暮らしに視点を置いているといっていい。

脱炭素の視点からの省エネ性向上の一方で、暮らしの快適さや健康さといった視点からの断熱性向上の側面も忘れてはならないだろう。

KEYWORD 65

ノンエナジーベネフィット

温熱環境の改善が健康維持増進に大きな効果

キーポイント

生活の質向上や精神面の豊かさで測る

まちや地域、住まいや建築でさまざまな効果

断熱性向上は人の健康を大きく左右

「ノンエナジーベネフィット」とは、節電や環境配慮製品の購入など、低炭素に寄与する環境行動の評価基準の一つ。環境行動の効果は、エネルギーの減少に伴うCO_2排出の削減量を評価するエナジーベネフィットと（EB）と、それ以外の効果であるノンエナジーベネフィット（NEB）で評価される。

NEBは、生活の質を向上や精神面の豊かさなど、これまで測ることができなかった効果を計測し、評価する指標であり、「コベネフィット」（共便益）とも呼ばれる。

環境省ではNEBの例として、断熱性の高い家に住むことによるヒートショックなど健康面のリスクを減らす効果、空調を上手に制御することで省エネでありながらも快適性を保つ効果などをあげている。

断熱性向上の快適空間は健康面でもさまざまな効用

近年、住宅分野で知見が積み重ねられつつあるのが断熱性と健康の関係だ。（一社）日本サステナブル建築協会は、国土交通省の「スマートウェルネス住宅等推進事業」において、住宅の断熱化と居住者の健康への影響に関する全国調査を続けている。同調査に基づいてさまざま研究が行われ、医学的エビデンスが積み上げられてきている。

例えば、起床時室温が下がると血圧が上昇する。20℃から10℃に低下すると、30歳男性で3・8㎜、80歳男性で10・2㎜、30歳女性で5・3㎜、80歳女性で11・6㎜上昇する。また、最高血圧が最も低くなる室温は、男性30歳が

起床時の血圧と室温の関係

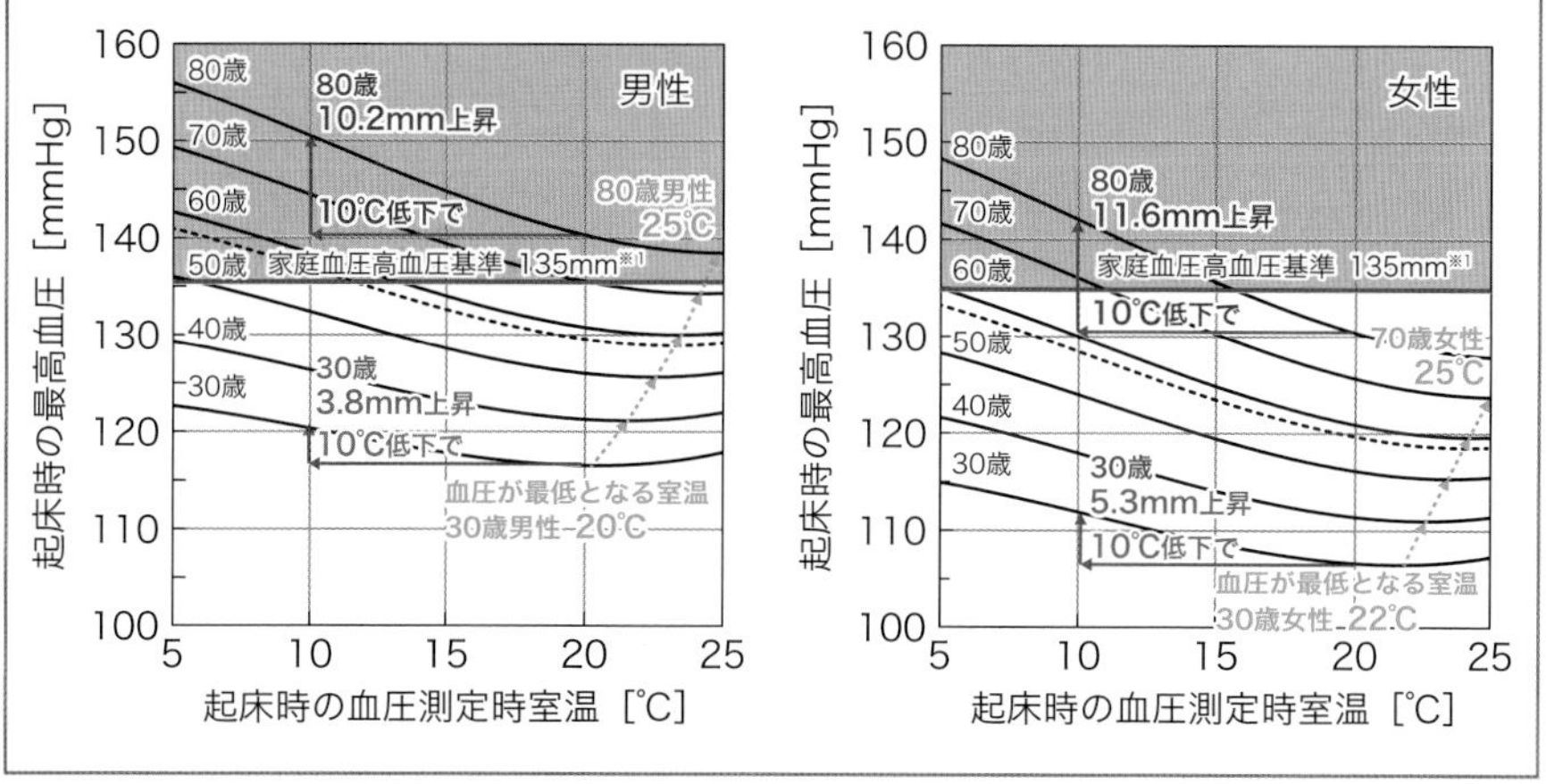

出典：（一社）サステナブル建築協会の資料より

20℃、60歳が23℃、80歳が25℃、女性30歳が21℃、60歳が24℃、70歳が25℃であった。

また、循環器疾患の危険因子として脂質異常症と糖尿病があげられるが、住宅内温熱環境と血中脂質・血糖値も関連することが明らかになっている。総コレステロール値が基準値を上回る人は、室温が18℃以上の住宅に比べて12〜18℃の住宅で1・8倍、12℃未満の住宅で1・9と倍有意に多い。

トイレが近い、夜中に何度もトイレに起きるといった過活動膀胱は、睡眠の質の低下や暗いなかでトイレに行くことによる転倒、循環器系疾患などの確率が高くなると言われている。この過活動膀胱の有無に対して寒冷暴露の悪影響も確認された。就寝前居間室温12℃未満で過活動膀胱が1・4倍と有意に多くなっている。

このほか寒く乾燥した寝室で睡眠の質が悪い、こたつ無し・非居室暖房で座位時間が長い（身体活動が少ない）といった結果も報告されている。

これからどうなる？

NEBの地道な訴求を

断熱性向上、創エネ・省エネ設備の導入など、住宅の省エネ性能向上はコスト上昇を伴う。環境意識が高まるなかCO_2削減への理解は深まっていると思われるが、実際にどれだけのコストを支払うかは人それぞれで、EBとNEBの両面からどれだけのメリットがあるのかを分かりやすく伝えていくことが重要となる。

とはいえ、NEBはなかなか見えづらいことも事実。健康な暮らし、快適な暮らしをどのように伝えていくか、その取り組みが重要となる。より付加価値を高めた新築住宅やリフォームの提案を納得し、コストを負担してもらうためにも、地道な啓発活動が重要になる。それは住宅事業者のビジネスはもちろん、住宅産業界に求められる脱炭素化の役割でもあろう。

5

第五章

防災・減災

被害の多発化・甚大化
自然災害対策が急務に

KEYWORD 66

気候変動と自然災害

甚大化する水災害に防災・減災が新局面

キーポイント

想定を上回る自然災害の発生

気候変動が大きなリスクに

風水害の対策が急ピッチで進む

近年、台風や集中豪雨による洪水氾濫、土砂災害など自然災害による甚大な被害が相次いでいる。台風の大型化や進路の変化などもあり、これまで被害が少なかった地域での被害も拡大している。経験や知見に基づく想定をはるかに上回る気象災害が頻繁に発生しているのである。

こうしたなか2020年、当時の小泉環境大臣と武田内閣府特命担当大臣が共同メッセージ「気候危機時代の『気候変動×防災』戦略」を発表、「気候変動はもはや〝気象危機〟と言える状況」と警鐘を鳴らし、こうした時代に対応するために「気候変動リスクを踏まえた抜本的な防災・減災対策が必要」と打ち出した。

国土交通省は20年1月に「国土交通省防災・減災対策本部」を設置、全部局で「総戦力で挑む防災・減災プロジェクト～いのちとくらしをまもる防災・減災～」に取り組んだ。縦割り志向ではなく、関係者や他分野と連携することで防災・減災施策を強化、国民目線に立ったわかりやすい施策という2つをキーワードに10の施策パッケージを取りまとめた。

さらに翌21年には「住民退避」、「輸送確保」の対策をまとめ、22年には強化すべきテーマとして、①再度災害の防止（繰り返される地震や大雨により、同じ施設等が何度も同じ形態で被災を受けていることへの対応、等）、②初動対応の迅速化・適正化（昼夜・天候を問わない早期の被災状況の把握や、施設点検に要する時間の短縮、等）の2つを設定し、プロジェクト全体の充実・強化を図っている。

防災・減災プロジェクトのPDCAサイクル（イメージ）

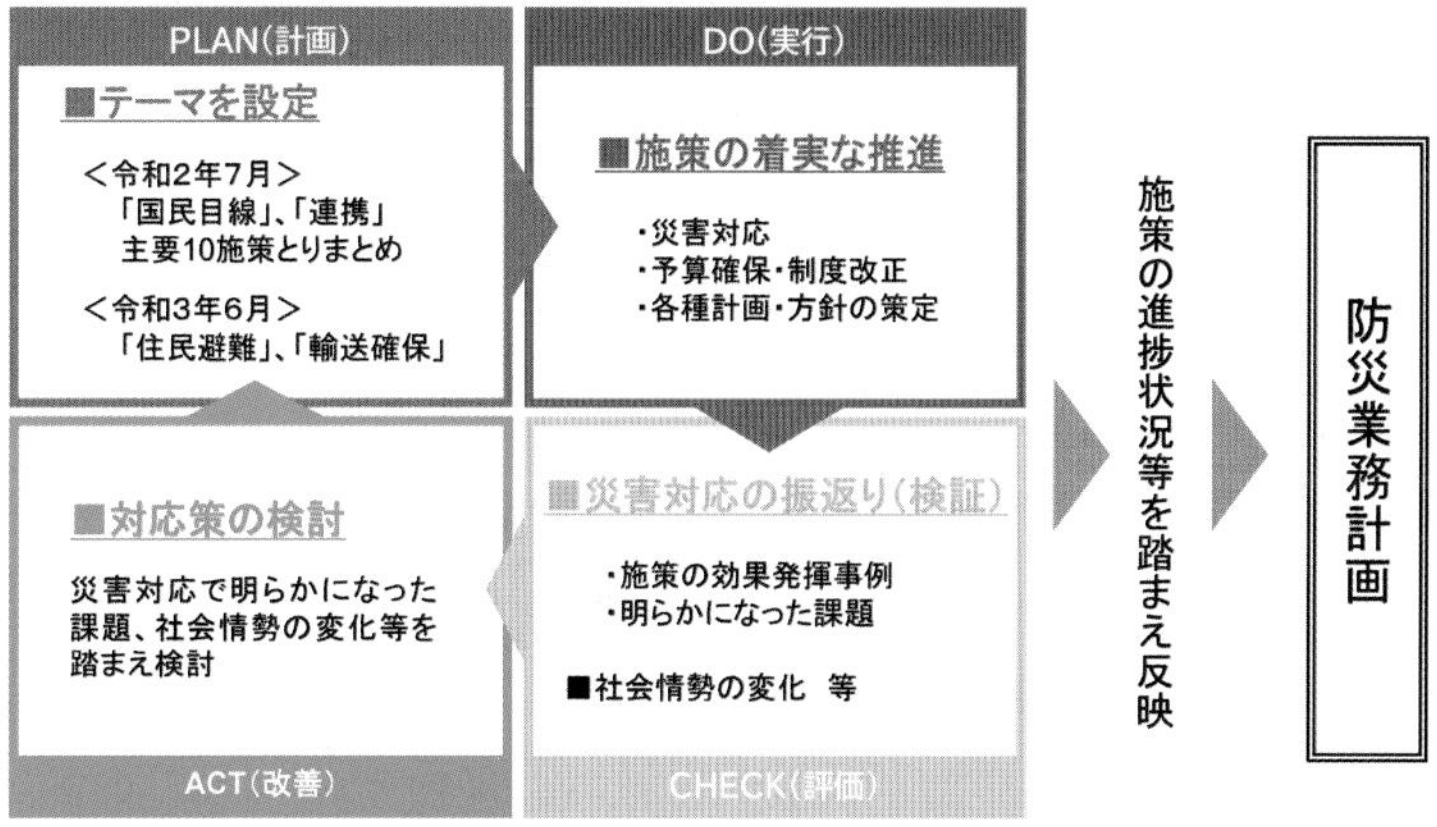

出典：国土交通省「令和４年度 総戦力で挑む防災・減災プロジェクト」より

自助、共助、公助の さまざまな取組みが必須に

国の防災対策は「災害対策基本法」で定められている。同法は、59年の伊勢湾台風を契機に61年に成立したもの。防災に関して国、地方公共団体、その他の公共機関を通じて必要な体制を確立することや、防災計画の作成、災害予防、災害応急対策、災害復興などの災害対策を定める基本法だ。

これまで時代の要請に応え、幾度も改正が重ねられてきた。例えば、21年の改正では、市町村が発令する避難情報が大きく見直され、警戒レベルとの対応が明確になった。

災害対策は基本的に国が大きな方向性を定めるものであるが、自助・共助・公助の言葉通り、民間、また、個人も日ごろからの備えが大切であり、特に、暮らしの場である住まいを提供する住宅業界については言うまでもない。地震、水災害、雪害などさまざまな自然災害への対策は、追求すべき永遠の課題ということもできる。

これからどうなる?

先を読んだ防災・減災対策が重要に

近年、住宅業界において特に取り組みが進んでいるのが水災害への対策対策だ。暴風雨の被害が相次ぐなか、窓やシャッターの耐風圧性、水密性などについてワンランク上の提案が相次ぐ。

一方、自然災害の発生後という視点も重要になっている。住宅自体に損傷がなくとも、ライフラインが断絶すればそこで生きていくことはできない。「在宅避難」が注目され、電気や水が断絶しても暮らしていける仕様の提案が相次いでいる。いつ、どこで起こるか分からない自然災害。気候変動による影響で“想定外”が頻繁に起こるようになるなか、一歩も二歩も先を読む防災・減災対策が求められる。

KEYWORD
67

国土強靭化

「強さとしなやかさ」を備える社会を構築

キーポイント

「防護」の発想に限界
14年に国土強靭化法が制定
25年度までの5か年加速化計画で対策

2014年12月に「国土強靭化法」が成立した。

11年に発生した東日本大震災は、地震と津波、さらに原子力発電所の事故も加わり多くの人が亡くなり、行方不明となり、また、帰宅困難者が生まれた。それまでの「防護」という発想によるインフラ整備中心の防災対策だけでは限界があることが大きな教訓となった。そこで、想定外の大規模災害には、まず人命を守り、また、経済社会への被害が致命傷にならずに迅速に回復する「強さとしなやかさ」を備える社会経済システムを構築することが重要だという発想で生まれたのが同法だ。

同法に基づく「国土強靭化基本計画」は、国土強靭化にかかわる国の計画などの指針となるべきものであり、エネルギー基本計画や環境基本計画、社会資本整備重点計画など他の計画の上位計画に位置付けられる、いわゆるアンブレラ計画だ。大規模災害の被害の最小化に向けた重点施策を盛り込み、概ね5年毎に見直される。

加えて、国は20年12月に「防災・減災、国土強靭化のための5か年加速化対策」（21～25年度）を策定した。近年、気候変動の影響で気象災害が激甚化・頻発化するとともに、南海トラフ地震、日本海溝・千島海溝周辺海溝型地震、首都直下型地震などの大規模地震の発生が予測される。

同加速化プランは「激甚化する風水害や切迫する大規模地震等への対策」、「予防保全型インフラメンテナンスへの転換に向けた老朽化対策の加速」、「国土強靭化に関する施策を効率的に進めるためのデジタル化等の推進」の

防災・減災、国土強靭化のための5か年加速化対策　対策例

激甚化する風水害や切迫する大規模地震等への対策［78対策］
(1) 人命・財産の被害を防止・最小化するための対策［50対策］
地震時等に著しく危険な密集市街地対策、災害に強い市街地形成に関する対策　等
(2) 交通ネットワーク・ライフラインを維持し、国民経済・生活を支えるための対策［28対策］
水道施設（浄水場等）の耐災害性強化対策、上水道道路の耐震化対策　等
予防保全型インフラメンテナンスへの転換に向けた老朽化対策［21対策］
老朽化した公営住宅の建て替えによる防災・減殺対策　等
国土強靭化に関する施策を効率的に進めるためのデジタル化等の推進［24対策］
(1) 国土強靭化に関する施策のデジタル化［12対策］
連携型インフラデータプラットフォームの構築等、インフラ維持管理に関する対策　等
(2) 災害関連情報の予測、収集・集積・伝達の高度化［12対策］
スーパーコンピュータを活用した防災・減殺対策、高精度予測情報等を通じた気候変動対策　等

各分野について取り組みのさらなる加速化・深化を図る。住宅分野では、著しく危険な密集市街地対策、住宅・建築物の耐震化、災害に強い市街地形成に関する対策、大規模盛土造成地などの耐震化に向けた対策などを進める。

23年夏には5か年計画の進捗を公表

基本計画では、取り組むべき施策などを年次計画として取りまとめること、また、5か年加速化対策を含めた施策の進捗状況を可能な限り定量的に把握し、各プログラムの推進計画を策定・修正する進捗管理を求めている。

国は、23年夏頃をめどに「国土強靭化年次計画２０２３」を策定する予定だ。「起きてはならない最悪の事態」を回避する観点から、重要業績指標による施策及び各プログラムの進捗管理を行い、その充実を図る。5か年加速化対策の進捗状況を把握、各対策の目標に対する進捗状況と23年度分までの事業費ベースの進捗状況を公表する。

これからどうなる?

求められる“安全な住まい”の再定義

レジリエンスとは、「回復力」や「弾性」を意味する。防災の考え方においては「災害による被害からしなやかに復興できる」という意味で使われる。

近年の自然災害の頻発化を受けて、住宅各社はこうした考え方に基づく「レジリエンス住宅」の開発を積極的に進めている。住生活基本計画では、「災害時にも居住継続可能な住宅・住宅地のレジリエンス機能の向上」を謳っている。“住み続けられる”という住宅づくりが求められている。そのためには生活に欠かせないエネルギーや水、また、外部からの情報なども欠かせない。自然災害による大きな被害が相次ぐ今だからこそ、「安心して住み続けられる家」の再定義が進められている。

KEYWORD 68

水害対策

台風、豪雨への対策が加速

キーポイント

1日200㎜以上の大雨が急増

内水氾濫など都市型水害対策も必要に

水害に強い住宅提案が加速

地球温暖化などの影響を受け、雨の降り方が局地化、激甚化している。気象庁の資料によると、1日の降水量が200㎜以上の大雨を観測した日数は、1901年以降の統計期間で、最初の30年間の平均年間発生回数と比べて約1・6倍に増加している（全国51の観測地点）。

大規模な水害被害としては「令和元年東日本台風」が挙げられる。19年10月10日～13日までの総降水量は多いところで1000㎜を超えた。この豪雨により、国管理河川では6水系7河川14か所、都道府県管理河川では20水系67河川128か所で決壊が発生した。また、この台風による住家被害は、全壊が3273棟、半壊・一部損壊が6万3743棟、浸水が2万9556棟（消防庁情報、20年4月10日現在）に上った。

この台風により再認識されたのが都市水害の怖さだ。タワーマンションでは、地下部分に設置されていた高圧受変電設備が冠水したことで、エレベーターや給水設備などのライフラインが使用できなくなる被害が発生。内水氾濫による浸水被害も住宅で多数発生した。

こうした水災害を受け、国土交通省は経済産業省と連携し、ガイドラインを策定し、マンションの浸水対策に乗り出した。内水氾濫では、水害リスクの軽減に資する取り組みを行う民間主体の都市開発について建物の容積率を緩和するよう国交省が地方公共団体に通知を発出した。

また、21年7月の大雨では静岡県熱海市で土石流が発生し、大きな問題となった。内閣府は、住民の適切な避難行動や市町村による避難情報の適切な発令に対して議論を行い、22年2月に「令和3年7月からの一連の豪雨災害を踏まえた避難のあり方について」を報告。住民は「自らの命は自らが守る」意識を持ち、主体的に避難行動をとる必要がある、行政は住民が主体的な避難行動をとれるよう全力で支援することが重要、などをまとめた。

水害に強い住宅が注目を集める

自然災害が甚大化するなか、住宅メーカーは水害に強い住宅の開発を進める。

一条工務店が20年に商品化した「耐水害住宅」は、水害発生時に建物をあえて水に浮かせることで、5mの水深でも浸水を免れ、「係留装置」で建物の流失を防ぐ。22年9月末時点で、申し込み棟数が約2000棟となっており注目度の高さがうかがえる。

動きは、賃貸住宅でも広がっている。大東建託は、水害対策に特化した防災配慮型の戸建ての賃貸住宅を販売。1階をRC造の駐車場やアネックスに、浸水の可能性が低い2階、3階を木造とし居住空間を集約するなど、被災直後や復旧作業時に入居者が避難や退去をせず、自宅での生活を継続できるように配慮した。

賃貸住宅でも水害対策の提案が進む（写真：大東建託）

これからどうなる?

高まる関心、知見を生かした住宅づくりへ

内閣府が22年12月に公表した「防災に関する世論調査」では、水害に備えての対策について「台風や大雨などに備えて、どのような対策をとっていますか」の問いに、「台風情報や大雨情報を意識的に収集するようにしている」と答えた人は77.2%と、09年の調査の39.9%からほぼ倍増している。こうしたなか、建築研究所や(一社)住宅生産団体連合会は都市や住宅の浸水対策について研究をまとめている。今後はこうした知見も生かした、豪雨・台風被害を最小限にとどめる住宅づくりが必要となりそうだ。

KEYWORD 69

暴風対策

屋根、窓ガラスの対策が重要

キーポイント

最大瞬間風速50m超の台風が上陸

屋根瓦施工の告示基準を見直し

耐風性を重視した商品開発も

2019年9月に発生した「令和元年房総半島台風（台風第15号）」は、千葉市で最大風速35・9m、最大瞬間風速は観測史上1位となる57・7mを記録した。

この台風で大きな被害が発生したのが、住宅の屋根だ。（一社）全日本瓦工事業連盟と、全国陶器瓦工業組合連合会の合同調査では、南房総市富浦付近で100m四方内の建物（サンプル数56）のうち41棟で屋根への被害が確認された。また、国土交通省が大学や国土技術政策総合研究所、建築研究所などの専門家による調査を実施したところ、被害のあった屋根の8割は瓦屋根であったことが判明した。

19年時点での屋根瓦の施工は軒・けらば・むねは銅線、鉄線、または釘などで緊結する必要があるが、平部には求めていなかった。瓦屋根の被害の多くは、こうした建築基準法の告示基準で緊結対象となっていない部分で発生しており、全ての瓦を緊結するガイドライン工法の瓦屋根は脱落による被害が少なかった。

調査結果を踏まえ、国土交通省は22年1月から、「瓦屋根標準設計・施工ガイドライン」に準拠した「ガイドライン工法」を建築基準法の告示基準に位置付け、新築時の全ての建築物にガイドライン工法での施工を義務づけた。

民間の対策も加速する。例えば、瓦メーカーの鶴弥では防災瓦「スーパートライ美軽」をリニューアルし、瓦自体に引っ掛かりとなる爪を設け、ビス止めすることで、瓦同士を固定する「アンダージョイント工法」で、耐風性を高めるなど、屋根材自体の耐風性能向

改正告示概要

瓦屋根は、以下の緊結方法又はこれと同等以上に耐力を有する方法でふくこと。ただし、平成12年建設省告示第1458号に従った構造計算によって構造耐力上安全であることが確かめられた場合はこの限りでない。

緊結箇所		全ての瓦
緊結方法（※1）	軒、けらば	3本のくぎ等（くぎ*又はねじ）で緊結
	むね	ねじで緊結
	平部	くぎ等で緊結（詳細は下表参照）
耐久性		屋根ふき材・緊結金物にさび止め・防腐措置をすること

*容易に抜け出ないように加工したものに限る。

〈平部の瓦の緊結方法〉

基準風速V_0※2 / 瓦の種類	30m/s	32～36m/s	38～46m/s
F形	くぎ等1本で緊結	くぎ等2本で緊結	使用不可
J形、S形	くぎ等1本で緊結	くぎ等1本で緊結	使用不可
防災瓦（J形、S形、F形）	くぎ等1本で緊結	くぎ等1本で緊結	くぎ等1本で緊結

桟瓦の種類

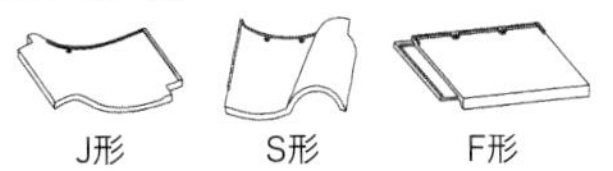

防災瓦（J形・組み合わせぶき**）

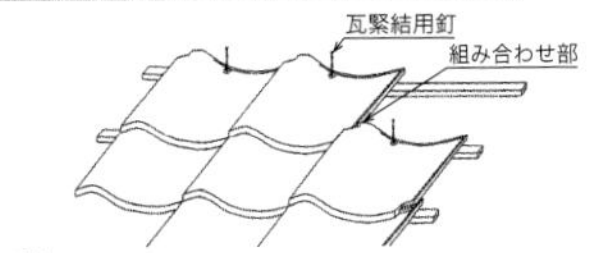

**フックその他これに類する部分によって構造耐力上有効に組み合わせる方法

出典：国土交通省

上が図られている。

耐風シャッターの提案が活発化

屋根と並び、暴風被害で多いのが飛来物による窓の破損。19年の大型台風以降、巨大台風を想定した耐風シャッターの提案が活発化した。LIXILは、標準タイプ・耐風タイプそれぞれのシャッター耐風圧性能を強化。YKKAPは耐風圧性能1200Paを確保、さらに耐風ポールを装着すれば2400Paまで高めることのできる商品を販売している。沿岸部においては塩害でスチールが腐食し、強風でシャッターボックスカバーが飛んでしまう被害が発生したことを鑑み、手動シャッターについて塩害対策を目的にケーシング材料を高耐食めっき仕様に変更した。

三和シヤッター工業は最大耐風圧強度2400Pa（負圧）を業界で初めて確保、防火地域向けに防火認定を取得した商品も拡充している。

これからどうなる?

既存住宅への耐風改修が加速の兆し

耐風対策は、新築はもとより既存住宅にこそ求められる。築年数の古い既存住宅の瓦屋根はガイドライン工法に沿っていないケースが多く、実際に令和元年房総半島台風で、瓦屋根への被害が目立ったのも築年数の経った住宅だ。国は21年から「住宅・建築物安全ストック形成事業」を開始、指定区域において、1棟当たり240万円を上限とする耐風改修の補助を行なっている。

シャッターにおいても、リフォーム用のものは新築用よりも耐風圧性能の高いものが選ばれるという声もあり、リフォーム商品の提案が進む。住宅のストック活用が重視されるなか、既存住宅の暴風対策の勢いが増しそうだ。

KEYWORD 70

地震対策

住宅省エネ化でより高い耐震性能が必要に

キーポイント

熊本地震では新耐震以降の住宅が倒壊

長期優良住宅の壁量基準を見直し

これからの住宅は耐震に加え制震も

2016年4月に発生した熊本地震は、新耐震基準の施行以降に建てられた建物が倒壊する被害が生じ、住宅業界に大きな課題を突き付けた。激震地の益城町では、新耐震基準に適合する木造住宅の約16％が大破・倒壊の被害となり、巨大地震が発生した場合には現行の耐震基準ギリギリのレベルで建てられた建物は、全半壊の被害が生じるリスクがあることが浮き彫りとなった。巨大地震に耐えうる木造住宅を実現するためには、耐震基準のさらに上の耐震性能が必要となる。例えば、大手ハウスメーカーや先進的な工務店が建設した住宅では、熊本地震の際に大破・倒壊といった大きな被害をほとんど受けなかった。住宅性能表示制度では壁量を現行基準の1・25倍にする耐震等級2と、1・5倍にする耐震等級3が規定されている。大手ハウスメーカーや先進的な工務店は、耐震等級3を最低ラインとし、さらに性能を追求した住宅を建てている。

住宅の省エネ化が進むなかで、地震対策はこれまで以上に重要になっている。断熱化を推進するために、断熱材の使用量が増加したり、従来の単板ガラス仕様の窓から複層ガラス、トリプルガラスといったガラスの複層化が図られ、重量が増すためだ。また、太陽光発電システムの設置により屋根の重量も増加する。

これを受けて、国土交通省は長期優良住宅に係る壁量基準の見直しを行なった。22年10月より長期優良住宅の省エネ性能の認定基準をZEH水準に引き上げることに伴い、住宅性能表示制度の耐震等級2又は3としていた壁量基準を、耐震等級3に引き上げた。ただし、PV等を載せた場合は、仕様に関わらず重い屋根の壁量基準を満たすものとする。また、今後、建築基準法等において、新たな壁量基準が定められ、導入が可能となった際には、当該基準へ見直すともしている。

一歩踏み込んだ地震対策としては、耐震に加えて制震の流れも加速している。耐震性能を高めても、巨大地震が起こった際に、接合部やビスがダメージを受けて躯体が変形、損傷することで、新築時の耐震性能が維持できない可能性がある。前震で損傷した躯体が本震に耐えられず倒壊したり、その後の余震で倒壊するリスクがある。

こうしたリスクを回避するために、接合部やビスに影響が出る前に地震エネルギーを吸収し、建物の変形および損傷を抑制するのが制震の考え方だ。新たな制震躯体構造の開発や、施工性を高めた制振装置の販売など、住宅産業界では各社の制震の普及に向けた取り組みが加速している。

※建築基準法で定められた木造の耐震基準は1981年に大きく改正され、これ以降の基準を新耐震基準と呼ぶ。さらに2000年に大きな改正が行われ現行の基準が設けられた。2000年の改正では、耐力壁をバランスよく配置するための検証方法や、接合部に応じた金物での緊結方法などが具体的に示された。

熊本地震における木造の建築時別の被害状況（棟）

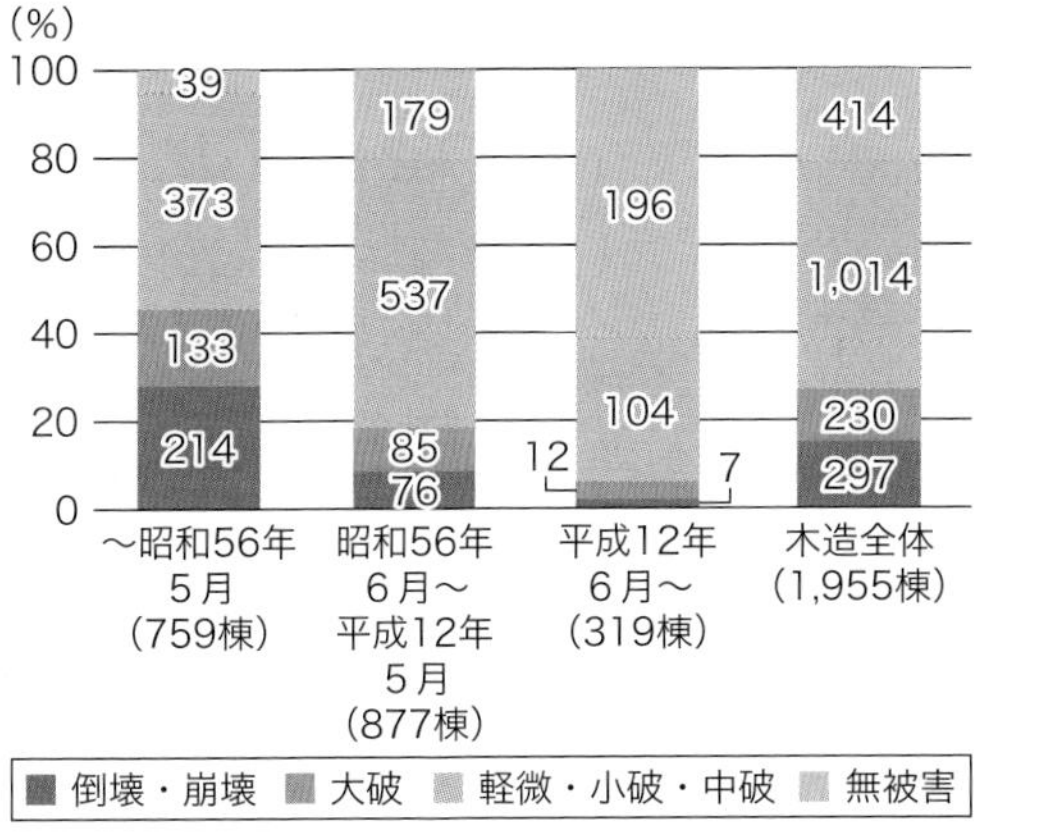

出典：国土交通省

これからどうなる？

ソフトを使った事前の倒壊分析が必須に

大手ハウスメーカーなどでは独自ソフトを用いた倒壊解析が当たり前となっている。一方で、独自ソフトを持っていない住宅事業者でも利用できるサービスも広がっている。例えば、京都大学生存圏研究所の中川貴文准教授が開発した倒壊解析シミュレーションソフト「wallstat（ウォールスタット）」は、国土技術政策総合研究所がHP上で無料公開している。21年11月にはwallstatで解析を行い、一定の性能をクリアすれば大地震時に半壊以上の損傷があった場合、大手保険会社のバックアップで請負契約金額を上限に100％修理・建替え費用を保証するwallstat保証も開始している。これからの時代の地震対策は事前の倒壊解析が必須となりそうだ。

KEYWORD
71

地盤土壌対策

危険な盛土の対策が急務

キーポイント

宅地防災のプロの活躍に注目
静岡県熱海市で大規模な土砂災害が発生
全国一律の基準で盛土を規制へ

大地震が発生するたびに問題となるのが、軟弱地盤や盛土、擁壁など宅地に起因した不同沈下や滑動崩壊、液状化被害などの地盤トラブルだ。

東日本大震災では東北地方と関東地方、計190市区町村で液状化が起こり、新たな課題としてクローズアップされた。例えば、千葉県浦安市では住家被害は8700件に上った。市内全域で液状化が発生、戸建住宅の被害だけでなく、街中で噴砂が起き、上下水道などのライフラインでも深刻な被害が発生した。

（公社）地盤工学会などは、宅地地盤の資格制度、地盤品質判定士を創設。宅地の造成者と不動産会社、住宅メーカーの間、または不動産会社、ハウスメーカーと施主の間に立ち、地盤品質の確認と説明を行う。また、地盤の評価に関わる調査・試験の立案、調査結果に基づく適切な評価と対策工事などを提案する。2015年には地盤品質判定士の技術研磨とモラル向上などを図り、住宅、宅地防災、国民の安全に貢献することを目的に地盤品質判定士会を設立し、20年に一般社団法人化した。

こうしたなか、21年の7月には、静岡県熱海市で大雨に伴い盛土が崩落し、大規模な土石流災害に至った。住宅被害は128棟、死者は26人に達した。国は21年8月、都道府県に対して盛土の総点検を依頼。許可・届出資料などの確認から先行的に行った結果、21年11月時点で、点検が必要な箇所は、約3・6万箇所にのぼることが判明した。それまで、盛土に関して一律の基準で規制する法律はなく、宅地の安全確保、森林機能の確保、農地の保全などを目的とした各法律により開発を規制しており、規制が必ずしも十分でないエリアが存在した。

全国知事会などからも、全国統一の基準・規制を設ける法制化の要望があり、政府は22年3月「宅地造成等規制法の一部を改正する法律案」(盛土規制法案)を閣議決定した。

盛土などによる災害から国民の生命・身体を守るため、「宅地造成等規制法」を法律名・目的も含めて抜本的に改正し、土地の用途(宅地、森林、農地など)にかかわらず、危険な盛土などを全国一律の基準で包括的に規制する。

同法は、「スキマのない規制」、「盛土等の安全性の確保」、「責任所在の明確化」、「実効性のある罰則の措置」の4つの柱からなる。盛土等により人家等に被害を及ぼしうる区域を規制区域として指定し、規制区域内で行われる盛土等を都道府県知事等の許可の対象にすることや、盛土等を行うエリアの地形等に応じて、災害防止のための必要な許可基準を設定した。23年5月に施行された。

熱海市土砂災害では、土石流の起点に存在した、開発行為に基づく盛土の崩落が原因と見られている(写真:静岡県提供)

これからどうなる?

多発する自然災害、迅速な地盤対策を

宅地造成地の地盤災害の約9割は、盛土、あるいは盛土と切土の境界で発生している。国土交通省は宅地耐震化推進事業として、19年度に「第一次スクリーニング」を実施し、全国で5万1000か所を超える膨大な数の大規模盛土造成地マップの作成を完了。危険度が極めて高い大規模盛土造成地を防災区域に指定し、地域住民の合意を得たうえでの対策工事に向けて取り組みを進めていた。

そんななかで発生した熱海市の土砂災害。もっと早く対策がなされていればという印象を受けるのは否めない。災害はいつ起こるかわからない。一刻も早い地盤対策の推進が求められる。

KEYWORD 72

ハザードマップ

災害リスクを減らす住まい選びに活用が進む

キーポイント

不動産取引の重説事項説明の項目に
避難行動に直結する情報を提供
ハザードマップの充実を求める人が増加

防災や危機管理対策の1つとして「ハザードマップ」が重要視されている。内閣府が2022年12月に公表した「防災に関する世論調査」では、居住地域の自然災害への対策で「どのような情報を充実してほしいか」の問いに、最も多かった回答は「災害危険箇所を示した地図やハザードマップ」(51・5%)で、前回の36・4%から大きく増えた。次いで「避難場所・避難経路」の47・7%(前回47・5%)、「過去に災害が発生した場所を示す地図」の43%(同27%)が続き、ハザードマップなどの災害関連情報の充実を求める人が大幅に増加していることが判明した。

ハザードマップとは、一般的に、自然災害による被害の軽減や防災対策に使用する目的で、被災想定区域や避難場所・避難経路など防災関係の施設の位置などを表示した地図とされている。ハザードマップは、その地域の土地の成り立ちや災害の素因となる地形・地盤の特徴、過去の災害履歴などを踏まえて作成されており、住まい場所選びの際には必須のアイテムといえるだろう。

水害ハザードマップも重説の対象に

こうしたハザードマップの重要性から、国土交通省は宅地、建物の取引の際に宅地建物取引業者に義務付けている重要事項説明の対象項目に、20年8月より水防法に基づき作成されたハザードマップを追加した。災害についてはそれまで、土砂災害や津波リスクが対象項目となっていたが、近年の水害

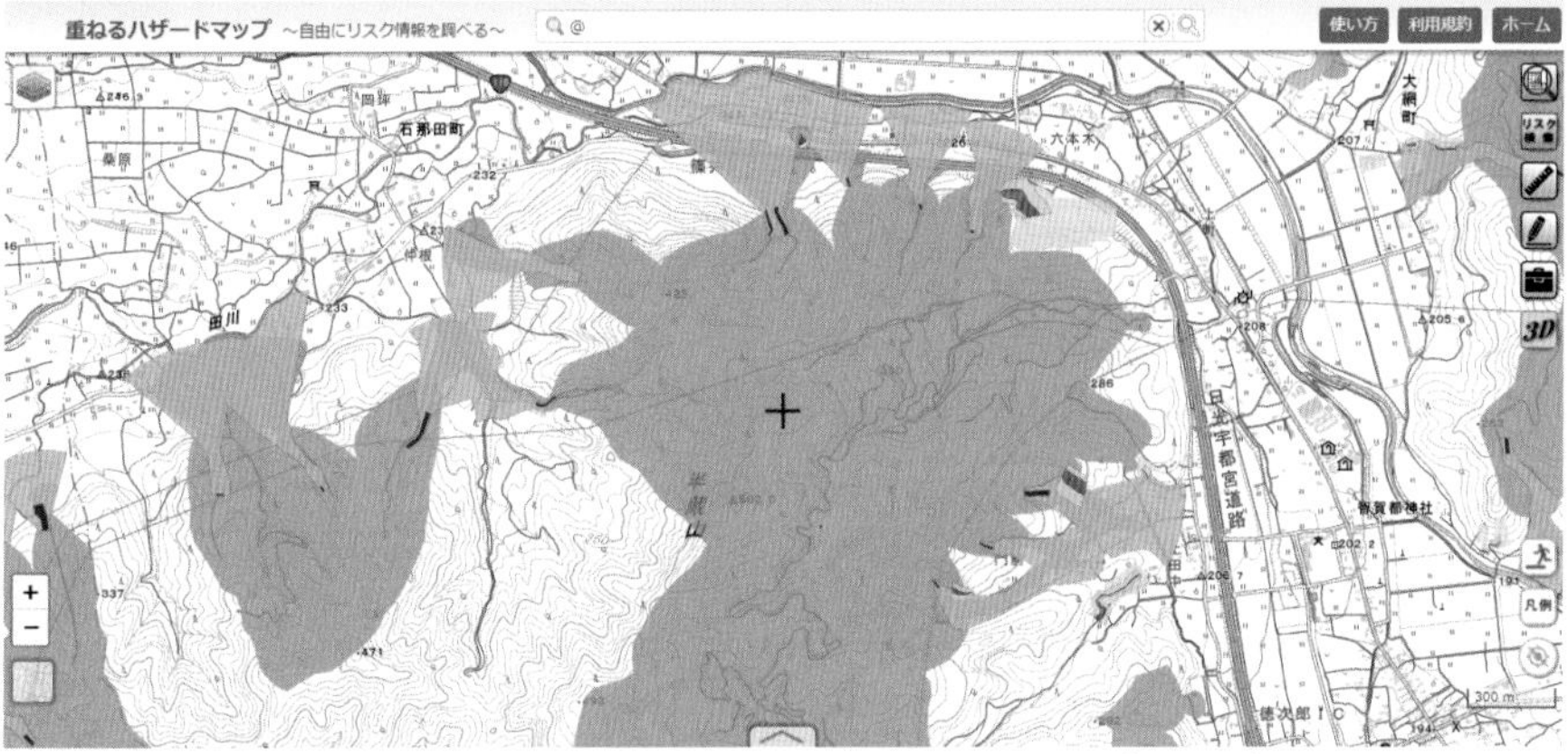

国交省の「ハザードマップポータルサイト」にある、「重ねるハザードマップ」ではピンポイントで災害リスクなどを確認できる

の多さから見直しが図られた。水防法に基づき作成された水害ハザードマップには、洪水、内水、高潮が含まれる。不動産業者はそれぞれのハザードマップを提示して、関連する不動産のおおよその場所を示すことが求められる。また、水害ハザードマップを作成していない市町村があった場合には、市町村への照会など調査義務を果たし、水害ハザードマップが存在しないという説明が必要となる。

21年2月には、国土交通省が液状化に対して「リスクコミュニケーションを取るための液状化ハザードマップの手引き」をまとめ、「液状化発生傾向」と「宅地の液状化危険度マップ」という情報を盛り込んだ新しい液状化マップを示した。住宅事業者はハザードマップによる災害情報の提供がこれまで以上に求められていくだろう。

これからどうなる?

ハザードマップは簡単に確認できることの周知を

先の世論調査では、防災に関する知識や情報を入手するために、今後積極的に活用したいと思うものとしてテレビが81.7%と大多数を占め、その後、ラジオの48.3%が続いた。しかし、地域ごとの防災情報を把握するためには防災アプリやホームページなどの方が有効な手段となる場合もあるだろう。個人の状況に合わせた避難を行なうためにも、受け身でない積極的な情報収集が必要だ。一方、応用地質が実施した調査では、ハザードマップを見たことのない人の最も多い理由は「関心はあるがどのように確認すればいいかわからない」となっている。国はハザードマップによる災害対策の推進に向けて複数のハザードマップをまとめて確認できる「重ねるハザードマップ」などを提供しているが、その認知度は高くない実態がうかがえる。災害意識の低い人にも情報が行き渡るように、こうしたサイトの周知を徹底する必要がある。

KEYWORD 73

在宅避難

住み続けられる丈夫で機能的な住まいに需要

キーポイント

3密回避の避難として広がる

巨大地震では避難所に入りきらない懸念も

住宅の性能の高さがポイントに

自然災害が多発するなか、いざという時にも避難所に行かなくてすむ「在宅避難」の考え方が広がり、コロナ禍の〝3密回避〟がさらに拍車をかけた。

内閣府の試算によると、首都圏直下型地震が起きた場合、避難者数（最大）は720万人、住宅被害（全壊被害および消失）は最大約61万戸としており、被災者を避難所に収容しきれない懸念も生まれる。さらには避難所生活のストレスなどの負荷も大きい。エヌ・シー・エヌの「耐震・地震に関する意識調査2020」によると、約65%が「在宅避難の必要性を感じている」としており、住宅事業者は在宅避難を可能にする提案を積極的に進めている。

百年住宅の中嶋雄代表取締役社長は、「津波の際の家の外への避難は逃げきれなかったり、視界の悪い夜では危険なこともある」と述べ、津波シェルターや36Lを貯水するシステムなどを展開する。

TOKAIは365日、雨だけで暮らすことができる完全なる水の自給自足システムを開発、雨水を貯めて浄水、減菌することにより生活水として利用、さらに生活排水を合併処理浄化槽で一次浄水した後にRO浄水装置を通すことで「純水」と「濃縮水」に分別、「純水」を生活水として再利用できる。

住宅の高性能化も在宅避難の後押しとなる。被災後も住み続けるには、災害に負けない躯体の強さが必要になる。住宅メーカーは耐震等級3を最低ラインとして、地震や水害に強い構造の開発を進めている。さらに災害時のインフラ断絶を想定したエネルギー確保も重要だ。太陽光発電＋蓄電池、さらにはEVを活用したV2H（Vehicle to Home）の提案は、平常時の省エネだけではなく、いざという時の電力確保という側面も併せ持つ。また、住宅一棟のみでなく、地域全体のエネルギー確保にも役立つ。

例えば、旭化成ホームズは静岡県富士市の分譲地「あしたの杜」に住む入居者3組の協力を得て、災害時に協力宅3棟で発電した余剰電力を、旭化成リフォーム所有のEVを用いて隣接する旭化成社宅に緊急時の電力として提供、非常コンセントを用いて地域住民に開放する仕組みを実現している。

分譲マンションなどでもV2Hシステムの導入は進んでいる。マンションは躯体構造が丈夫なため、在宅避難に適している。一方で、集合住宅であるが故の配慮も求められる。入居者向けの備蓄庫や在宅避難のマニュアルを備えたマンションも登場しており、在宅避難の考え方は今後ますます広がりそうだ。

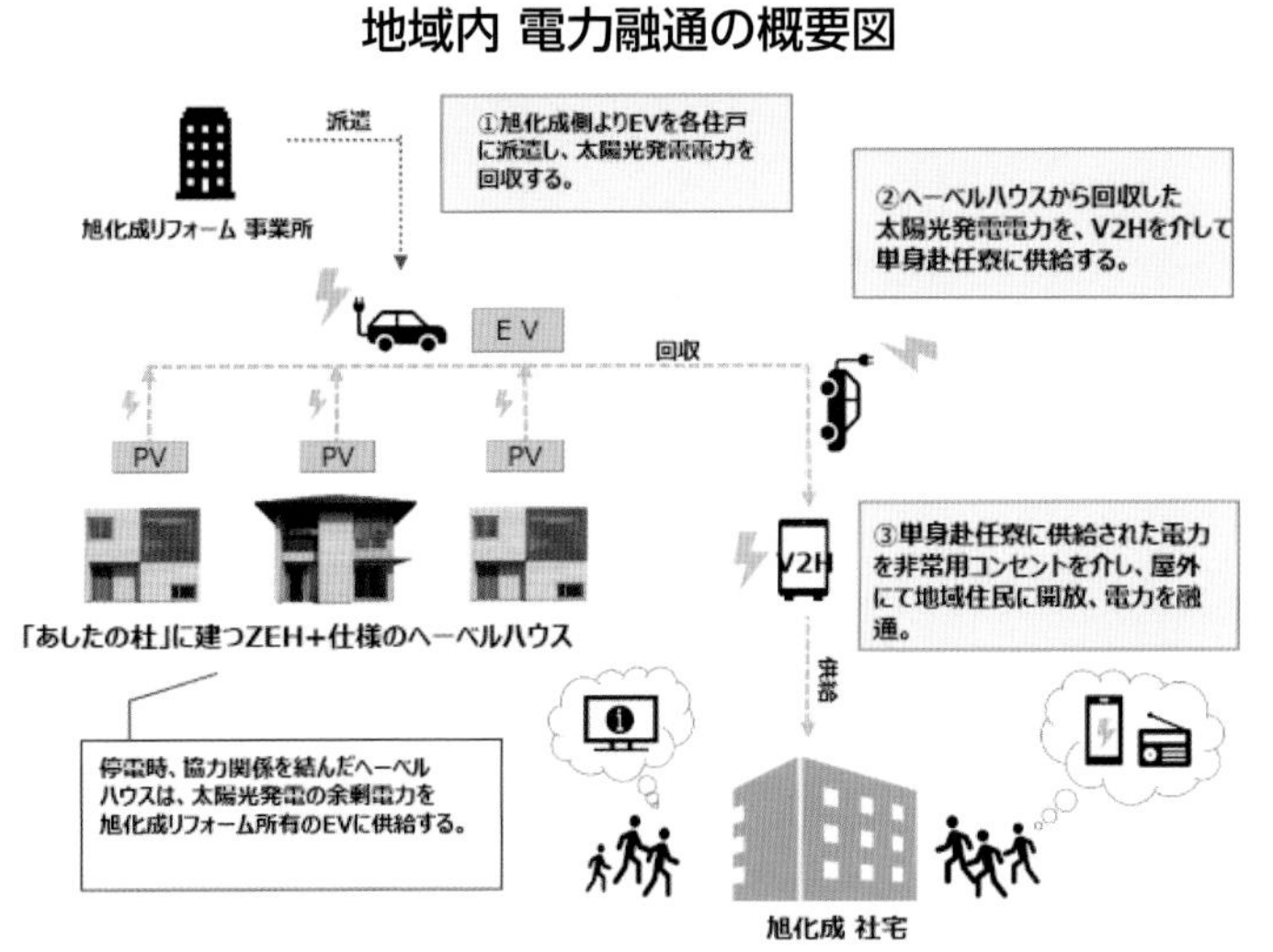
地域内 電力融通の概要図
派遣
①旭化成側よりEVを各住戸に派遣し、太陽光発電電力を回収する。
旭化成リフォーム 事業所
②ヘーベルハウスから回収した太陽光発電電力を、V2Hを介して単身赴任寮に供給する。
EV
回収
PV
PV
PV
V2H
③単身赴任寮に供給された電力を非常用コンセントを介し、屋外にて地域住民に開放、電力を融通。
「あしたの杜」に建つZEH+仕様のヘーベルハウス
供給
停電時、協力関係を結んだヘーベルハウスは、太陽光発電の余剰電力を旭化成リフォーム所有のEVに供給する。
旭化成 社宅
旭化成ホームズのV2Hを介した災害時の電力供給の仕組み

これからどうなる?

ソフト面でも充実が求められる

自治体によっては積極的に推奨もされている在宅避難。住宅各社はさまざまな提案を行っているが、視点として重要なのがフェーズフリーの考え方だろう。日常的に防災を意識して暮らす人は多くはない。また、“いざという時”のためだけにどれだけのコストをかけられるかという問題もある。フェーズフリーとは、平常時と災害時の垣根をなくし、日常的に便利、快適であり、もしもの時に役立つようにしようという考え方だ。例えば、食料の備蓄の「ローリングストック法」があげられる。また、VtoHもそうだろう。「住まいとは命を守る器」と以前から言われ続けている。あえて「防災」と銘打たず、日頃は気づかないような仕様や設備がいざという時に役に立つ。そんな安心が求められる。

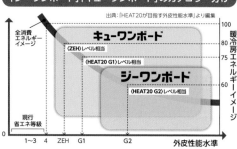

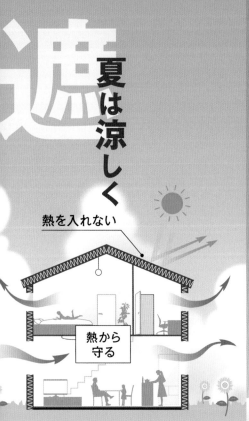

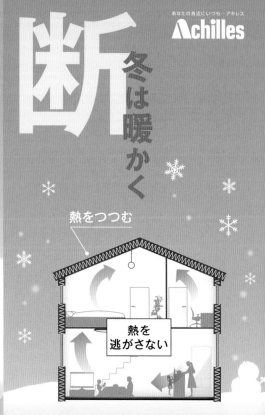

6

第六章

少子高齢化

待ったなしの課題に求められる新たな視座

KEYWORD 74

超高齢社会

高齢者人口割合3割、超高齢化社会が到来

キーポイント

- 65歳以上人口割合は29％
- 4人に1人が75歳以上の2025年問題
- 高齢のみ世帯・高齢者単独世帯が増加

2023年4月1日現在のわが国の人口は1億2447万人、このうち65歳以上は3619万人と29・1％を占める。高齢化社会、高齢社会を通り越し、今や「65歳以上が人口の21％以上」という「超高齢社会」を迎えているのである。

今後もその人口と割合は高まり続ける。国立社会保障・人口問題研究所の「日本の将来推計人口（令和5年推計）によると32年には3704万人となる。以降、増加の速度が上がり、第二次ベビーブーム世代（71〜74年生まれ）が65歳以上となった後の43年に3953万人でピークを迎える。

一方、65歳以上人口割合は、出生中位推計では38年に33・9％と3人に1人以上の割合となり、70年には35・3％となる。出生低位推計では37年に33・8％、70年には42・0％と見ている。65歳以上の人口は43年をピークに減少に転じるにもかかわらず、65歳以上人口割合が上昇を続けるのは、高齢者人口の減少よりも、0〜64歳人口の減少の方が相対的な大きいためだ。

2025年に向け至急の対策が求められる

25年、いわゆる団塊の世代が75歳以上となる。第一次ベビーブーム期に生まれた人が後期高齢者となり、全人口の4人に1人が75歳以上となることで大きな影響が生じることが懸念されている。それが「2025年問題」だ。医療費や介護費など社会保障費が増大、年金も受給額の減少や至急年の引き上げなど実質的に制度が破綻し始めている。労働力人口の減少もあいまって、現

将来人口推計出生中位（死亡中位）推計

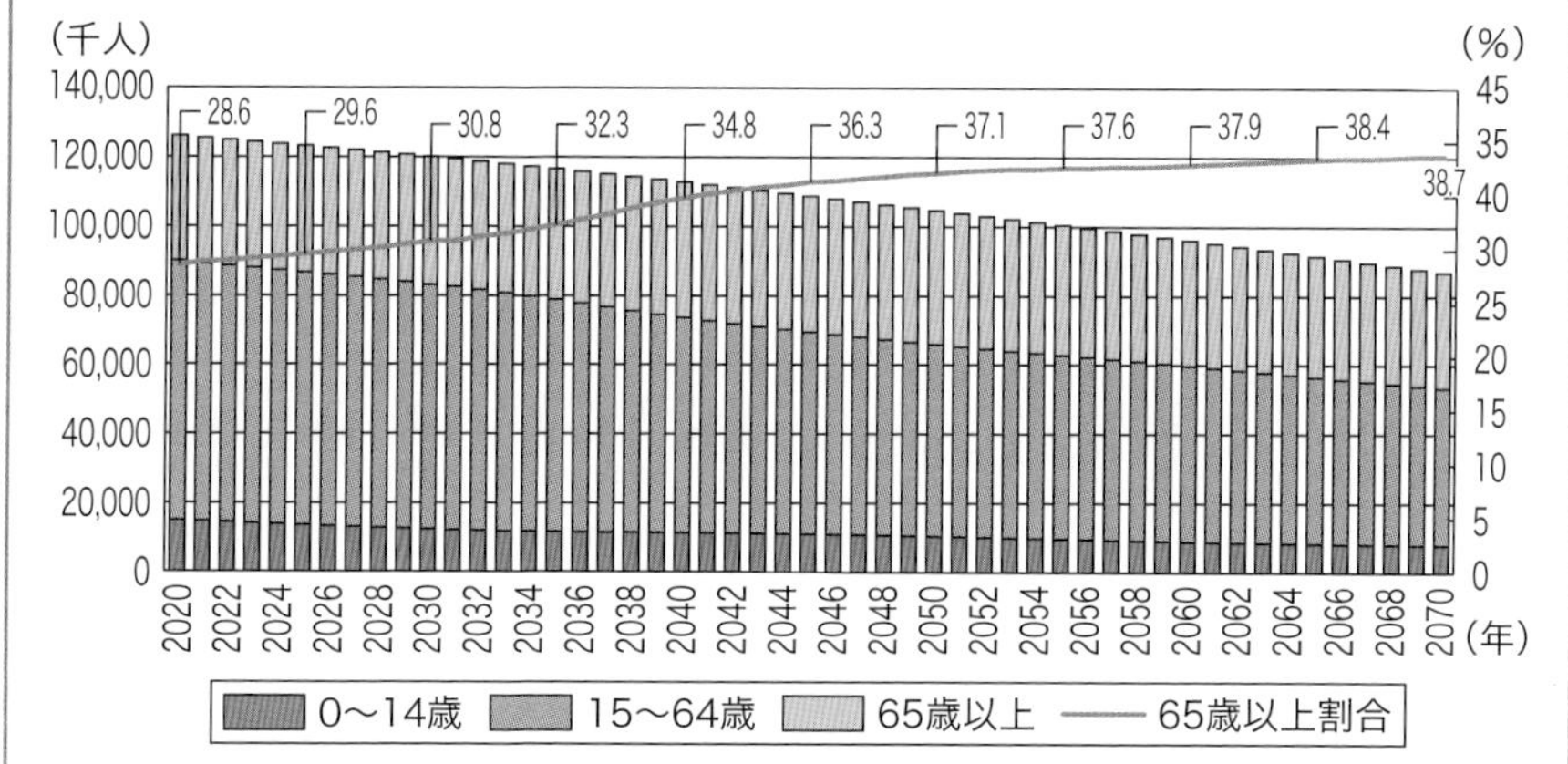

出典：国立社会保障・人口問題研究所の「日本の将来推計人口（令和５年推計）

役世代の負担はますます重くなる一方だ。また、介護人材の不足による「介護難民」の増加が不安視され、高齢者世帯の増加は「老々介護」の懸念も深まる。住宅産業界に直接関係ある課題としては「空き家問題」。25年以降本格的に相続件数が増え、ますます空き家が増加していくという指摘もある。

わが国の高齢社会対策の基本的な枠組みは「高齢社会対策基本法」に基づいている。同法に基づいて96年に「高齢社会対策大綱」が定められ、以降、数度の見直しが行われている。同大綱では、①年齢による画一化を見直し、全ての年代の人々が希望に応じて意欲・能力をいかして活躍できるエイジレス社会を目指す、②地域における生活基盤を整備し、人生のどの段階でも高齢期の暮らしを具体的に描ける地域コミュニティを作る、③技術革新の成果が可能にする新しい高齢社会対策を志向する、という3つの基本的考え方にのっとり、高齢社会対策を推進することとしている。

これからどうなる?

超高齢化時代に住まいのあり方が問われる

超高齢社会における大きな課題の一つが住まいの確保だ。11年には「高齢者の居住の安定確保に関する法律」が改正され、「サービス付き高齢者向け住宅」の登録制度が創設された。同法に基づいて「終身建物賃貸借事業」の認可制度も運用されている。「スマートウェルネス住宅等推進事業」において「サービス付き高齢者向け住宅整備事業」により同住宅に対する支援も行われる。高齢者人口の増加、また、高齢者人口割合の高まりだけでなく、高齢者のみ世帯または高齢者単独世帯の増加への対応も大きな課題だ。これまでに経験したことのない超高齢社会を迎えるなか、社会のなかでの住まいのあり方が改めて問われている。

KEYWORD 75

介護保険法

急増する要介護者に大幅見直しの議論

キーポイント

要介護者は690万人超えに

超高齢社会に抜本的な見直し議論が進む

在宅医療・介護にDX化の対策も

「介護保険法」は1997年に公布、00年に施行された。40歳以上の人が被保険者となり、要介護認定を受けた場合、1~3割の負担で利用できる「介護保険制度」が大きな柱である。

高齢化が進展し超高齢社会を迎えるなか、介護が必要な高齢者が増加している。厚生労働省の「介護保険事業状況報告」によると、20年度末現在の要介護（要支援）認定者数は681・8万人と、00年度から2・66倍に増加している。暫定版ではあるが23年1月末現在の認定者数は693・3万人とさらに増加を続けている。

また、介護サービスの受給者も増えており、居宅（介護予防）は20年度の累計で4710万人、一カ月平均では393万人で、前年度から8万人、2・2％増である。また、地域密着型（介護予防）は同1046万人、施設介護は同1148万人となっている。

25年には人口ボリュームが大きい団塊の世代が75歳以上となり、介護が必要な高齢者数が急増すると見込まれている。

24年度改正に向け論点整理が進む

介護保険制度は3年に一度見直しを行っており、これまでも人口構造の変化などを踏まえて保険金額の調整や利用者の自己負担割合の引き上げなどが行われてきた。直近では20年に改正され、21年4月に施行されている。

これまでであれば22年12月に24年度改正の骨子が決まるが、12月の社会保障審議会介護保険部会では意見が取りまとめられるにとどまった。25年に団

認定者数の推移 年度末現在

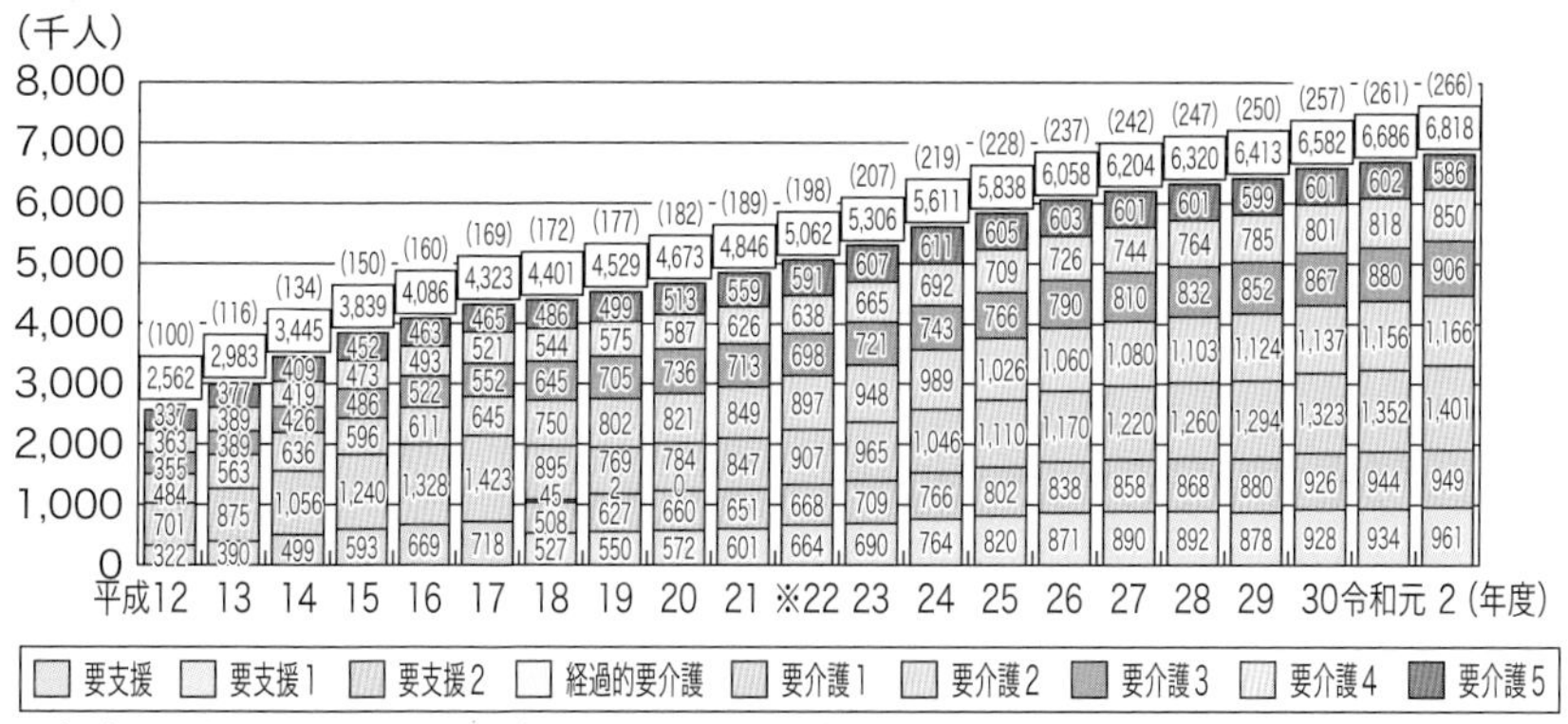

※（　）の数値は、平成12年度を100とした場合の指数である。

出典：厚生労働省「介護保険事業状況報告（年報）」

塊世代が75歳以上となり、40年に団塊ジュニア世代が65歳以上となり高齢者人口がピークを迎えるなど、高齢化がさらに進むなか、介護保険制度の抜本的な見直し求められている。

見直しの論点としては、介護保険負担割合2割の対象者枠の拡大、要介護1・2の訪問介護・通所介護を市町村の総合事業へ移行、全額公費の居宅介護支援のケアマネジメントの利用者負担、地域包括支援センターに限定している要支援者のケアマネジメントを居宅介護支援事業に拡大、などがある。

23年6月には「骨太の方針」が策定される予定で、24年度改正がどのようなものとなるか、その議論が注視されている。

これからどうなる？

在宅介護のDX化が進む

高齢人口が増加、要介護者も急増するなかで国が進めているのが在宅介護である。ただ、ダブルケア、老々介護など在宅ケアを巡る課題も山積している。

こうしたなかで注目されるのがIoTなどデジタル技術の活用だ。例えば、センサーなどでケアマネージャーなどが遠隔で被介護者の状況をモニタリングするといった取り組みである。

「デジタル田園都市国家構想総合戦略」では、デジタルの力を活用した地方の社会課題解決のテーマとして「医療・介護分野でのDX」を掲げ、遠隔医療のさらなる活用や、より質の高いサービスを享受できる医療DXの推進を掲げている。具体的な取り組みも進んでおり、例えば、出雲市在宅医療・介護連携支援センターでは医療・介護関係者が登録するLINEアカウントを開設、在宅医療・介護を担う多職種からなるチームの繋がり強化に取り組んでいる。

介護に係る人材不足が深刻化するなか、デジタル技術の活用が進みそうだ。

KEYWORD 76

地域包括ケアシステム

最期まで住み慣れた地域で暮らしたい

キーポイント

医療、介護、予防、住まい、生活支援を包括

2025年までの構築が目標

終の棲家のあり方が問われる

「地域包括ケアシステム」とは、医療や介護が必要になった状態になっても、可能な限り住み慣れた地域で自立した生活を続けることができるよう、医療・介護・予防・住まい・生活支援が包括的に確保されるようにする仕組みのこと。厚生労働省が2025年をめどに構築を目指している。介護や医療、予防という専門的なサービスと、その前提となる住まい、生活支援・福祉サービスが相互に関係し、連携しながら在宅での生活を支える。

その構築は自治体ごとに進められる。市町村が25年に向けて3年ごとの介護保険事業計画の策定・実施を通じて、地域の自主性や主体性に基づいて、地域の特性に応じた地域包括ケアシステムを構築する。その実現に向けた中核的な期間として市町村が「地域包括支援センター」を設置する。同センターでは、地域の高齢者の総合相談、権利擁護や地域の支援体制づくり、介護予防の必要な援助などを行い、高齢者の保健医療の向上、福祉の増進を包括的に支援する。22年4月末現在、全国で5404カ所が設置されている。

住まいとの連携が重要 住宅事業者の取り組みも

地域包括ケアシステムは住まいとの連携が重要なポイントとなることもあり、住宅事業者の取り組みも進んでいる。

例えば、先にミサワホームは京阪電鉄不動産、特定医療法人一輝会と共同で進めてきた「ASMACHI神戸新長田」（神戸市）を完成させた。3者が協働し病院と住宅が一体となった複合

地域包括ケアシステムの姿

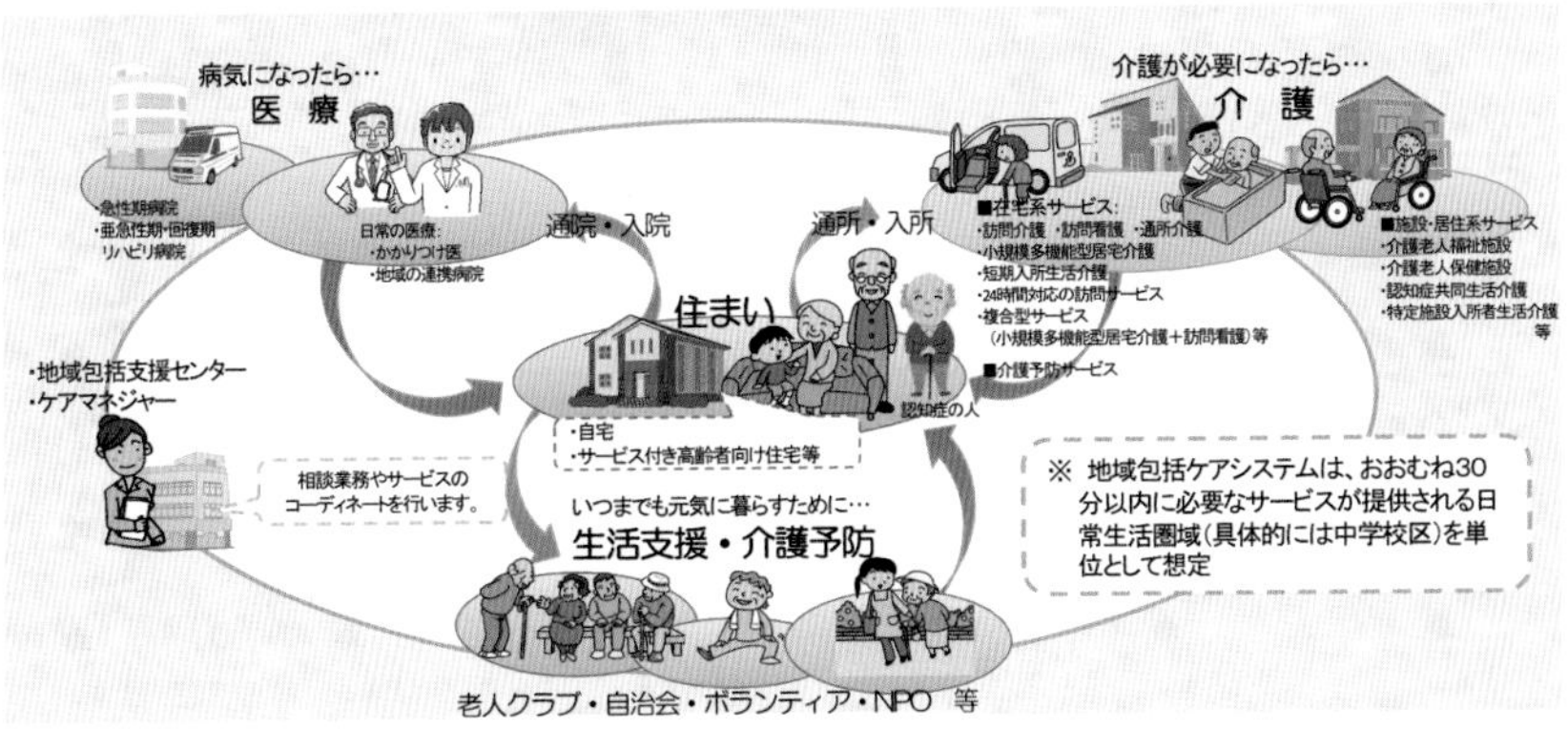

出典:厚生労働省資料より

施設で、建物の1～5階を病院として利用し、6～14階を分譲マンションとして販売する。この病院は地域医療構想を踏まえて、回復期リハビリテーションや地域包括ケア、医療療養の142床を備える。

また、パナソニック ホームズは20年に大阪府吹田市と連携して地域包括ケアの拠点「ｐａｔｏｎａ吹田健都」を開業している。サービス付き高齢者向け住宅、小規模多機能型居宅介護事業所、定期巡回・随時対応型訪問介護看護事業所、認知症対応型通所介護事業所、調剤薬局などを一つの建物に集約している。

住み慣れた自宅で人生の最後を迎えたいと希望する高齢者は多く存在する。しかし、厚生労働省によると実際に自宅で亡くなっている人は多くはなく、約7割が病院で亡くなっている。人生の最後まで、住み慣れた地域で暮らしたい、そんな暮らしを実現するうえで、地域包括ケアの取り組みが急がれている。

これからどうなる？

“在宅”が広がるなか住環境が重要に

地域包括ケアにより在宅介護、在宅医療が進められ、できるだけ自宅で晩年を過ごすことになると、高齢者の暮らしに配慮した住環境はこれまで以上に重要になろう。

バリアフリーなどはもちろんであるが、高齢期の暮らしを支えるさまざまな生活サービスが求められる。

もう一つ、住まいの温熱環境も重要だ。ヒートショック予防というだけでなく、寒いと活動量が減りフレイルのリスクが高まる、寒いと夜間トイレに行く回数が増える過活動膀胱になりやすく転倒の危険性がある、などだ。断熱化は決して省エネのためだけではない。

住生活産業が地域包括ケアのなかで果たすことができる役割は大きい。

KEYWORD 77

高齢者すまい法

高齢期に安心して暮らせる住まいを整備

キーポイント

都道府県が居住安定確保計画を策定

2011年に〝サ高住宅〟を創設

終身建物賃貸借事業も運用

「高齢者の居住の安定確保に関する法律」（高齢者すまい法）は2001年に施行された法律。良好な居住環境を整え、高齢者の暮らしに適した住宅の効率的な供給を促進すると同時に、高齢者の入居を拒まない住宅の情報を広く提供することを目指している。

同法では、国土交通大臣と厚生労働大臣が高齢者の居住の安定の確保に関する基本的な方針（基本方針）を策定、都道府県が基本方針に基づき「高齢者居住安定確保計画」を定めることができる。同計画は、高齢者に対する賃貸住宅及び老人ホームの供給の目標、高齢者居宅生活支援事業の用に供する施設の整備の促進などを定めるものである。

そして一定の条件を満たす「高齢者向け優良賃貸住宅」（高優賃）、高齢者の入居が拒否されない「高齢者円滑入居賃貸住宅」（高円賃）を創設、さらに05年の法改正で「高優賃」と「高円賃」の中間に位置づけられる「高齢者専用賃貸住宅」（高専賃）が創設された。

11年に高齢者世帯の急激な増加などを踏まえて同法が全面改正され、3つの高齢者向け住宅を一本化、「サービス付き高齢者向け住宅」（サ高住）が創設、運用されている。

ハード＋サービスで安心して暮らせる地域の拠点

高齢者向け住宅には、有料老人ホーム、特別養護老人ホーム（特養）、サ高住などがあり、このほかにも介護老人保健施設（老健）、軽費老人ホーム（ケアハウス）、グループホームなどさまざまな種類がある。

サービス付き高齢者向け住宅の登録制度の概要

●登録基準	
住宅：床面積（原則25㎡以上）、便所・洗面設備等の設置、バリアフリー	
サービス：サービスを提供すること（少なくとも安否確認・生活相談サービスを提供）	
契約：高齢者の居住の安定が図られた契約であること 前払家賃等の返還ルール及び保全措置が講じられていること	
●事業者の義務	
・入居契約に係る措置（提供するサービス等の登録事項の情報開示、入居者に対する契約前の説明）	
・誇大広告の禁止	
●指導監督	
・住宅管理やサービスに関する行政の指導監督（報告徴収・立入検査・指示等）	

出典：国土交通省のHPより作成

介護付きの優良老人ホームは食事や清掃、身体介護、リハビリなど幅広いサービスを受けることができる。特養は重度の介護を必要とする人が少ない費用負担で長期入居できる介護施設で地方公共団体や社会福祉法人が運営する。

サ高住は、一定の要件を満たしていると認められたものを都道府県がサ高住として登録し、その情報を一般に公開する。他の高齢者住宅と異なるのは、一定面積の居室や建物、設備のバリアフリー化といったハード面での対策に加え、安否確認や生活相談といったソフトサービスを義務付けていることだ。

また、必要に応じて医療や介護サービスが受けられることも特徴となっている。大きく「一般型」と「介護型」の2種類に大別され、一般型は基本的に介護サービスを必要としない人を対象、介護型は厚生労働省の「特定施設」に指定され、施設内の常駐スタッフから介護サービスを受けることができる。

サ高住は、ハード面が整った住環境に加え、医療や介護サービスを受けることもできるため、医療・介護サービスの拠点としても注目されている。

これからどうなる？

超高齢社会で安心して暮らせる住まいを

国は25年までに地域包括ケアシステムの構築を目指している。住み慣れた地域で暮らし続けていけるように、住まい・医療・介護・予防・生活支援を一体で提供するものだ。

高齢者が安心に暮らし続けるためには医療や介護との連携が不可欠で、多くのサ高住では医療機関や介護事業所との連携体制を整えている。サ高住に訪問介護や訪問看護、デイサービスセンター、クリニックなどが併設されるケースも多い。地域包括ケアシステムのなかで中心となるのは、やはり住まいだろう。住宅業界のなかでサ高住に取り組む事業者は少なくない。超高齢社会のなかで、より安心して快適に暮らせる住まいの一つの形がサ高住ということもできる。

KEYWORD 78

サービス付き高齢者向け住宅

介護サービス連携で住み慣れた地域で暮らし続ける

キーポイント

バリアフリー+サービスの賃貸住宅を登録

登録戸数28万2426戸に

地域包括ケアを担う存在に

「サービス付き高齢者向け住宅」（サ高住）は、2011年の「高齢者の居住の安定確保に関する法律」（高齢者住まい法）の改正により創設された制度。一定の要件を満たしたものを都道府県がサ高住として登録し、その情報を一般に公開する。外部の介護サービスと連携しながら、高齢者が住み慣れた地域で暮らし続けることができる賃貸住宅である。

要件は、床面積が原則25㎡以上、トイレ・洗面設備の設置、バリアフリーに加え、少なくとも安否確認と生活相談サービスを提供すること、また、契約については高齢者の居住の安定が図られたものであり、前払家賃などの返還ルール及び保全措置が講じられていること、などとなっている。

登録されることで建設費・改修費に対する補助が受けられるほか、固定資産税や不動産取得税の優遇、また、住宅金融支援機構による建設融資を受けることもできる。

その登録は制度開始以来順調に拡大しており、23年3月末現在で8207棟、28万2426戸に達している。都道府県別では大阪府が最も多く803棟・3万1475戸、次いで北海道528棟・2万2996戸、兵庫県450棟・1万8052戸となっている。

地域包括ケアを担いまちづくりの中で位置づけ

22年8月末時点の分析によると、サ高住の事業を行っている事業者は、介護系と医療系をあわせて84・5％とほとんどを占めるが、不動産業者7・7％、建設業者1・5％、ハウスメーカ

サービス付き高齢者向け住宅の登録状況

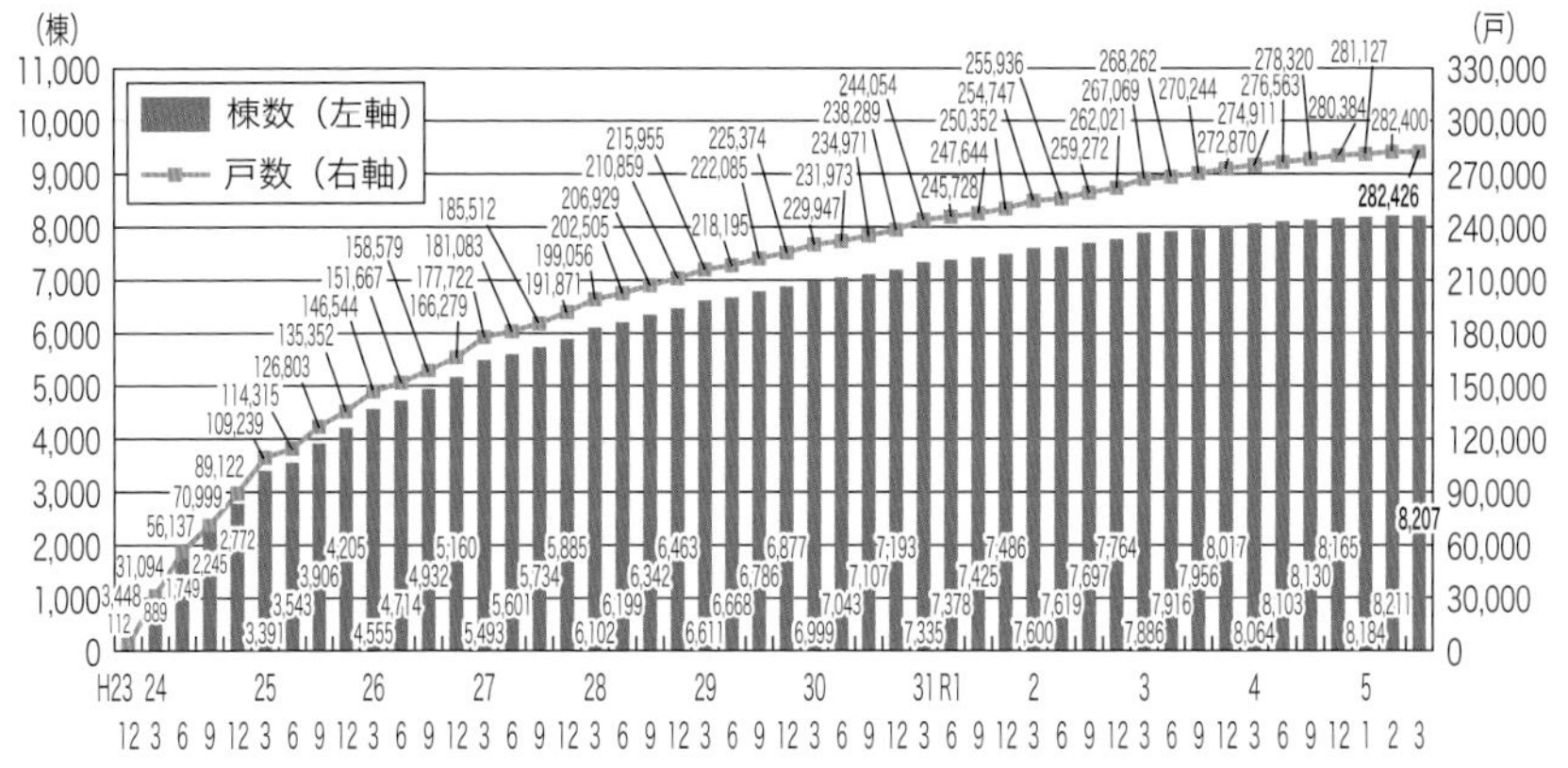

出典：国土交通省

10・4%と住宅・建築関連も約1割いる。

　また、提供されているサービスは、22年8月末時点の分析によると、状況把握・生活相談はすべての住宅で提供されており、食事サービスは96・2%、調理等の家事が52・9%、入浴等の介護は49・5%などとなっている。

　サ高住の開設が相次ぐなか、サービスの質や供給面での課題が表面化、国土交通省は14年に「サービス付き高齢者向け住宅の整備等のあり方に関する検討会」を立ち上げ、16年にとりまとめを公表した。

　地域的なバラつきを踏まえた立地の適正化、空間の質の向上や既存ストックの活用促進、サービスを選択できる環境整備、低所得高齢者向け住まいの供給などの課題を踏まえた方向性が示され、「高齢者の住まいと医療・介護等のサービスが適切に提供される体制の実現」、「単なる住まいではなく地域包括ケアを担う存在として捉え、まちづくり全体の中で位置づけ」という方向が示されている。

これからどうなる?

健常期から要介護期までニーズに対する提案を

日本人の平均寿命が伸び、人生100年時代を迎えるなか、高齢者の住まいに対するニーズも多様化している。従来のような、健常者か要介護者かというだけでなく、フレイル（虚弱）期の住まいを求める需要も多い。もちろん要介護期といっても要介護の度合いによって居住ニーズはさまざまだ。

超高齢社会に突入したなか、住宅事業者には健常期から要介護期までの細かな居住ニーズに対応する住まい提案が求められる。ハード+ソフトを組み合わせることで、“個”に対応する取り組みが必要不可欠となりつつある。

KEYWORD 79

在宅医療

24時間・365日対応し、看取りまでを在宅で

キーポイント

在宅で診療、検査、処置を行う

在宅の医療・看護体制の構築が広がる

ＩＣＴ活用で効率化も

超高齢社会を変えるなか、今後も医療ニーズは高まっていくとみられる。高齢者の多くが住み慣れた自宅で最期を迎えたいと考えており、国は地域包括ケアシステムの構築に力を入れている。

こうしたなかで「在宅医療」が重要なキーワードとなっている。

在宅医療とは、医師が定期的に訪れ、診療や検査、処置、処方などの措置を行うもの。具合が悪くなった時は24時間・３６５日対応し、看取りの支援までを行う。

地域包括ケアシステムとは、要介護となっても住み慣れた地域で生活を送ることができるようにするため、住まいと医療、介護や予防、生活支援を連携させるものだ。このシステムにおいて、在宅医療は重要な役割を持っている。

厚生労働省によると、退院支援担当者を配置する病院は３７１９ヵ所・44%、訪問診療を提供している診療所は２万１１６７ヵ所・19・９%、病院は２７０２ヵ所・32・１%など増加している。訪問看護ステーションは９９６４ヵ所、訪問看護を実施する病院・診療所は４０１０ヵ所となっている。

国民の55%が、治る見込みがない病気になった場合、自宅で最期を迎えることを望んでいるが、医療機関での死亡率は77%。希望した場合に自宅で最期を迎えることを可能とする医療・看護体制の構築が求められている。

第8次医療計画の方針で連携や機能の強化を求める

国は「在宅医療の体制構築に係る指

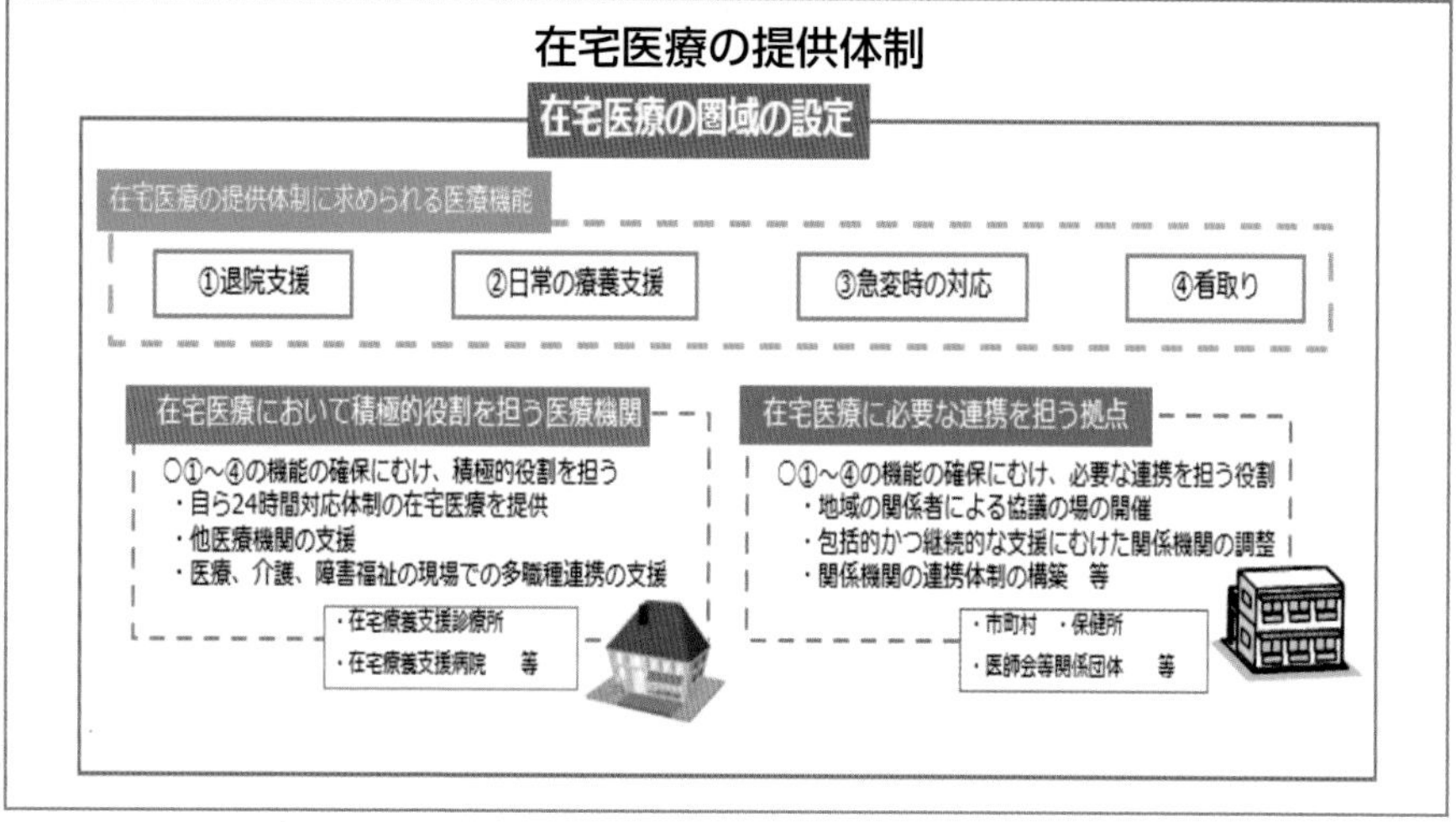

出典：厚生労働省資料より

針」を提示、都道府県が確保すべき機能などを示している。同指針を踏まえ、都道府県は医療計画のなかに施策などを記載している。

23年3月、厚生労働省は「第8次医療計画の基本方針」、「医療計画作成指針」、「5疾病・5事業及び在宅医療の医療体制に関する指針」を公表、今後、都道府県はこれらを踏まえ23年度中に24～29年度の「第8次医療計画」を策定することとなる。

在宅医療については、評価が可能で具体的な数値目標を定め、その達成のために必要な施策を記載することが指示された。

また、訪問看護サービスについて在宅での看取り、重症度の高い利用者に対応できるよう、訪問看護事業所間、関係機関との連携の強化、訪問看護事業所の事業規模の拡大による機能の強化、ICT活用による業務効率化などを求めている。

これからどうなる？

ICTで健康に関するデータを活用する

在宅医療で今後期待されるのがICT活用だ。

例えば、総務省は医療・介護・健康分野の情報化推進に取り組んでいるが、その一つが「PHR（個人健康記録）データ利活用の推進」である。23～24年度の「医療高度化に資するPHRデータ流通基盤構築事業」で、日々の活動から得られるPHRデータを医療現場での診療に活用することで医療の高度化や診察内容の精緻化を図るため、各種PHRサービスから医師が求めるPHRデータを取得するために必要なデータ流通基盤の構築を進めるものだ。運動量や食事、体脂肪といったデータが診療に生かされる。

こうしたPHRデータを取得する場は住宅だ。今後、在宅医療の場でICTの活用が広がることで、住まいに求められる機能も変わってくるだろう。

KEYWORD 80

スマートウェルネス住宅

多様な世帯が安心して暮らせる住環境づくり

キーポイント

先進設備の導入による健康・快適な住まい

健康、省エネ、バリアフリーに配慮

充実の支援策で普及を促進

「スマートウェルネス住宅」は、国土交通省などが中心となって推進している超高齢社会を支える住宅のあり方。2013年に閣議決定された「日本再興戦略－JAPAN is BACK－」にその実現が盛り込まれた。

翌14年以降、国土交通省は「スマートウェルネス住宅・シティ」の事業を予算化、安心・健康・省エネでバリアフリーに配慮した住宅・まちづくりについて民間の先導的な事業モデルを公募し、補助金を交付している。

スマートウェルネス住宅は「高齢者や障がい者、子育て世帯が安心して暮らすことができる住環境」と定義されている。非常に幅広い概念だが、狭義には「省エネなどのエネルギー対策（スマート）」で「健康（ウェルネス）」を付加価値とすることをコンセプトとする住宅といえる。

超高齢社会、脱炭素化という、今、わが国が抱える社会的課題に対して、省エネで健康な住宅の普及に取り組んでいこうというものだ。住宅産業界においても、この二大テーマが重要なキーワードとなっており、スマートウェルネス住宅の提案も活発化している。

セーフティネットや子育て支援も対象に

23年度の国土交通省の「スマートウェルネス住宅等推進事業」では、「セーフティネット登録住宅への支援」、「子育て支援型共同住宅推進事業」、「サービス付き高齢者向け住宅整備事業」、「住まい環境整備モデル事業」などを通じて補助が行われている。

例えば、「住まい環境整備モデル事

住まい環境整備モデル事業の事業タイプと要件

事業タイプ	事業テーマ	個別要件	共通要件
課題設置型	・子育て世帯向け住宅の整備 ・多様な世帯の互助を促進する地域交流拠点の整備 ・効果的に見守る高齢者向け住宅の整備 ・長く健康に暮らせる高齢者住宅の整備 ・早めの住み替えやリフォームに関する相談機能の整備 ・住宅団地の再生につながる地域の居住継続機能の整備	原則、住宅や施設の建設、取得、または改修（住宅等の整備）を実施すること	○高齢者等の居住の安定確保及び健康の維持・増進に資する住まいづくり・まちづくりの推進上効果を高めるための情報公開を行う ○新たな技術やシステムの導入または多様な世帯の互助や交流の促進に資するもの ○応募年内に事業に着手するもの ○応募年度内で初めての提案であること
事業者提案型	・上記以外で提案者が独自に提案		
事業育成型	―	事業完了後、課題設定型または事業者提案型として提案	
支援付き住宅型	・新型コロナの影響による生活困窮者等に対応		

出典：住まい環境整備モデル事業評価事務局のHPより

業」は、ライフステージに応じて変化する居住ニーズに対応して、高齢者、障がい者、子育て世帯など誰もが安心して暮らせる住環境の整備を促進するため、モデル的な取り組みを行う民間事業者などを公募、先導性が認められた事業を支援。課題設定型、事業者提案型、事業育成型、支援付き住宅型という4つの事業タイプを設定する。

また、「子育て支援型共同住宅推進事業」は、分譲マンション及び賃貸住宅を対象に、事故や防犯対策などの子どもの安全・安心の確保に資する新築・改修、また、子育て期の親同士の交流機会の創出のため居住者間のつながりや交流を生み出す施設設置を支援する。

これからどうなる?

社会課題解決に スマートでウェルネスな住まいを

高齢者、障がい者、子育て世帯は、いわゆる「住宅弱者」とも言われ、これらの人々も含めて、誰もが快適に、安全に暮らせる住まいづくりが求められている。

ただ、今、大きくクローズアップされているのは子育て世帯。先に政府は「異次元の少子化対策」（試案）を打ち出した。その対策の一つの柱が住宅だ。【フラット35】について住宅の広さが必要な多子世帯に配慮しつつ支援を充実、空き家の改修やセーフティネット住宅などの活用推進などをあげている。デジタル田園都市国家構想でも地方の社会的課題解決・魅力向上の一つのテーマとして「結婚・出産・子育ての希望をかなえる」を掲げている。高齢人口の増加は致し方ないとしても、出生率の低下が高齢人口割合の数字を押し上げている。少子高齢社会を下支えし、活力ある社会を実現するうえからも、住宅産業が果たす役割は大きい。

KEYWORD 81

異次元の少子化対策

3年間に集中して子ども・子育てを支援

キーポイント

出生数が80万人切り

3年間で加速化プランを推進

子育て世帯へ住宅取得支援

2023年3月31日、政府は「次元の異なる少子化対策」の実現を目指す「こども・子育て政策の強化について（試案）」を公表した。

22年に生まれた子どもの数は79万9728人と99年の統計開始以来初の80万人を下回り過去最少を更新。17年に国立社会保障・人口問題研究所が公表した予測では「80万人切り」は2030年と見られており、コロナ禍という要因はあるものの、予想を超えるスピードで少子化が進んでいる。こうしたなか政府は「2030年代に入るまでの、これから6～7年が少子化傾向を反転させるラストチャンス」と危機感を持って対策に取り組む。

「試案」は、「若い世代の所得を増やす」、「社会全体の構造・意識を変える」、「全ての子育て世帯を切れ目なく支援する」、という3つの基本理念のもと、今後3年間にわたって行う「こども・子育て支援加速化プラン」をまとめている。①制度のかつてない大幅な拡充、②長年の課題を解決、③時代に合わせて発想を展開、④新しい取組に着手、⑤地域・社会全体で「こどもまんなか」を実現、という5つの切り口で取り組みを推進する。

児童手当の所得制限の撤廃や高校卒業までの延長、男女で育休取得した場合に一定期間育休給付を手取り100%とする。保育士の配置基準の改善や、こども医療費助成に係る国民健康保険の減額調整の廃止も掲げる。また、出産費用の保険適用を含めたあり方の検討、学校給食の無償化に向けた課題の整理などを進める。

ストック活用で住宅取得を支援

住宅産業界にとって見逃せないのが、数々の住宅支援。子育て支援の現場から子育て世代の居住環境改善を求める声があることから、子育て世帯への住宅支援を強化する考えだ。

具体的には子育て世帯などが住宅取得する際の金利負担を軽減するため、住宅金融支援機構の住宅ローン【フラット35】について、住宅の広さを必要とする多子世帯に特に配慮しつつ支援を充実する。また、子育て環境に優れた地域の公営住宅などへの子育て世帯などの優先入居や、空き家の改修や子育て世帯の入居を拒まないセーフティネット住宅など、既存の民間住宅ストックの活用も推進していく。加えて、集合住宅の入居者などへの子育て世帯に対する理解醸成、子育て世帯への入居や生活に関する相談などに対応する居住支援法人の支援も行う。

政府は、この試案をたたき台として、施策内容や予算、財源確保などについて検討を深めていく。

「こども・子育て支援加速化プラン」の主な内容

- 【フラット35】で子育て世帯支援を充実
- 空き家改修や子育て世帯の入居を拒まないセーフティネット住宅を推進
- 公営住宅等への子育て世帯等の優先入居
- 児童手当の拡充（所得制限の撤廃、支給期間を高校卒業まで延長）
- 出産一時金を42万円から50万円へ引き上げ（出産費用の保険適用も検討）
- こども医療費などの負担軽減（国民健康保険の補助額を廃止、地方公共団体の取り組み支援
- 高等教育費の負担軽減（奨学金制度の充実、授業料後払い制度の創設）
- “収入106万円・130万円の壁”制度の見直し
- こども誰でも通園制度の創設（就労要件を問わず時間単位）など

出典：内閣府資料より抜粋

これからどうなる?

子育てしやすい環境づくりを

国はこれまでさまざまな少子化対策を推進してきた。住宅分野においても、こどもエコすまい支援事業、子育て支援型共同住宅推進事業、住宅セーフティネット制度など、子育て世帯に向けたさまざまな支援策が実施されている。

しかし、少子化は止まらない。国立社会保障・人口問題研究所の「日本の将来推計人口（令和5年推計）」によると、0〜14歳人口は50年には1040.6万人と10％をも割り込むと推計している。このままでは子どもが10人に1人以下という社会が到来する。

理想の子どもを持てない理由の一つとして居住環境があげられる。もちろんそれだけが少子化の原因ではないが、子育てしやすい環境づくりは住生活産業だからこそできる取り組み。そのさらなる推進が期待される。

7

第七章

働き方

変わる社会環境への対応
求められる新常識

KEYWORD 82

働き方改革

24年4月から建設業にも労働時間の上限規制が導入

キーポイント

働き方改革関連法で時間外労働の上限規制

建設業は24年4月から適用

「建設業働き方改革加速化プログラム」を推進

改正労働基準法など計8本の法律を束ねた「働き方改革関連法」が2019年4月1日（中小企業は20年4月1日）から施行された。全業種に時間外労働の罰則付き上限規制を導入し、月45時間・年360時間と定める。これまで対象外だった建設業への規制適用は5年間猶予され、24年4月から適用される。

建設技能者の減少、不足は年々深刻化している。建設投資、許可業者数及び就業者数の推移を見ると、建設投資額はピーク時の1992年度の約84兆円から11年度の約42兆円まで落ち込んだが、その後、増加に転じ、21年度は約58・4兆円となった。とはいえ、ピークから約30％減少だ。

日本全体の生産年齢人口が減少する中、建設業の担い手については概ね10年後に団塊世代の大量離職が見込まれており、その持続可能性が危ぶまれている。20年度末の建設業者数は約47万業者で、ピーク時の1999年度末から約21％減少、20年度の建設業就業者数は492万人でピーク時の1997年度から約28％減少している。建設業就業者は、55歳以上が約36％、29歳以下が約12％と、他産業に比べて高齢化が進行し、次世代への技術承継が大きな課題となっている。

また、建設業は全産業平均と比較して年間300時間以上の長時間労働となっており、他産業では一般的となっている週休2日も十分に確保されていない。給与についても建設業者全体で上昇傾向にあるが、生産労働者については、製造業と比べて低い水準にある。

国土交通省は18年3月、建設業にお

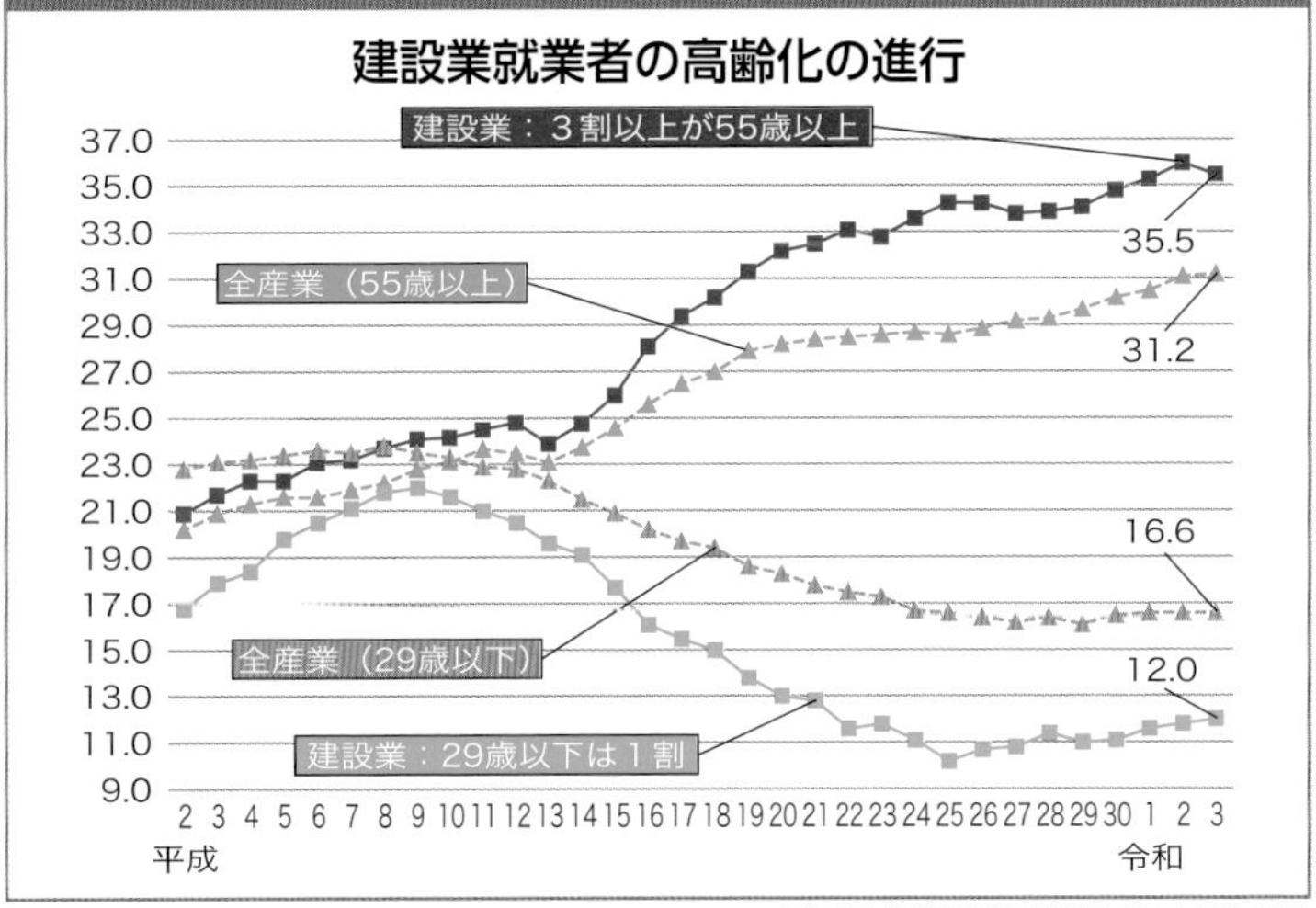

出典：総務省「労働力調査」を基に国土交通省で算出

ける週休2日の確保をはじめとした働き方改革をさらに加速させるため、長時間労働の是正、給与・社会保険、生産性向上の3つの分野における新たな施策をパッケージとしてまとめた「建設業働き方改革加速化プログラム」を策定。長時間労働の是正、給与・社会保険、生産性向上の3つの分野で新たな施策を展開する。長時間労働の是正に向けて、週休2日制の導入を後押しする。また、各発注者の特性を踏まえた適正な工期設定を推進する。給与・社会保険に関する取り組みとして、建設キャリアアップシステムの運用を開始し技能や経験にふさわしい処遇（給与）の実現、また、社会保険に未加入の建設企業は、建設業の許可・更新を認めない仕組みの構築により、社会保険への加入を、建設業を営む上でのミニマム・スタンダードにすることを目指す。また、生産性向上に関する取り組みとして、中小の建設企業による積極的なICT活用を促すため、公共工事の積算基準などを改善し、生産性の向上に取り組む建設企業を後押しする。そのほか、限られた人材、資機材の効率的な活用を促進。重層下請け構造改善のため、下請次数削減方策なども検討する。

これからどうなる？

「物流の2024年問題」も迫る 抜本的な建設プロセス改善が不可欠に

いわゆる「物流の2024年問題」も迫っている。働き方改革関連法により、24年4月から、トラック運転手の労働時間などの改善を図るため、「自動車運転業務における時間外労働時間の上限規制」が適用される。月45時間、年360時間を原則とし、臨時的な特別な事情がある場合でも年960時間（休日労働を含まない）を限度に設定する必要がある従来通り、長距離輸送を続けていくことは難しくなる。建設業界には、時間外労働の罰則付き上限規制に加えて、ドライバー不足への対応も求められている。

KEYWORD 83

ワーケーション

新たな働き方、地域活性化も追い風に

キーポイント

関係人口増に自治体も積極展開

働き方改革で第3の選択肢

官民推進協議会が設立

テレワークが定着するなかで働き方が大きく変わりつつある。都心のオフィスに通勤する必要がなくなり、自宅やコワーキングスペースなどで仕事をするという働き方が広がりつつある。コロナ禍がこうした動きを加速させ、フリーアドレス制を取り入れるなど企業の取り組みも進んでいる。

こうしたなかで数年前から急速にクローズアップされてきたのが「ワーケーション」だ。

ワーケーションとは「仕事（ワーク）」と「休暇（バケーション）」を組み合わせたもの。2017年度に和歌山県が他県に先駆けて取り組みを開始、19年度にはワーケーション自治体協議会（WAJ）が設立された。主に地域活性化を目的とした取り組みが進んだ。関係人口の増加、新ビジネスの創出、空き家・空き地、遊休施設の活用などにつなげることが期待された。65自治体でスタートした同協議会は、23年4月末現在で215自治体（1道25県189市）まで増え、各自治体のワーケーションに対する期待がうかがえる。

こうした動きにコロナ禍が拍車をかけた。国は感染拡大対策への効果が期待できるとしてワーケーション推進を打ち出し、企業は福利厚生や人材育成なども含めて職場、自宅に次ぐ第三の場をワーケーションに求めた。

23年度の市場は1000億円

23年2月、「テレワーク・ワーケーション官民推進協議会」が設立された。22年6月に総務省と観光庁が事務局となり検討会を設置、官民が連携してテレ

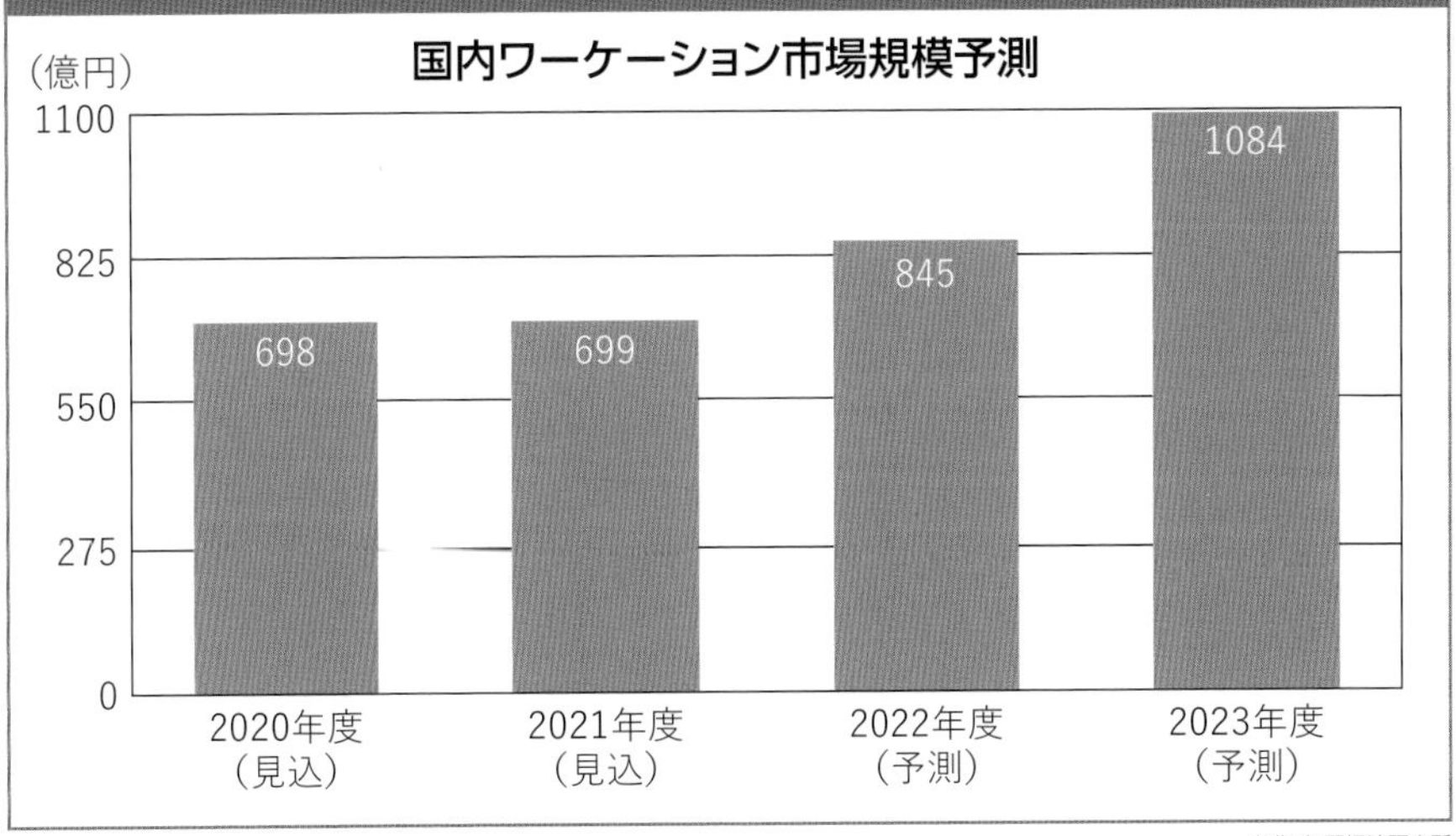

出典：矢野経済研究所

ワークとワーケーションを一体的に推進する体制を構築すべく、関連団体、関連府省庁と議論を重ねてきた。同協議会は、テレワーク・ワーケーションの一層の普及・定着を図ることを目的に、国土交通省、観光庁、総務省のほか、企業、関連団体、個人、地方自治体から幅広く参画、設立時典の会員数は１３９機関だ。23年度は社会全体に対する普及啓発、企業と地域の取り組み促進、企業・地域が連携できる環境づくり、24年度以降の取り組みに対する方向性の検討を行う計画だ。

矢野経済研究所の「ワーケーション市場に関する調査」によると、22年度の市場規模は８４５億円、23年度には１０８４億円（前年度比28・3％増）と１０００億円を超える市場規模を予測している。

同調査では、市場がさらに拡大していくためには、ワーケーションを実施する企業が宿泊費や研修・合宿にかかるサービス費用を負担する日本型ワーケーション制度の整備が必要と指摘している。

これからどうなる?

一般的広がりの素地は整った

コロナ禍において定着したテレワーク。今、経済活動が日常に戻りつつあるなか対面コミュニケーションが増えつつあるが、それはテレワークとオフィスを上手く使い分ける動きだ。人材採用を見据えた働き方の改革、また、オフィスを集約しフリーアドレスを導入しするなどコスト削減の狙いもある。一方、地方自治体は地域活性化を目的に関係人口の増加を狙っており、国もその後押しに力を入れる。一部の先進的な企業の実施にとどまっていたワーケーションが、一般的に広がる下地は整ったと言える。課題として企業の制度未整備などが指摘されており、我が国においてどのような働き方が定着していくのかが、その普及を左右しそうだ。

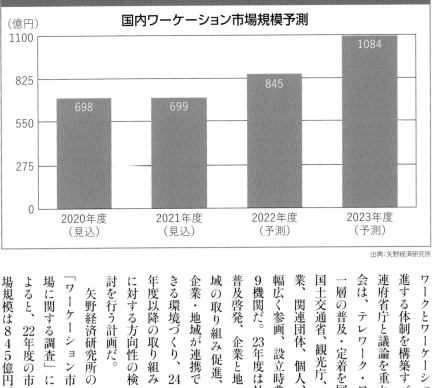

KEYWORD 84

多能工化

建設業の生産性向上へ有効な対策の一つ

キーポイント

連続した複数の作業、工程を遂行

専門業種のストップで工事工程全体に悪影響

建設業の9割が多能工化が必要と回答

職人不足が深刻化するなかで、担い手を確保・育成していくためには、職人の多能工化を進め、賃金の向上、労働時間の短縮を実現し、処遇を改善していくことが重要になる。経営者にとっては「工種の入替がないため、工期・手戻りが少なくなりコストも縮減できる」、「従来の業務範囲を超え、より広範な業種を一括受注できる可能性が高まる」といったメリットが、職人にとっては「活躍できる場所が拡大するため、就業機会の増加や処遇の向上が期待できる」といったメリットがある。

建設工事は専門家・分業化されており、1つの案件に多数の専門工事企業が関与している。建設業の許可は、29業種にのぼり、建設業に携わる企業は、営業する業種ごとに許可を取得する必要がある。一般的な建設工事の流れをみると、基礎工事、躯体工事、外装工事、内装工事、設備工事、外構工事といった順で工事が進み、それぞれの段階で、土木工事、基礎工事、とび、鉄筋工事、大工工事（型枠大工）、外壁工事、左官工事、内装工事、電気工事・設備工事、塗装工事、外構工事・造園工事といった専門工事企業が携わる。建設工事に関する専門業種のどれか1つがストップすると、その工事以降の専門工事業者に影響が及び、建設工事全体の流れが滞る懸念もある。

こうした中で国土交通省は、2018年に、多能工育成に向け、中小・中堅建設企業や建設業団体、地域の教育訓練機関などが連携して行うモデル性の高い取り組みを支援し、先行モデルとして普及を図ることを目的に「多能工化モデル推進事業」を実施した。

2019年3月には、(一財)建設業振興基金と共同で、多能工に取り組むに当たってのエッセンスを整理し、取組事例を紹介する「建設業における多能工推進ハンドブック」を発刊した。

建設企業1895社を対象に行ったアンケート調査では、建設企業の約9割が多能工を必要としていることがわかった。また、「多能工が働いている」と回答した468社に、多能工の工種の組み合わせについて聞いたところ、構造物系では、土木工事における「型枠工・鳶土工」の組み合わせが116件であるのに対し、建築工事における同組み合わせは20件。一方、仕上系では、建築工事における「塗装工・防水工」の組み合わせが44件であるのに対し、土木工事における同組み合わせは3件であった。さらに、多能工を育成する企業の5~7割が、社内のOJTや集合教育で育成に取り組み、約3割が富士教育訓練センターなど職業訓練機関を利用していることもわかった。

多能工の職種の組み合わせ

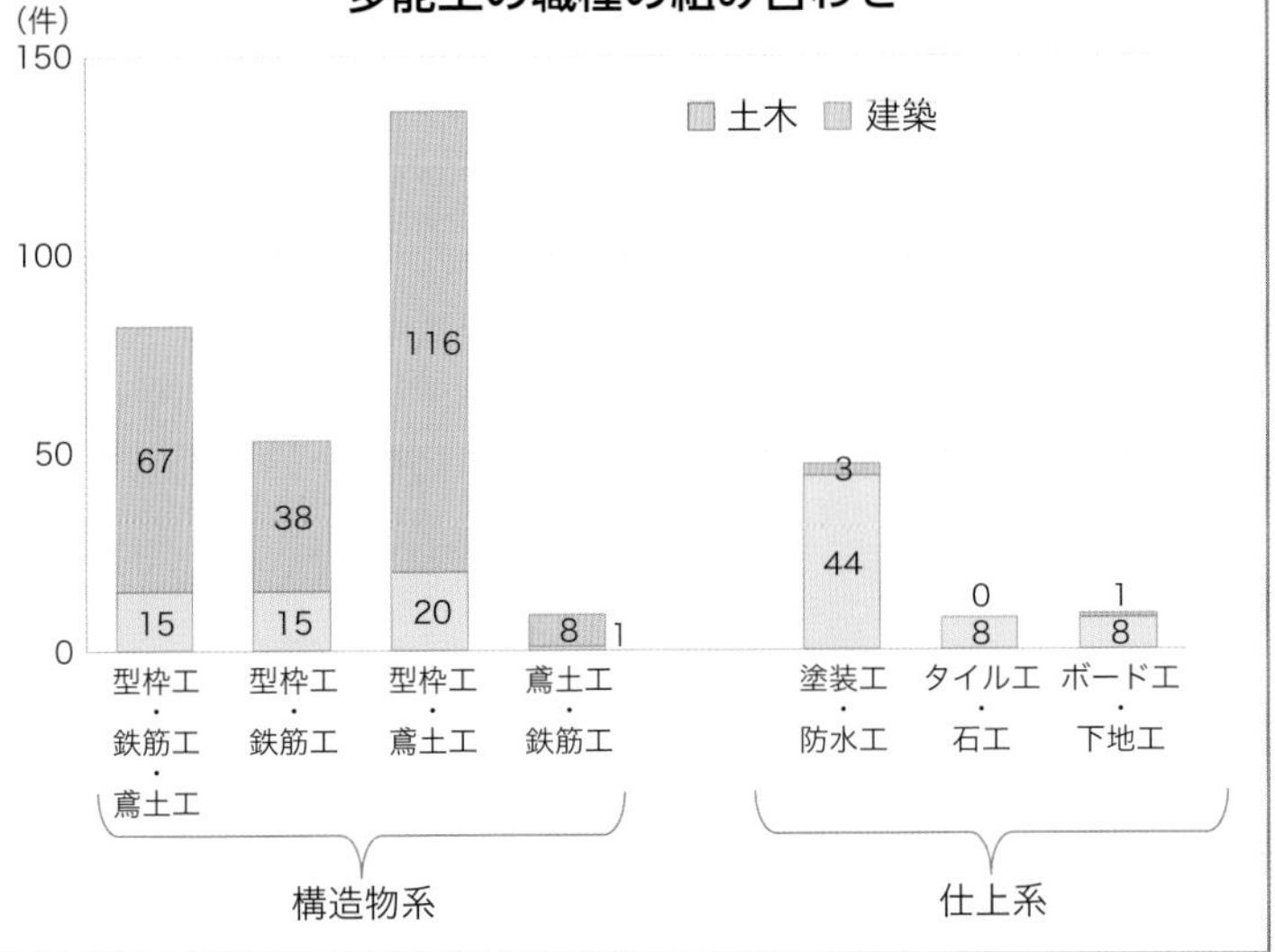

出展:(一財)建設業振興基金「建設業における多能工推進ハンドブック」

これからどうなる?

住宅分野でも多能工化の取り組みが重要に

大規模なビルなどの建設だけでなく、住宅建設においても職人不足問題に歯止めがかからない。住宅分野においても、職人不足への対応策として、多能工化を進め、処遇の改善を実現し、担い手を確保していくことが重要になっている。特に、リフォーム工事など小規模な工事において「工種の入替がないことによる工期の短縮、手戻りの縮小、人材の有効活用、コスト縮減」といった効果が大きく発現する。多能工のスキルは、OJTで身に付けることが多いが、個々の企業では限界があるため、富士教育訓練センターなど職業訓練機関など、公的な機関で多能工を育成していく環境整備を、国や業界団体などが先導して進めていく必要がありそうだ。

KEYWORD 85

建設キャリアアップシステム

建設技能者の技能・経験を客観的に評価し処遇改善へ

キーポイント

資格、就業履歴などを統一ルールで登録・蓄積

技能・経験に応じてレベル別に賃金目安

22年11月末に登録者数100万人突破

「建設キャリアアップシステム（CCUS）」とは、技能者の資格、社会保険加入状況、現場の就業履歴などを業界横断・統一のルールで登録・蓄積する仕組み。建設技能者の保有する資格などの情報を同システムに登録した上で、固有のIDが付されたICカード（キャリアアップカード）を建設技能者が取得し、そのカードを現場に設置されたカードリーダーで読み取ることで、誰が、いつ、どこの現場で、どのような立場で作業に従事したかといった記録が、業界統一のルールに基づいて蓄積されていく。同システムに登録・蓄積される技能者の有資格や就業履歴といったデータを活用して、それぞれの技能レベルを4段階で評価し、このレベル分けを土台として、個々の所属企業におけるレベルに応じ賃金の支払う仕組みなどを構築する。建設業界全体の処遇改善を進めることで、将来にわたって建設業の担い手確保につなげていきたい考えだ。4段階のレベル分けでは、レベル1は見習い技能者（初級技能者）、レベル2は一人前の技能者（中堅技能者）、レベル3は職長として現場に従事できる技能者（一定の職長経験を有する者）、レベル4は高度なマネジメント能力を有する技能者（登録基幹技能者等）を目安として示した。さらに、システムにより把握できる保有資格を「技能点」、就業日数を「就労点」としてそれぞれポイント化し、合計して能力を評価する。

また、評価制度の客観性や、職種間のバランスを確保しつつ職種ごとの特性を反映するため、登録基幹技能者制度を参考にしたスキームの構築を目指

建設キャリアアップカード4種類のイメージ

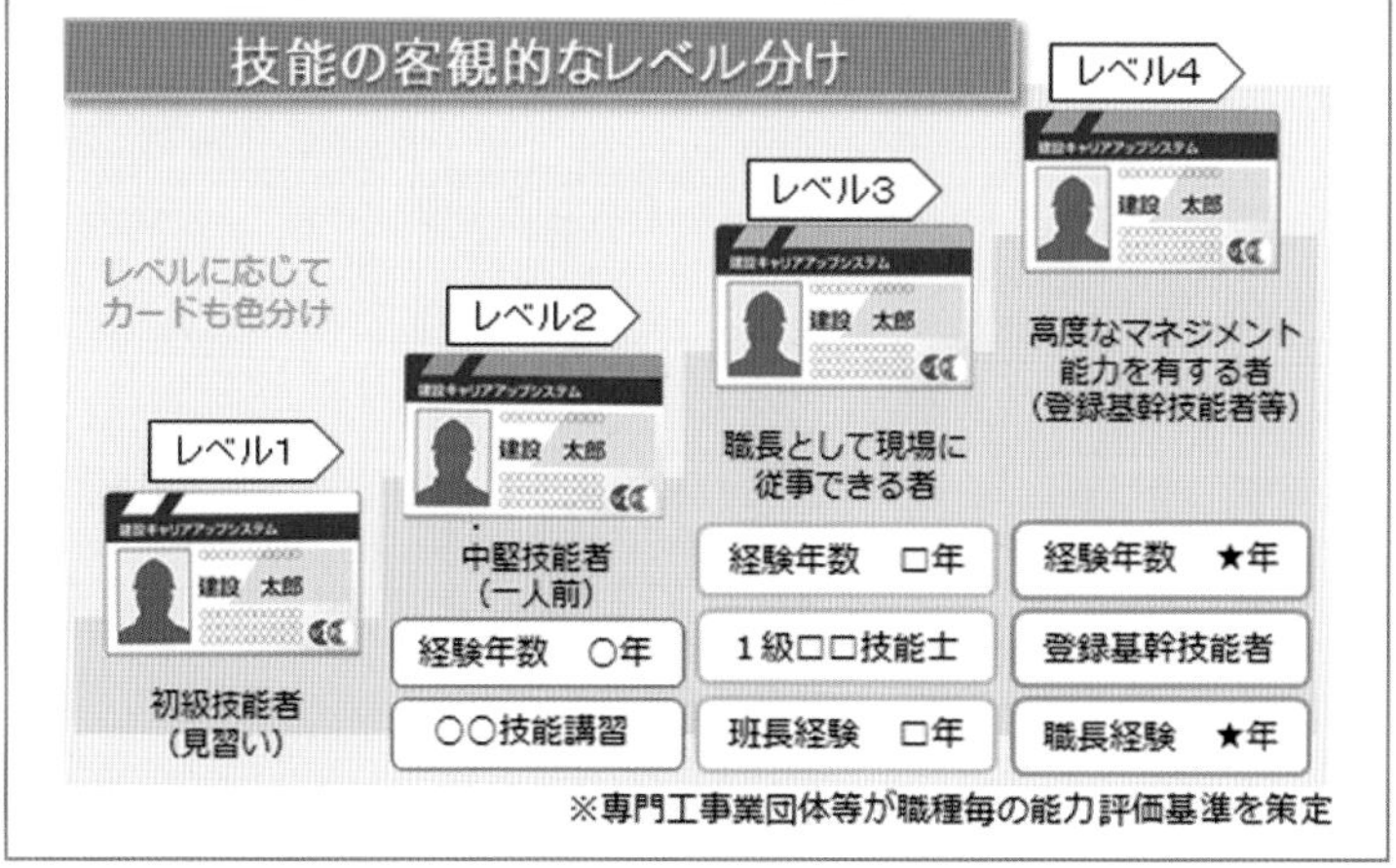

出典：国土交通省

す。具体的には、国土交通省が、評価制度の枠組みや評価基準に関する共通の目安やルールについて、ガイドラインなどを策定。このガイドラインなどに基づき、専門工事業団体などが、職種の特性を踏まえた具体的な評価基準を策定する。

国土交通省では、建設技能者の技能・経験を客観的に評価するとともに、処遇改善につなげるため、業界団体と一丸となってＣＣＵＳを推進してきた。22年11月末に登録技能者は約１０２万人となり、技能者の３人に１人が利用する水準に至ったこととなる。

今後、登録技能者の処遇改善を着実に進めるため、ＣＣＵＳで示された技能・経験に応じてレベル別に賃金目安を示し、職種ごとにレベルに合わせて賃金が上昇していくよう促す方針だ。国交省が22年8月に設置した「持続可能な建設業に向けた環境整備検討会」を通じ、システムの発展的な活用の可能性を検討していく。

これからどうなる？

CCUSの仕組みを活用して工務店の施工能力を見える化

CCUSの仕組みを活用して、工務店の施工能力を見える化する取り組みも広がっていきそうだ。（一社）JBN・全国工務店協会は23年3月、中小工務店などを、見える化評価の対象とする「工務店評価基準」の評価申請受け付けを開始した。現状では、CCUSを活用するのは、ビルや大規模な建物を手掛ける工事事業者が多く、工務店はまだ少数派だという。国土交通省は、「CCUS」、「建設技能者の能力評価制度」、「専門工事企業の施工能力等の見える化評価制度」は「三位一体」で進めるものとしており、それぞれの普及の相乗効果により、建設技能者の処遇改善、建設業の担い手の確保につなげていきたい考えだ。同省が定める「見える化評価制度」に基づき、CCUSに登録・蓄積される情報や、CCUSに登録される建設技能者の資格と経験について能力評価を実施する制度のレベル判定などを活用し、専門工事企業の施工能力等を「見える化」する。

KEYWORD
86

生産合理化

先細る供給サイドへの対応が不可欠に

キーポイント

プレハブ住宅が住宅近代化に貢献
90年代からプレカットが急速に普及
パネル化などの新たな生産方式に脚光

工業化手法を取り入れ、施工現場での作業の多くを工場であらかじめ製作するプレハブ住宅は、戦後の圧倒的な住宅不足を解消する切り札として登場し、住宅の性能、品質の向上、住宅産業の近代化に大きく貢献してきた。また、1985年頃から、在来木造のプレカットが急速に普及した。2000年の品確法施行も在来のプレカット化に拍車をかけ、住宅の構造部材として性能の安定した集成材などのエンジニアリングウッドをプレカットして使用されるケースが一気に増えた。こうした在来木造のプレカット化が中小ビルダーなどにもたらした影響は非常に大きい。在来木造の精度、耐震性、耐久性を格段に向上させ、品質や性能を明確化できるようになった。また、住宅のコストダウン、工期短縮効果ももたらす。そのため普及は加速度的に進み、在来工法におけるプレカット率は、85年にわずか3%であったものが、今や9割を超える。

さらに、ここにきて人手不足という課題から工業化、生産合理化が改めて注目を集めている。野村総合研究所の市場予測によると、15年に35万人だった大工は年々減少し、30年には21万人になると推計。新設住宅着工数の減少を上回るペースで大工の減少が進んでおり、「これからは先細る供給サイドに対応したプレハブ化、工業化技術が求められている」と警鐘を鳴らす。

こうした中、住宅生産の合理化・省施工化、働き方改革を進める商品やサービスの提案が相次ぐ。ウッドステーションは、在来木造住宅の高度工業化を支援する大型パネル事業を展開する。

大工が現場で担ってきた仕事をデジタル情報に変換し、大型パネルを工場で製造。現場のムリ、ムダを解消し職人依存からの脱却を促す。また、23年1月、2×4工法の分野において、ウイング（東京都千代田区）業務提携を締結。在来の分野蓄積してきた情報処理技術を2×4工法の分野でも応用しサッシや断熱材まで組み込んだ、「建築パネル化」を進展させる。

セレンディクスが販売する3Dプリンター住宅「Sphere」のプロトタイプのイメージ

建VUILD（ヴィルド）は、デジタルテクノロジーで、建築産業を民主化し、誰もが自分の力で建築物をつくることができる世界の実現を目指す。3D木材加工機「ShopBot」と、流通プラットフォーム「EMARF」の仕組みを活用し、地域産材を使い、地域内で完結する新しい建築方式で、実際に建築物の建設も行った。22年にデジタル家づくりプラットフォーム「Nesting」のサービス提供を開始している。

セレンディクスは、日本で初めて3Dプリンターで住宅を創るプロジェクトを19年12月にスタート。オープンイノベーションによる開発を進め、22年2月には、プロトタイプの出力を開始、3Dプリンター住宅の先行予約も開始した。24時間で家をつくり、100㎡で300万円以下の住宅を実現したい考えだ。

これからどうなる？

製造品質が厳しく問われる時代に

住宅高性能化への要求は高まる一方で、職人、現場監督などの不足は加速している。設計通りの性能が確実に担保されているのか、住宅会社の製造品質向上をサポートするサービスへの注目度も高まっていきそうだ。

NEXT STAGEは、15年以上にわたり第三者品質監査サービスで培ってきた実績、ノウハウを生かして22年2月、ヒンシツアナリティクスクラウド「QualiZ(クオリツ)」の提供を開始した。設計工程、製造工程、維持管理工程で品質確保に影響を与えるチェック項目を体系化。住宅事業者ごとの施工品質基準の作成のサポートから、住宅製造のあらゆるセグメントで品質を分析、評価し、施工品質に影響を与える問題がどこにあるのかを的確、スピーディに見つけ出しコンサルを行う。また、このクオリツのシステムを用いて建物評価を行い、全国の住宅事業者を対象に、業界初となる、木造戸建住宅の「製造力」を競い合う「Japan Housing Quality Award 2023」を開催する。

KEYWORD 87

ロボット

職人不足を背景にロボット活用への期待高まる

キーポイント

ゼネコン、ハウスメーカーが建設現場に導入
危険作業や負担の大きい作業をロボットが代替
ドローンを活用して住宅の屋根や壁を点検

建設業界の職人不足問題を背景にロボットへの期待が高まり、開発が進み実用化されつつある。ロボットの導入が進むのは、ゼネコンなどが手掛けるビルなどの大規模建設だ。清水建設は2021年2月、東京都港区で施工中の市街地再開発事業において、人工知能（AI）搭載の自律型建設ロボットと人が協働し工事を進める次世代型生産システム「シミズ・スマート・サイト」を導入。第一陣として溶接ロボット「Robo-Welder」を投入し、地下階での巨大な鉄骨柱の溶接を経て、地上階で本格稼働を開始した。ヒトの腕のように動く6軸のアームにより、その先端に装備した形状認識用のレーザーセンサと溶接作業を行うトーチを自在に操り、溶接部位の形状を確認しながら溶接する。制御は大阪大学と共同開発したシミュレータが担う。

西日本電信電話（大阪府大阪市）と、建設現場の省力化・省人化ソリューションを提供する建ロボテック（香川県三木町）は、建設ロボットの遠隔・オペレーション支援環境構築に向けた共同実験協定を22年9月に締結し、実証実験を開始した。建ロボテックの鉄筋結束ロボット「トモロボ」の自律性を高めるための横移動機能・機構を開発するとともに、リモートオペレーターがロボットを遠隔制御・操作するために必要なクラウドロボティクス基盤を構築する。共同実験を通じて「トモロボ」の有用性を検証したうえで、今後は建設業界における異種・複数ロボットの遠隔操作・オペレーション支援に取り組み、建設業における人手不足の解決につながる、人とロボットが協働

する社会基盤の構築を目指す。

大和ハウス工業は、耐火被覆吹き付け作業を自動で行うロボット開発を進める。21年1月、鉄骨の柱や梁をロックウール・モルタルで耐火被覆吹付するロボットを、建設現場（神奈川県横浜市）の実工事に初めて導入。通常、鉄骨の柱や梁をロックウールやモルタルで耐火被覆吹付するためには3人の職人が必要だが、ロボットを使用することで職人を2人にでき、耐火被覆工事の工期も約30％削減できる。また、作業を行う上で必要なデータ入力項目を削減するため、BIMと連動させ、3次元計測機などを併用することで、図面データを用いて経路計画を作成し、数cmの誤差で吹付位置を調整できる。

住宅の施工現場へのロボットの活用を模索する動きも出てきている。積水ハウスは、米国のEkso Bionics社が開発した「Ekso Vest」という上向き作業用アシストスーツを、ダイドー（大阪府河内長野市）と共同で日本の施工従事者向けに改良、18年12月から一部の住宅施工現場への試験導入を開始した。上向き作業をともなう天井石膏ボード施工、躯体施工、軒裏施工、設備工事などにおいて、長時間の作業負担の大幅な軽減を目指す。また、作業負担を軽減することで、高所・危険作業の多い建設現場における安全性確保にもつなげる。

建ロボテックが開発した鉄筋結束ロボット「トモロボ」。土間や鉄筋コンクリート製の床などの単純な結束作業から職人を解放する

これからどうなる?

ドローンで屋根、壁のメンテ

ロボットに関するソリューションとして、ドローンを活用したサービスの普及が加速度的に進みそうだ。22年12月の航空法改正に伴い、ドローンによる有人地帯での目視外飛行や自律飛行などが可能となり、住宅地での高所作業にドローンを活用できるようになった。これを受けて大和リビングは、賃貸住宅の管理業務の効率化・安全化を図るために、ドローンを活用した高所メンテナンスサービスを開始した。同社が管理する約61万戸の賃貸住宅において、建物屋根部の汚れ・割れ・錆の確認、目視で確認できない屋根板や太陽光パネル内部状況を赤外線カメラで確認、雨樋部のゴミの吸引や屋根全体の洗浄作業による排水状況の改善や美観維持といったサービスを展開する。

KEYWORD 88

ＢＩＭ

建築プロセス全体の情報連携で多くのメリット

キーポイント

設計の初期段階から情報共有

フロントローディングで工期前倒し、コスト削減

ＢＩＭ普及へ国のルールづくりが進む

ＢＩＭ（ビルディングインフォメーションモデリング）とは、コンピューター上に作成した建物の3次元モデルの中に、ドアや窓などの材料・部材の仕様・性能、さらに仕上げ、コスト、プロジェクト管理情報などの属性データを追加した建物の統合データベース。企画から設計、積算、施工、維持管理運営まで、建物のライフサイクル全体に及ぶあらゆる工程で、建物のさまざまな情報を有効活用するための仕組みだ。ＢＩＭモデルを使い、設計の早い段階で業務負荷を集中させ、建築物に関する様々な情報を可視化し、各種シミュレーションを実行して設計内容の検証を行うこと（フロントローディング）により、迅速に問題点の改善を図り設計の質を高められる。スケジュールの前倒しやコスト低減といった効果が期待できる。ただ、現状では大手ゼネコンなどが必要に応じてＢＩＭを活用するにとどまっており、設計段階でＢＩＭを活用しても施工、維持管理の段階でその情報が引き継がれていないといった課題が指摘されている。

こうした中で国土交通省は２０１９年6月、「建築ＢＩＭ推進会議」（委員長：松村秀一・東京大学大学院特任教授）を創設し、官民一体での建築ＢＩＭを推進する取組みを始動した。ＢＩＭの本格普及に向けて、ＢＩＭモデルを標準化し、建築プロセス全体での情報連携を進めることが求められていることから、まず第1部会「建築ＢＩＭ環境整備部会」（部会長：志手一哉 芝浦工業大学建築学部建築学科教授）を設置。ガイドラインをとりまとめ20年3月に公表。建築プロセスを横断して

ＢＩＭを活用することを想定し、各事業者の業務の進め方や契約などを標準ワークフローとして整理した。設計から施工段階に、適切にデジタル情報が受け渡され、施工段階の当初から計画的に維持管理ＢＩＭの作成に着手することによって、建設ワークフロー全般にわたって生産性の向上を図ることが期待できる。

ここにきて住宅建築においてＢＩＭを活用する先進的な取り組みをする事業者も登場し始めている。アンドパッドは21年1月、「ＡＮＤＰＡＤ ＨＯＵＳＥ」プロジェクトを立ち上げ、基本計画をスタート。建設地は神奈川県湯河原町で面積約１４０㎡の敷地に建築面積約82㎡、延べ床面積約１５４㎡の2階建の戸建住宅を建設、22年2月に竣工した。このプロジェクトで、大きなテーマの一つとして設定したのがＢＩＭの活用だ。施主である同社をはじめ、設計者、施工者などさまざまなパートナーと協業して、ＢＩＭを活用して情報を共有し、設計段階で課題を察知し適切な対応を取ることで、工程を前倒し、コスト低減といった効果創出につながった。

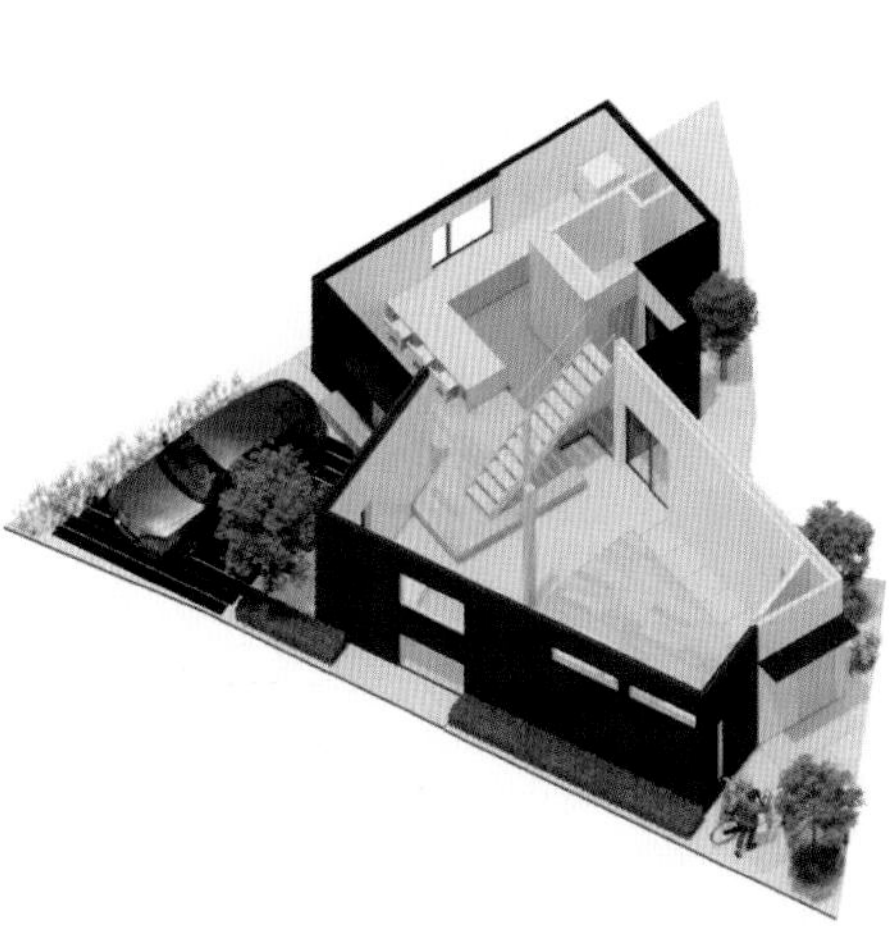

アンドパッドは、BIM活用による住宅建設のプロセス改善を検証した「ANDPAD HOUSE」プロジェクトを実施。神奈川県湯河原町で建設した「ANDPAD HOUSE」のイメージ

これからどうなる?

業務ごとに本当に必要な情報は何か BIM専門職の役割が重要に

BIMの活用に関して現状では、ビルの運用やメンテナンスを行う事業者から「そこまでの情報はいらない」といったことも聞かれる。業務区分のステージごとに適切にデータの詳細度をコントロールすることで、運用者に本当に必要な情報が伝わり、そうしたミスマッチを解消できる。BIMの活用が進む欧米には、建設事業の検討・立案段階から、発注者も含め、さまざまな関係者との調整を行い、業務区分のステージごとに適切にデータの詳細度を決めていく役割を担う「スペックライター」、あるいは「BIMマネージャー」という専門職が存在する。日本においても、今後BIMの本格普及に向け、スペックライターのような専門職ができ、大きな役割を担っていく可能性がある。

KEYWORD 89

DX

デジタル技術がビジネスモデルを変える

キーポイント

20年に政策の最重要課題に

不動産の電子契約が解禁

住生活差基本計画の目標の一つ

DX（デジタルトランスフォーメーション）とは、進化したITの浸透が、人々の生活をあらゆる面でよりよいものへと変革させるという概念のこと。2018年に経済産業省はDXを「企業がビジネス環境の激しい変化に対応し、データとデジタル技術を活用して、顧客や社会のニーズを基に、製品やサービス、ビジネスモデルを変革するとともに、業務そのものや、組織、プロセス、企業文化・風土を変革し、競争上の優位性を確立すること」と定義している。

20年に発足した菅内閣は、DXを政策の最重要課題に掲げ、あらゆる分野でデジタル化を推進し、書面や対面での対応を義務付けている規制の改革を進めた。21年に見直された「住生活基本計画（全国計画）」では、目標の一つに「新たな日常やDXの伸展などに対応した新しい住まい方の実現」を掲げ、「新技術を活用した住宅の契約・取引プロセスのDX、住宅の生産・管理プロセスのDXの推進」を進めるとした。成果指標は「DX推進計画を策定し、実行した大手事業者の割合0%→100%（令和7）」である。

22年は不動産業界のDX元年 広がる電子契約

住産業界においても、さまざまな分野でDXが進む。例えば、不動産契約・取引の場においては、21年からIT重説が本格的な運用が開始、22年5月には不動産取引の電子契約が解禁となった。21年にデジタル改革関連法案が成立、宅地建物取引業法などで定められる書面や押印に関する改正が行われた

導入検討中のDXサービス

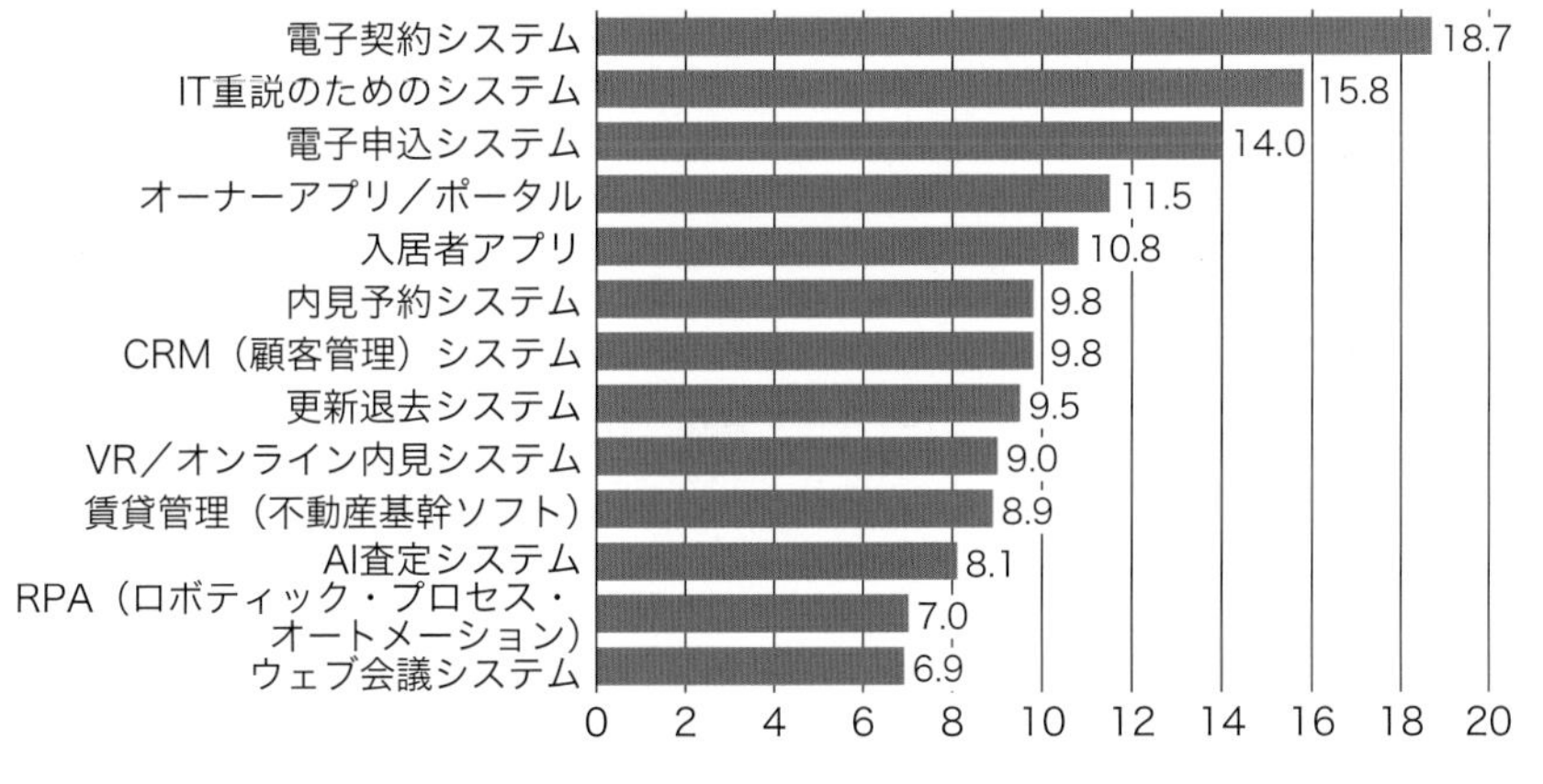

出典：イタンジ、WealthPark、スペースリー、スマサテ、UMAVE、全国賃貸住宅新聞「不動産業界のDX推進状況調査」

ことから、すべての手続きをオンラインで行うことができるようになったものだ。22年が大きなターニングポイントになったことから「不動産業界のDX元年」とも呼ばれている。

こうした電子契約は、印紙代が不用であること、契約を行う時間や場所を問わないことなどのメリットがある。また事業者にとっても業務の効率化に結びつく。

不動産テック4社・2メディアが不動産関連事業に従事する人を対象に行った「不動産業界のDX推進状況調査」によると、契約書面の電子化が可能になった認知度は98・2%とほぼ全て。また、「導入検討中」のDXサービスは「電子契約システム」、「IT重説のためのシステム」、「電子申込システム」がトップ3であった。不動産取引・契約の場の電子化は急速に広がりそうだ。

これからどうなる?

インボイス導入が大きなインパクト

住宅事業者のDXが急速に進みそうだ。ハウスメーカーなど大手事業者が設計、営業、建設、管理などさまざまな部門のDXを進めているのに対し、地域ビルダーなど中小事業者の取り組みはなかなか広がってこなかったのが現実だ。

しかし、ボリューム層である若年層のニーズへの対応からSNSやウェブの活用が不可欠となり、コロナ禍に非対面のコミュニケーションが求められた。また、職人も含めた人材不足への対応、また、引き渡し後の顧客管理までの属人化の解消や、省力化・効率化が求められている。さまざまなデジタルツールの導入で、こうした課題への対応が進む。

こうしたなか23年10月から導入される「インボイス制度（適格請求書等保存方式）」が大きなインパクトとなった。同制度に対応する経理・会計ソフトへの切り替えが進められるなか、どうせならとデジタルツールの導入に踏み切った企業が多くいた。DXの裾野は着実に広がりつつある。

その木は、広いリビングも
中庭もかなえられる、
と教えてくれた。
体感すまいパーク越谷

8

第八章

住まい・暮らしの変化

コロナ禍で生まれた暮らし方の新潮流

KEYWORD 90

新たな生活様式

おうち時間の増加で見直された生活空間

キーポイント

おうち時間の増加で、暮らし方に変化

テレワーク環境は必須条件に

リラックス、リフレッシュ空間へニーズ

コロナ禍で、外出自粛が要請されたことで、対面で行われていた様々な活動がオンラインに切り替わり、家での時間が増加した。住まいにもこれまで以上に目が向けられるようになり、その在り方や過ごし方が見直された。2023年5月、新型コロナウイルス感染症は第5類に引き下げられたが、一方で、コロナ禍で変化した暮らし方は新たなスタンダードとして世の中に定着しつつある。

内閣府の「第6回 新型コロナウイルス感染症の影響下における生活意識・行動の変化に関する調査」によると、23年3月時点のテレワークの実施率（働き方に関する問に対し、「テレワーク（ほぼ100%）」、「テレワーク中心（50%以上）で定期的にテレワークを併用」、「出勤中心（50%以上）で定期的にテレワークを併用」、「基本的に出勤だが不定期にテレワークを利用」のいずれかに回答した人の割合）は、全国で30・0%。東京23区に関しては51・6%と半数以上がテレワークを実施していることが分かった。アットホームによると、22年上半期に賃貸住宅で問い合わせが多かった設備内容の1位は「インターネット接続料無料」で、ネット環境やワークスペースなどテレワークに適した居住空間は当然のものとなってきている。こうしたニーズから、住宅事業者やデベロッパーからは、ワークスペースを設置した住宅やマンションの提案が相次いでいる。

おうち時間の増加で生活環境が見直された

テレワーク環境に加えて、住まいに

2022年上半期 賃貸住宅で問合せの多かった設備（複数回答）

順位	設備	割合（%）
1	インターネット接続料無料	50.9
2	駐車場	39.5
3	オートロック	33.6
4	モニタ付インターホン	29.8
5	宅配ボックス	26.9

出典：アットホーム「不動産のプロが選ぶ！「2022年上半期 問合せが多かった条件・設備〜賃貸編〜」ランキング」

求められるようになったのが、リラックスやリフレッシュを促す機能を持つ空間。四六時中、家にこもることで生まれるストレスや不便さを解消し、快適に過ごすための動きが進んだ。

大きく見直されたのが入浴の時間で、在宅勤務でオン・オフの切り替えが難しくなったことや、家族といる時間が増えたことで一人になってリラックスできる場所として注目が集まった。水流によるマッサージ機能付きのバスタブや、間接照明を充実した浴室など提案が広がる。

また、自宅にいながら開放的な気分が味わえる、庭やバルコニーなどの屋外空間への関心も高まった。

ミサワホーム総合研究所が、20年6月に行なった「新型コロナウイルス影響下における住まいの意識レポート」によると、気分転換できる場所で拡充したい箇所は、「バルコニー・屋上などの外部スペース」が7割とトップで、「庭」、「趣味室、書斎などプラスアルファの個室」と続いた。

屋外空間は、アウトドアリビング、子どもの遊び場、リフレッシュスペースなど様々な用途で活用できるため、ハウスメーカーやエクステリアメーカーは用途に合わせた住宅とエクステリアの空間提案を強化した。

そのほか、オンラインショッピングの普及で宅配ボックスの提案も増えており、コロナ禍による暮らし方の変化が新たな市場を生んでいる。

これからどうなる?

変化に柔軟に対応した提案が求められる

コロナ禍で大きく変わった生活様式だが、新型コロナウイルス感染症が第5類に引き下げられたことで、さらなる変化が予想される。例えば、対面で人と会うことに障壁がなくなったことでリアルとオンラインをどのように使い分け、両立していくかなどが問われる。また、政府は地域活性化に向け、転職なき移住や、多拠点居住を推進している。暮らし方の変化は止まらなさそうだ。暮らしのかたちに捉われず、暮らし方が多様化、流動化するなかで、企業には時代や個人に合わせた柔軟な提案が求められる。

KEYWORD 91

テレワーク

コロナ禍で普及、全国3割・都心5割で推移

キーポイント

コロナ対策で急激に普及

都心では導入率が50%台で推移

移住、住み替えを後押し

新型コロナウイルスが日常に与えた変化のひとつが、テレワークの普及であろう。外出自粛が求められるなか、国は企業に在宅勤務を強く要請したのである。

テレワークは、コロナウイルスの感染拡大以前から国が施策として進めており、2017年5月に閣議決定した「世界最先端IT宣言・官民データ活用推進基本計画」では、20年時点の制度等に基づく雇用型テレワーカーの割合を15・4%にするという目標が掲げられた。しかし、国土交通省の調査によると、16年時点の同テレワーカーの割合は7・7%であったが、19年でも9・8%と伸びはわずかだった。

ところが、コロナ対策により20年の同割合は19・7%と目標を大きく上回った。

内閣府の調査では、全国のテレワークの実施頻度は21年4～5月の30・8%から23年3月は30・0%とほぼ横ばい。東京都23区でも21年4～5月で53・5%、23年3月で51・6%となっており、テレワークが定着してきたことが伺える。

同調査によると、テレワーク経験者の約4割は「働くうえで重視するもの」にテレワークやフレックスタイムなど柔軟な働き方ができることを挙げている。

CO_2排出量削減や地域活性化の後押しにも

首都圏白書では、首都圏でのテレワーク率の増加によって自動車での移動が減少することに着目し、CO_2削減量を試算。通勤時に自動車を使用して

いる全自宅テレワーカーが同日に在宅勤務した場合を想定し、1日当たり最大のCO_2削減量などを都県別に推計した。その結果、21年度の自宅テレワーカー率によるCO_2削減量（実績ベース）は、首都圏全体で約2337tとなり、削減率は9・7%であった。

また、22年6月に閣議決定した「デジタル田園都市国家構想基本方針」では、テレワークや副業・兼業による〝転職なき移住〟を推進し、地方への人財の還流を促すとし、そのための導入支援として、中小企業等に対する専門家による無料相談等のテレワークの導入推進や、テレワークとワーケーションの官民連携による推進も含めた普及啓発活動に取り組むとしている。

このように、人材獲得など企業のメリットだけでなく、地域活性化や環境保全の観点からもテレワークの可能性は注視されている。

テレワーク実施頻度の変化

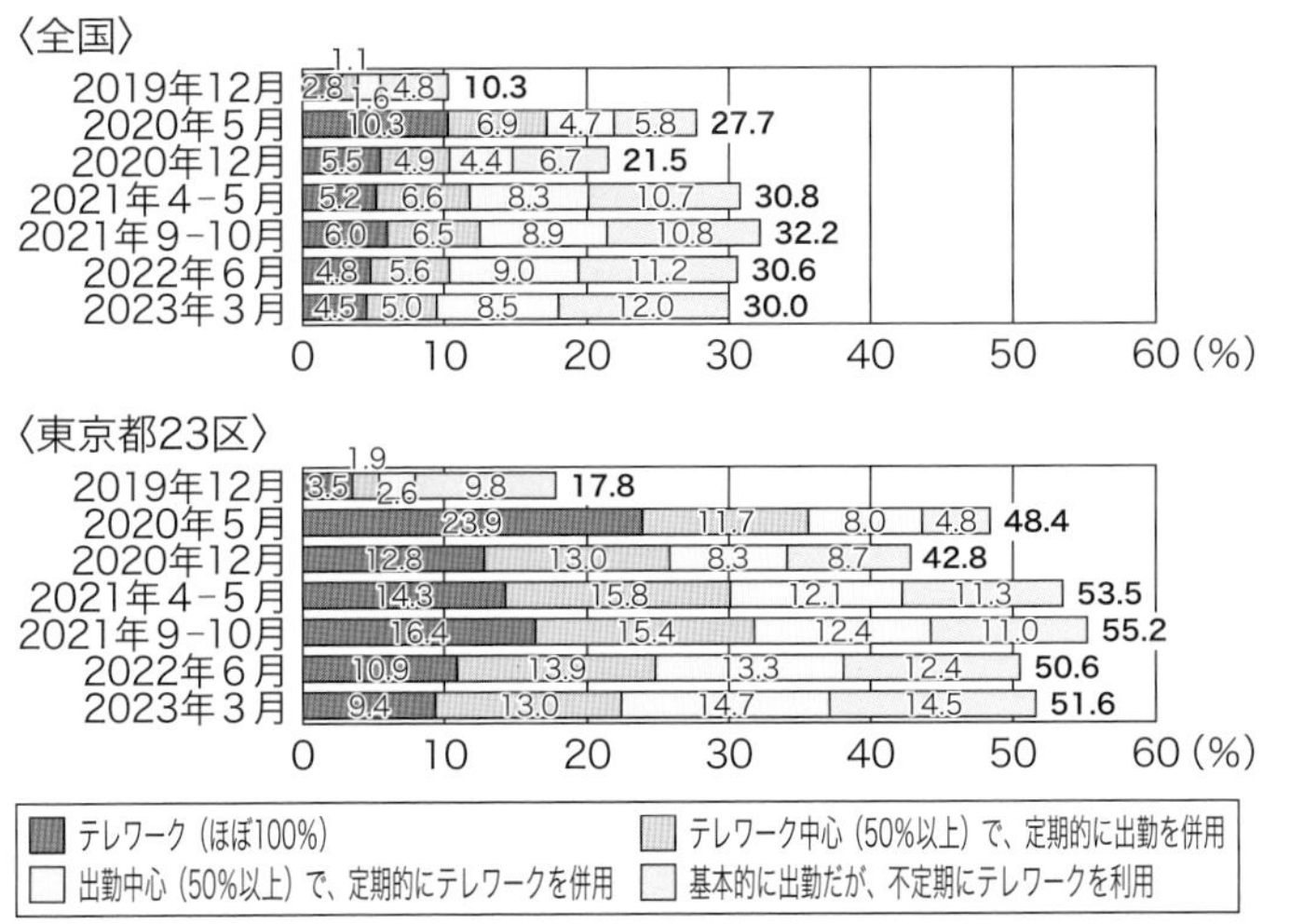

出典：内閣府「第6回 新型コロナウイルス感染症の影響下における生活意識・行動の変化に関する調査」

これからどうなる?

根強いテレワーク要望
出勤とのハイブリッドも増加?

導入の要望が高く、一部では、推進することで、オフィス面積を削減する企業も出てきたテレワーク。一方で、前述した内閣府の調査を見ると、22年と23年の比較では、「テレワーク（ほぼ100%）」、「テレワーク中心（50%以上）で、定期的に出勤を併用」の項目は微減し、「出勤中心（50%以上）で、定期的にテレワークを併用」、「基本的に出勤だが、不定期にテレワークを利用」が微増している。

住宅メーカーの営業などについては「お客様にとって大きな買い物なので、できるだけ会って理想のイメージを共有したい」との声もある。コロナが落ち着き始め、オンラインとリアルをどう使い分けるかもテーマとなりそうだ。

KEYWORD 92

室内空気環境対策

断熱＋気密＋計画換気で快適・健康的な暮らしを

キーポイント

コロナ禍で換気への関心が高まる

第1種換気への切り替えも

快適な空間提案に欠かせない換気

コロナ禍で在宅時間が増えたことにともない、住環境に対する意識が高まった。その一つが「室内空気環境」だ。

新型コロナウイルス感染対策として、社会的に「換気」が求められ、その重要性に対する関心が高まった。政府の感染防止対策の指針では3密回避の一つとして「こまめな換気の励行」をあげ、オフィスや公共空間などはもとより、巣ごもりせざるを得ないなか住まいの空気環境に対する注目が高まったものである。

コロナ禍に行われたさまざまな調査で、こうした意識が明らかにされた。YKK APの価値検証センターが2020年5、9月、21年1月の計3回行った「コロナ禍における生活者の意識調査」によると季節を問わず半数以上がコロナ前に比べて〝換気〟の意識が高まったと回答した。旭化成建材が21年3月に行った「住宅内の空気・換気に関する意識と実態」調査でも、新型コロナウイルス感染拡大前と比べて、自宅の室内の「空気のきれいさ」への関心が「高まった」のは54・9％、また、「室内の換気」については「高まった」のは57・0％と、半数以上が高まったと回答した。

きれいで健康的な室内空気環境を得るためにしっかりと換気を求める人が増えている。

効率的に計画換気を第1種換気設備が注目

住宅の換気については、シックハウス対策として03年の建築基準法改正で、換気回数0・5回／h以上の機械換気設備の設置が義務付けられており、コ

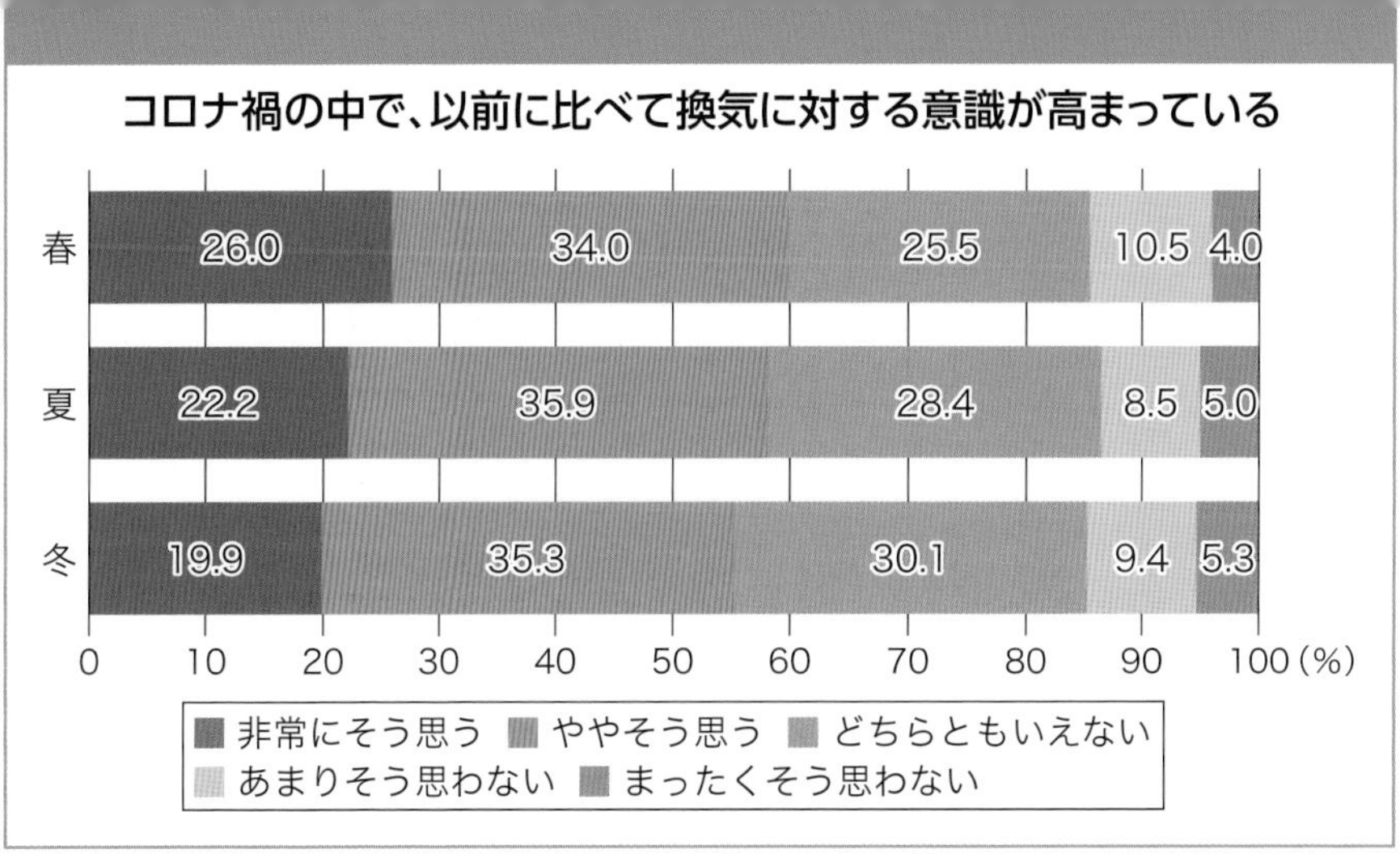

出典：YKKK AP「コロナ禍における生活者の意識調査」

ロナ禍においても、この性能が有効であることが認められている。

室内空気環境に対する不安の高まりに対し、さらなるきれいな空気環境の提案が進んでいる。

換気方式は、給気・排気ともに機械で行う第1種換気設備、給気のみ機械で行う第2種換気設備、排気のみ機械で行う第3種換気設備に分けられる。これまで住宅においては、仕組みがシンプルで、導入・ランニングコストが安価なことを理由に第3種換気設備が多く採用されてきた。しかし、換気に対する注目が集まるなか、効率よく計画的に換気ができる第1種換気の注目が高まっている。第1種換気設備は給排気ともに機械を用い費用がかかることから、これまでは室内空気環境の提案に力を入れる一部事業者の採用にとどまっていたが第3種換気設備から第1種換気設備へと切り替える事業者が出てきた。また、第3種だが計画的に換気が可能なダクト式第3種換気設備の注目度も高まっている。

これからどうなる？

さらなる付加価値提案が加速

今、脱炭素化社会の実現を目指し住宅の高断熱化が進んでいる。断熱等性能等級5が標準になりつつあり、さらに等級6・7への取り組みが広がる。ただ、いくら断熱材を厚くしても隙間だらけでは意味がないことから高断熱化は高気密化と同時に進められることになり、必然的に十分な計画換気が求められるようになっている。言い換えれば、快適な住空間の実現には、断熱、気密、換気はセットだということだ。

新鮮な空気を取り込むだけであれば窓を開ける自然換気が分かりやすいが、暖房・冷房効率の面からも省エネとは言えない。今後、第1種、ダクト式第3種、熱交換型など、さまざまな付加価値の高い換気設備を採用した快適で健康的な空間提案が加速しそうだ。

KEYWORD 93

抗ウイルス

ニューノーマル時代の基本性能として定着

キーポイント

家庭内感染の不安へ提案が加速
床、壁、手すりなどさまざまな商品で対応
第三者機関の認証取得が広がる

新型コロナウイルスの感染拡大のなか、住まいに対する新たなニーズが次々と生まれた。その一つが「抗ウイルス」である。

抗ウイルスは、JISやISOで試験方法が規定されている。簡単にいうと、抗ウイルス加工製品と未加工製品を接触し、一定時間後に活性ウイルス数の減少値の対数差が2~3以上であれば抗ウイルス効果があると認定される。

ただ、抗ウイルス加工は細菌感染性が低下するものではなく、ウイルスに感染しない、また、ウイルスの感染率が低下するといったものではなく、室内の快適性、清潔性を担保するものである。

コロナ感染拡大対策として外出制限が行われ〝巣ごもり〟が進んだ。しかし、仕事や買い物などの外出は避けられず、その外出先からウイルスを家の中に持ち込み、家庭内感染を起こすことが危惧された。

こうしたなか住宅側の提案として大きく進んだ提案の一つが、この抗ウイルス加工製品の採用だ。

ドアノブや引手、手すりなど直接人の手が触れる部分はもちろんのこと、床材や壁材といった内装材において抗ウイルスを謳う製品が相次いで開発された。

第三者のマーク取得で信頼性を担保

こうした製品の抗ウイルス性の担保として急速に広がったのが(一社)抗菌製品技術協議会(SIAA)による「SIAA抗ウイルスマーク」の認証で

ある。

同協議会は抗菌剤・抗菌加工製品メーカー、試験機関が集まった団体で、抗菌加工製品に求められる品質や安全性に関するルールを整備、そのルールに適合した製品に「SIAAマーク」の表示を認めている。抗菌、防カビ、そして抗ウイルスの3種のマークがある。

コロナ禍では抗ウイルスの申請が殺到し、取得までに長く待たなければならないほどであった。例えば、20年には朝日ウッドテックが床材で、永大産業がレバーハンドルや引手などを、大建工業はカウンタートップや手すりなどでSIAA抗ウイルスマークを取得している。また、壁紙でもその動きが進んだ。リリカラは20年にSIAA認証を取得した抗ウイルス壁紙を発売している。

また、(一社)繊維評価技術協議会は、機能性繊維を対象にした製品認証マーク「SEK」を提供している。抗菌防臭加工、抗ウイルス加工などが対象で、機能性・安全性を第三者試験機関による試験結果を踏まえ製品認証を行うものだ。

SIAAマーク

SIAA ISO 22196 抗菌加工

SIAA 防カビ加工

SIAA ISO 21702 抗ウイルス加工

これからどうなる?

機能の選択・使い分けが重要

今、抗ウイルス製品の取り組みは一段落したきらいがある。ただ、それはコロナ禍の収束にともなって不要になったというよりは、抗菌機能がそうであったように、内装建材などに求められる付加価値機能の一つとして根付いたということだろう。コロナ禍を通じて抗ウイルス製品はニューノーマルな暮らし提案する際の定番アイテムとなった。標準仕様とした住宅事業者もいる。

今、建材や内装材にはさまざまな付加機能を持つ者が多い。抗菌や抗ウイルスだけでなく消臭や防汚機能が、また、窓まわりであれば日射遮蔽さや断熱、遮光などもある。住宅のなかの場所や用途などに応じて、こうした機能を選択し、使い分けることで室内の空気室環境や衛生環境を改善し、快適性を高めることができよう。

KEYWORD 94

移住・住み替え

郊外・地方への住み替えニーズが高まる

キーポイント

コロナ禍が首都圏一極集中に風穴

郊外、地方とさまざまな移住希望

働き方・暮らし方の意識の変化が背景

コロナ禍を通じて移住や多拠点居住などの動きが進んでいる。テレワークが一般化して居住地を選ぶ時に職場の立地の制約が薄れてきたことから、暮らす場所の選択肢が増えてきた。

総務省の「住民基本台帳人口移動報告」によると、コロナ禍で人が大きく移動してきたことがわかる。人口が集中する東京都の転入超過は2014〜19年に年間7万〜8万人台で推移してきたが、21年には5433人と2年連続して過去最少を更新した。特に特別区部で顕著で、年間5万〜7万人台の転入超過が20年には1万3034人、21年はついに転出数が転入者を上回り、初の転出超過となった。しかし、22年は、コロナ禍が収束に向かうなかで東京都全体の転入超過数は前年から約7倍も増加、23区は2万1420人と21大都市の中で最も大きくなった。経済活動の正常化が進むなか東京回帰が進んだとみられる。

ただ、コロナ禍を通じて新たな働き方が定着した。新型コロナウイルスが5類に移行しても、オフィスと在宅のハイブリッド勤務やフリーアドレス制など新たな働き方は続けられている。

一方、人々の意識も大きく変わった。ニッセイ基礎研究所の調査によると、「在宅勤務を利用したり、転職したりして、郊外や地方に居住したい」と回答した人は約2割であり、年代が若い人に移住希望が強い。また、いずれの地方でもまんべんなく移住希望がみられ、各地方でも都市部から郊外部へ移住したい人がいる。同調査では、せっかく増えた家族との時間をゆったり快適に暮らしたいという住まいへの意識、よ

「在宅勤務を利用したり、転職したりして、郊外や地方に居住したい」への意向 ライフステージ別

	そう思う	ややそう思う	どちらとも言えない	あまりそう思わない	そう思わない
全体	5.4	15.9	42.4	18.0	18.4
独身	5.4	13.7	43.2	18.4	19.3
結婚	9.0	14.3	49.0	13.3	14.3
第一子誕生	12.5	20.0	37.5	13.3	16.7
第一子小学校入学	2.8	24.3	42.1	8.4	22.4
第一子中学校入学	9.1	12.7	40.0	16.4	21.8
第一子高校入学	2.0	21.6	47.1	15.7	13.7
第一子大学入学	4.1	21.6	40.5	23.0	10.8
第一子独立	3.1	12.3	38.5	26.9	19.2
末子独立（結婚・就職）	2.9	17.5	42.3	18.2	19.0
孫誕生	1.6	16.4	38.1	23.3	20.6

出典：ニッセイ基礎研究所「地方・郊外移住を希望するのはどんな人か」より

り自分の好きなことをしたいという意識が高まり、ふさわしい住環境を求めている可能性を指摘している。

郊外移住だけでなく地方移住も本気度の高い相談が増

働き方が変わるなか、都市部から郊外へという動きが進むだけでなく、都市部から地方へという本格的な移住ニーズも強まっているようだ。NPO法人ふるさと回帰支援センターによると、22年の窓口とセミナー・相談会等による相談件数は5万2312件（前年比5・2％増）となって2年連続で過去最多となった。移住希望地では地方都市と農村を希望する人が増え、移住時期は「一年未満」が増加と、移住希望地が明確な本気度の高い相談が増える傾向にあるという。

働き方の変化、ライフスタイルの変化などを受け、〝移住〟という選択肢が社会的に認知されていくなか、その動きが広がっていきそうだ。

これからどうなる?

暮らし・意識の変化が移住につながる

ニッセイ基礎研究所の調査では、一口に移住といっても、子どもの誕生や成長にあわせて広い住まいを求めてる人の一方で、子どもの独立間近に夫婦だけで快適な住環境を求め移住、家族との時間を大切にしたいという一方で個人の時間を大切にしたいという移住、雇用上の悪化や収入減に不安を抱える人が住宅費や物価の安い郊外や地方へ移住と、さまざまなニーズがあることが分かる。単にテレワークが広がったからというだけでなく、さまざまな暮らしの変化、意識の変化が「移住」に目を向けさせているようだ。

こうしたニーズに応える取り組みが、これまでと異なる新しい「移住」の市場拡大につながるのではないだろうか。

もっといい家を。
もっといい未来のために。
家づくりの開拓者として。
大和ハウスは住まいの安心や心地よさを
つねに高めてきました。
そして、サステナブルな街づくりを見据えて。
エネルギーゼロの家や建物をつくるとともに、
街全体にも広げ、
脱炭素化社会の実現をめざします。
これまでの常識を「再耕」し、
人、街、暮らしを豊かにする
これからの家づくりを。
家は、生きる場所へ。

MARE
WOOD RESIDENCE
xevo Σ PREMIUM
PREMIUM
GranWood
xevo Σ
skye3
xevo Σ 平屋暮らし

9

第九章

デジタル田園都市

デジタル実装が描く新たな街づくり・暮らしづくり

KEYWORD 95

デジタル田園都市国家構想

デジタル活用で地域を活性化

キーポイント

どこでも誰もが便利で快適に暮らせる社会
デジタル実装で地方を活性化
「まち・ひと・しごと」に代わる総合戦略を策定

「デジタル田園都市国家構想」は、2021年に岸田政権が「新しい資本主義」の具体的な施策の一つとして打ち出したもので、デジタル技術を活用することで地方の社会的課題を解決、持続可能な経済社会の実現や新たな成長を促す。22年6月に「デジタル田園都市国家構想基本方針」が、12月に「デジタル田園都市国家構想総合戦略」が閣議決定された。

同構想は「心豊かな暮らし（Well-Being）」と「持続可能な環境・社会・経済（Sustainability）」、「全国どこでも誰もが便利で快適に暮らせる社会」を実現することが目的。地域の豊かさをそのままに、都市と同じ、または違った利便性と魅力を備えた、魅力あふれた新たな地域づくりを目指す。

その目的の実現に向けたロードマップが「デジタル田園都市国家構想総合戦略」で、これまで取り組みが進められてきた「まち・ひと・しごと創生総合戦略」に代わる地域活性化の5カ年計画だ。この総合戦略を踏まえ、それぞれの地域が、その個性や魅力を生かす地域ビジョンを掲げる「地方版総合戦略」を策定することになる。

東京から地方へ人の流れをつくる

具体的な取り組み方針は、①デジタルの魅力を活用した地方の社会的課題解決・魅力向上、②デジタル基盤整備、③デジタル人材の育成・確保、④誰一人取り残されないための取組―という4点。

①は、地方に仕事をつくる、人の流

主な重要業績指標（KPI）

分野	KPI
デジタルの力を活用した地方の社会課題解決	地方公共団体1000団体が2024年度までにデジタル実装に取り組む
	2024年度末までにサテライトオフィス等を地方公共団体1000団体に設置
	地域づくり・まちづくりを推進する　ハブとなる経営人材を国内100地域に展開
構想を支えるハート・ソフトのデジタル基盤整備	光ファイバーの世帯カバー率について、 2027年度末までに世帯カバー率99.9%とすることを目指す
	5Gの人口カバー率を2030年度末までに99%とすることを目指す
	全国各地で十数カ所の地方データセンター拠点を5年程度で整備する
デジタル人材の育成・確保	2026年度末までに、デジタル推進人材230万人育成を目指す
誰一人取り残されないための取組	デジタル推進委員を2022年度に全国2万人以上でスタート

出典：内閣府資料より

れをつくる、結婚・出産・子育ての希望をかなえる、魅力的な地域をつくる、という視点から取り組みを進める。ＫＰＩ（達成すべき重要業績指標）として「地方と東京圏との転入・転出を均衡（27年度）」など掲げる。

②は、デジタルインフラの整備、データ連携基盤の構築、エネルギーインフラのデジタル化など、それぞれの地域のデジタル実装に向けた取り組みを支えるための環境整備を進める。

③はデジタル活用を支える人材が質・量ともに不足していることを踏まえ、いつでも誰でもデジタルスキルを習得できる環境整備を行う。

④はデジタル技術に慣れていない人、これらを利用しない人なども含め、デジタル化の恩恵をあらゆる人が享受できる環境を整備する。

これからどうなる?

デジタル実装の地域づくりが広がる

内閣府は「デジタル田園都市国家構想交付金」により、デジタルを活用した地域の課題解決や魅力向上の実現に向けた支援を行っている。22年度補正予算による交付金（デジタル実装タイプ）の交付対象は994団体、1847事業。いわば第一歩の取り組みといえるTYPE1がほとんどを占めるが、オープンなデータ連携基盤を活用するモデルケースとなり得る。

全国各地でこうした先進的な取り組みが広がりつつある。今後、「デジタル実装」を軸とする地域活性化の動きが急速に広がりそうだ。

KEYWORD
96

地方創生

総合戦略で活力ある地域社会の姿を描く

キーポイント

「まち・ひと・しごと」から「デジタル田園」へ
魅力ある地域づくりを加速
東京から地方へ人の流れをつくる

わが国の人口は2008年をピークに減少局面に転じ、今後も加速度的に進むことが予測されている。国立社会保障・人口問題研究所の「日本の将来推計人口（平成29年推計）」では、総人口は15年の1億2709万人から65年には8808万人にまで減少、高齢化率は26・6％から38・4％に上昇すると推計している。人口減少による消費・経済力の低下が、わが国の経済社会に大きな影響を与えることは間違いない。

こうしたことを背景に、14年に「まち・ひと・しごと創生法」が施行された。人口の急激な減少、また、超高齢社会という大きな課題に対し、各地域がそれぞれの特徴を生かした自律的、持続的な社会を創生することを目的とした。同法に基づいて14年に策定されたのが「まち・ひと・しごと創生総合戦略」で、19年度からの第2期総合戦略では、「稼ぐ地域をつくるとともに、安心して働けるようにする」、「地方とのつながりを築き、地方への新しいひとの流れをつくる」、「結婚・出産・子育ての希望をかなえる」、「ひとが集う、安心して暮らすことができる魅力的な地域をつくる」という4つの基本目標と、「多様な人材の活躍を推進する」、「新しい時代の流れを力にする」という2つの横断的な目標を掲げた。

新型コロナウイルス感染症の拡大を受け、20年には「まち・ひと・しごと創生基本方針2020」を策定し、あらためてその進め方を提示した。例えば、スーパーシティ構想の推進などデジタル・トランスフォーメーション（DX）により地域課題の解決を図るまちづくりなどの支援を強化した。

わが国の人口の推移と長期的な見通し　出生中位(死亡中位)推計

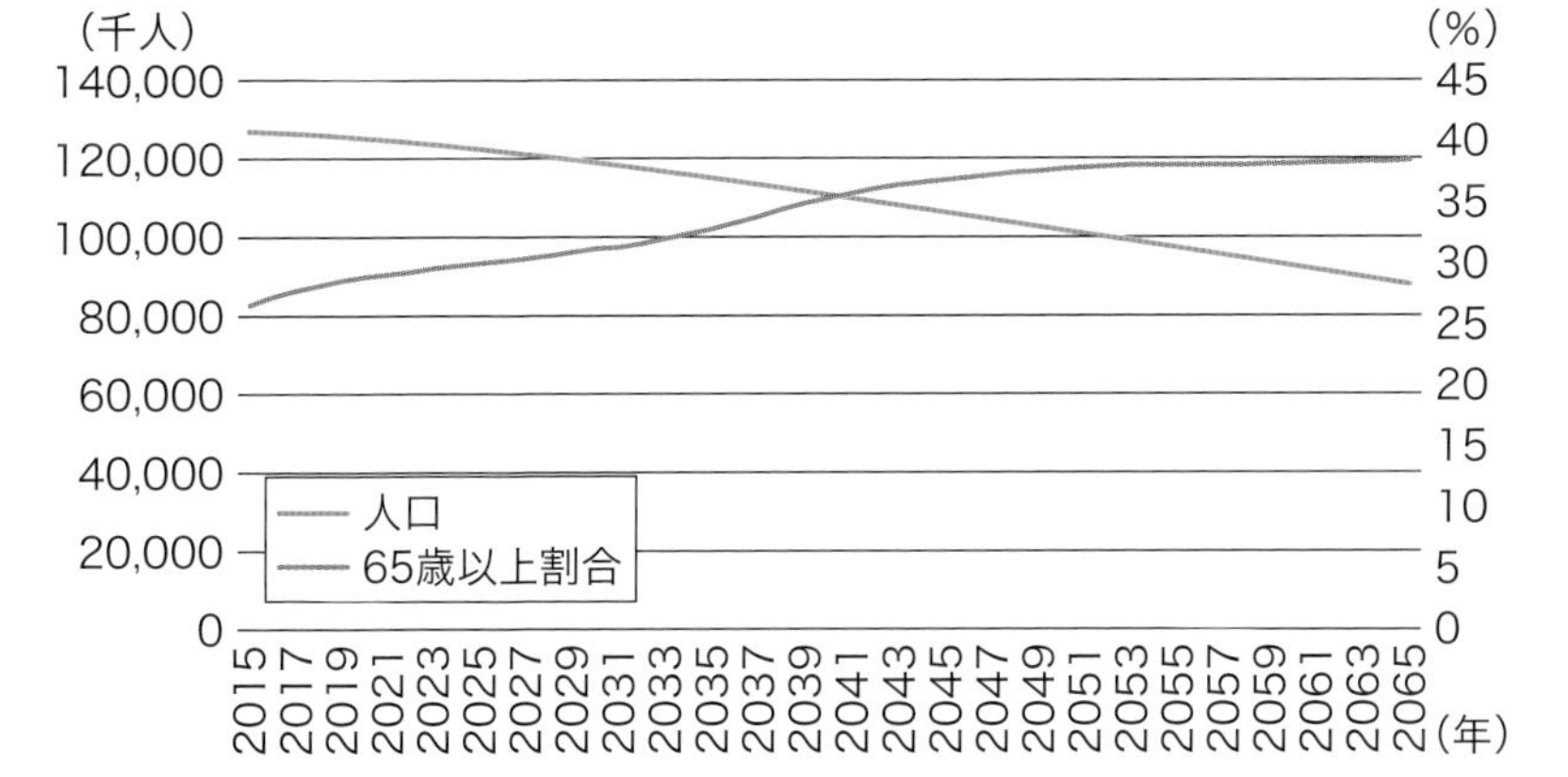

出典:国立社会保障・人口問題研究所「日本の将来推計人口(平成29年推計)

デジタル実装で持続可能な経済社会を

この流れを受け継ぐ形で、21年に岸田政権が打ち出したのが「デジタル田園都市国家構想」だ。

デジタル技術を活用することで地方の社会的課題を解決し、持続可能な経済社会の実現を目指すものである。そして22年12月には「まち・ひと・しごと創生総合戦略」に代わる「デジタル田園都市国家構想総合戦略」が閣議決定された。デジタル実装を通じて地域を活性化、魅力的な地域をつくることで東京圏から地方圏へと人の流れをつくることを具体的な取り組みの柱の一つに掲げている。

「デジタル実装」という新たな切り口が加わったが、「魅力ある地域をつくる」という基本的なゴールは「まち・ひと・しごと創生総合戦略」から変わってはいない。暮らしを担う住産業界がそこで担う役割もまた大きなものがある。

これからどうなる?

脱・東京 一極集中が正念場

年間7万～8万人で推移してきた東京都の転入超過数がコロナ禍で減少、20年は3万1125人、21年には5433人と激減した。また、21年は東京23区で初の転出超過ともなった。テレワークの普及を背景に、郊外への人口移動が進んだものとみられる。しかし、22年は転入超過数3万8023人、特に都区部は転入者が前年比1万9469人増。経済の正常化が進むなか東京回帰が始まっている。

デジタル田園都市国家構想総合戦略では、KPIの一つに「地方と東京圏との転入・転出を均衡(27年度)」を掲げる。「まち・ひと・しごと創生総合戦略」から一貫して取り組まれている「東京圏への一極集中の是正」という大きな目標の達成に、正念場を迎えている。

KEYWORD 97

ウェルビーイング

地域の豊かな暮らし実現のキーワード

キーポイント

デジタル田園都市国家構想の最終目的

LWC指標を設定し幸福度を測定

まちづくりへの応用にも期待

デジタル田園都市国家構想の目的にあげられているのが「地域で暮らす人々の豊かな暮らし＝Ｗｅｌｌ・ｂｅｉｎｇ」の向上だ。同構想は「大都市の利便性」と「地域の豊かさ」の融合を目指すが、あくまで、そこでの〝人の暮らし〟に焦点が当てられているのである。

「Ｗｅｌｌ・ｂｅ·ｉｎｇ」とは、「身体的・精神的・社会的に良好な状態にあること」を指す。同構想においては、街全体が目指す価値観を明示するために「市民の幸福感を高めるまちづくりの指標＝Ｌｉｖｅａｂｌｅ Ｗｅｌｌ・Ｂｅｉｎｇ Ｃｉｔｙ指標（ＬＷＣ指標）」を導入した。主観的な幸福感の指標となる「心」、活動実績の指標である「行動」、生活環境の指標である「環境」という3つの領域から「Ｗｅｌｌ・ｂｅ·ｉｎｇ」にアプローチする。

具体的には、ＬＷＣ指標は5指標・56因子で構成される。「地域生活のＷｅｌｌ・ｂｅｉｎｇ」は、暮らしのなかで感じる主観的幸福感に影響する因子を抽出したもの。「協調的幸福」は地域の協調的な豊かさを多面的・多次元的に評価する。「ＡｃｔｉｖｅＱｏＬ」は日々の生活活動に基づく評価手法。「センシュアス・シティ＋寛容性」は他人との関係性の指標と体験から五感で知覚する身体的指標、寛容性の有無で計測する。「暮らしやすさ」は身体・社会・精神の健康にかかわる地域の生活環境の測定指標だ。

家づくり・まちづくりへの活用も

例えば、「地域生活のＷｅｌｌ・ｂｅ

LWC指標の構成

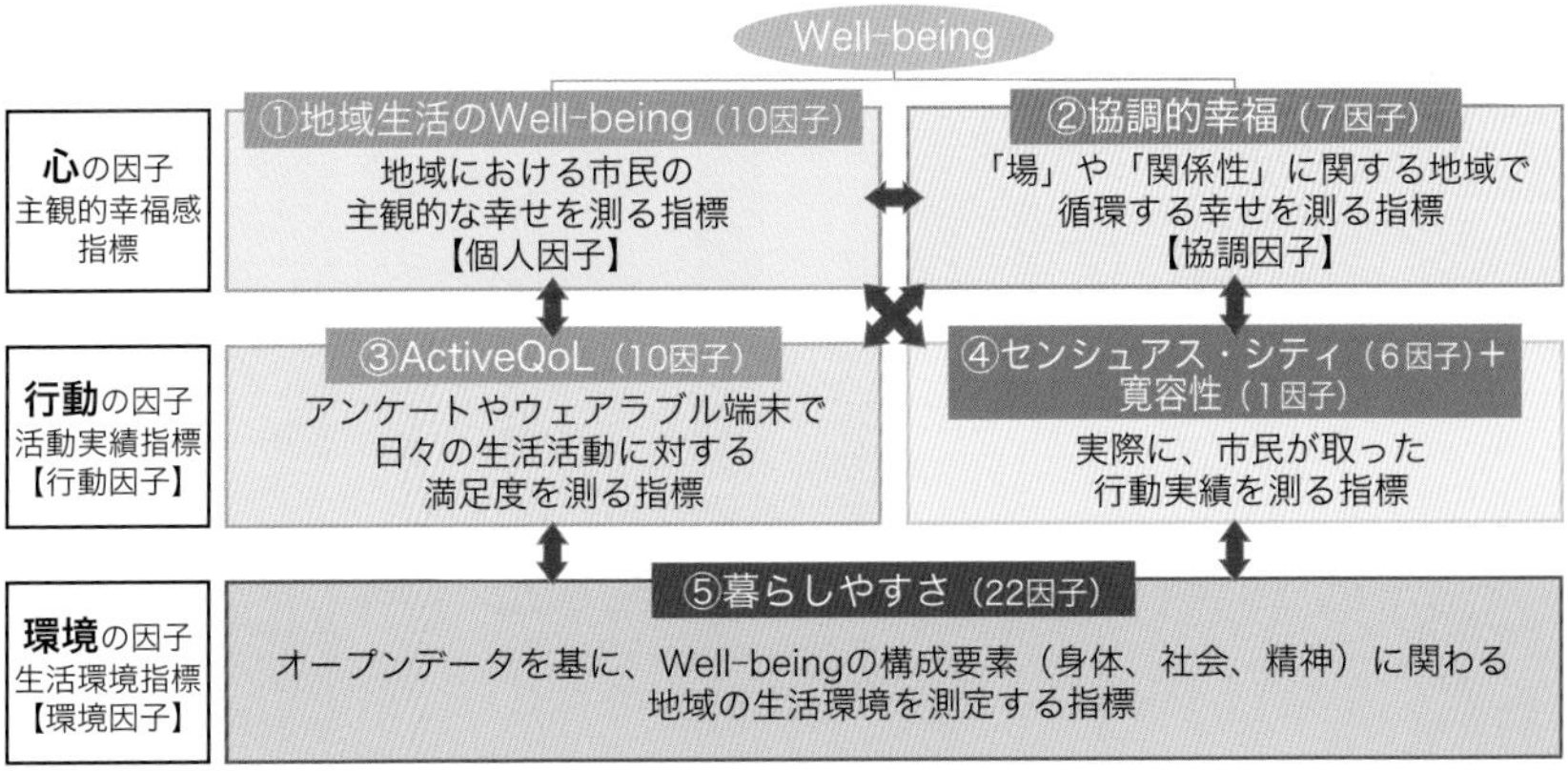

出典：「LWC指標利活用ブック」（デジタル庁（一社）スマートシティ・インスティテュート）より作成

ing」では、生活の利便性、自然の体感、居住空間の快適さ、健康状態など10因子をあげ、それぞれ3つの設問に対し「全くあてはまらない」〜「非常にあてはまる」の5つの回答を点数化して幸福度を測る。

同構想においては、各自治体がこのLWC指標をアレンジして活用し、それぞれの地域の価値を把握、施策の評価に活用する。自分の地域がどのような特徴を持っているのか、どのような強みを持っているのかを把握して施策に生かす、また、継続的に調査を行うことで施策の結果を評価することも可能となるわけだ。デジタル田園都市国家構想推進交付金のTYPE2／3では、この指標による測定が交付の要件となっている。

LWC指標は自治体が活用することを前提としているが、その5指標・56因子の考え方は住宅団地やマンション、また、個別の住宅一棟一棟に応用できるものが多く、その活用が期待されている。

これからどうなる?

変わらぬ価値
幸福の追求を

今、ライフスタイルの多様化、社会環境の変化などを背景に住まいに対するニーズが大きく変わりつつある。

一方、電気・ガスなどエネルギーや食品など物価の上昇、収入の減少など、不安定で先行き不透明な社会への不安も広がっている。

こうしたなかで住宅産業においては、住宅の機能や性能の向上という快適性や利便性の向上はもとより、その先にある居住者のウェルビーイングの実現に向けた取り組みが重要になってこよう。

価値観が大きく変わりつつあるが、暮らしに対するニーズの根本には「幸福感」、「満足感」があることに変わりはないはずだ。

KEYWORD 98

データ連携基盤

さまざまなデータを連携させて新たな価値を創出

キーポイント

デジタル田園都市の柱の一つ

エリアごとに一つの基盤を整備

データ連携で新サービスを創出

「デジタル田園都市国家構想総合戦略」の大きな柱の一つが「デジタル基盤整備」。これはデジタル田園都市国家構想の実現に向け、国が①デジタルインフラの整備、②マイナンバーカードの普及促進・利活用拡大、③データ連携基盤の構築、④ICTの活用による持続可能性と利便性の高い公共交通ネットワークの整備、⑤エネルギーインフラのデジタル化等、それぞれの地域のデジタル実装に向けた取組を支えるための環境整備を進めるものだ。

「データ連携基盤」とは別名「都市OS」とも呼ばれ、同構想では、都道府県や市町村単位で、エリアごとに一つ整備することを想定している。

サイバー空間にはさまざまなデータが散在している。同構想では、これらを社会共通の財産として捉え、連携させることで新たなサービスを生み出そうとしている。

例えば、医療と交通のデータを連携すれば、病院の予約を取ると自動でバスが迎えに来るというサービスが実現できる。このデータ連携を実現するうえで必要になるのが、医療分野、交通分野それぞれの分野におけるデジタル化とデータの連携だ。この医療分野におけるさまざまなデータを集約し連携するのが医療分野のデータ連携基盤となる。そして医療分野と交通分野をつなぐために必要となるのが、それぞれのデータを共有する地域ごとのデータ連携基盤＝都市OSとなる。

同構想では、このデジタル連携基盤を整備することで、国と地方、地方と準公共と企業間などのサービス利活用を進めようとしている。

新たなサービス連携のイメージ

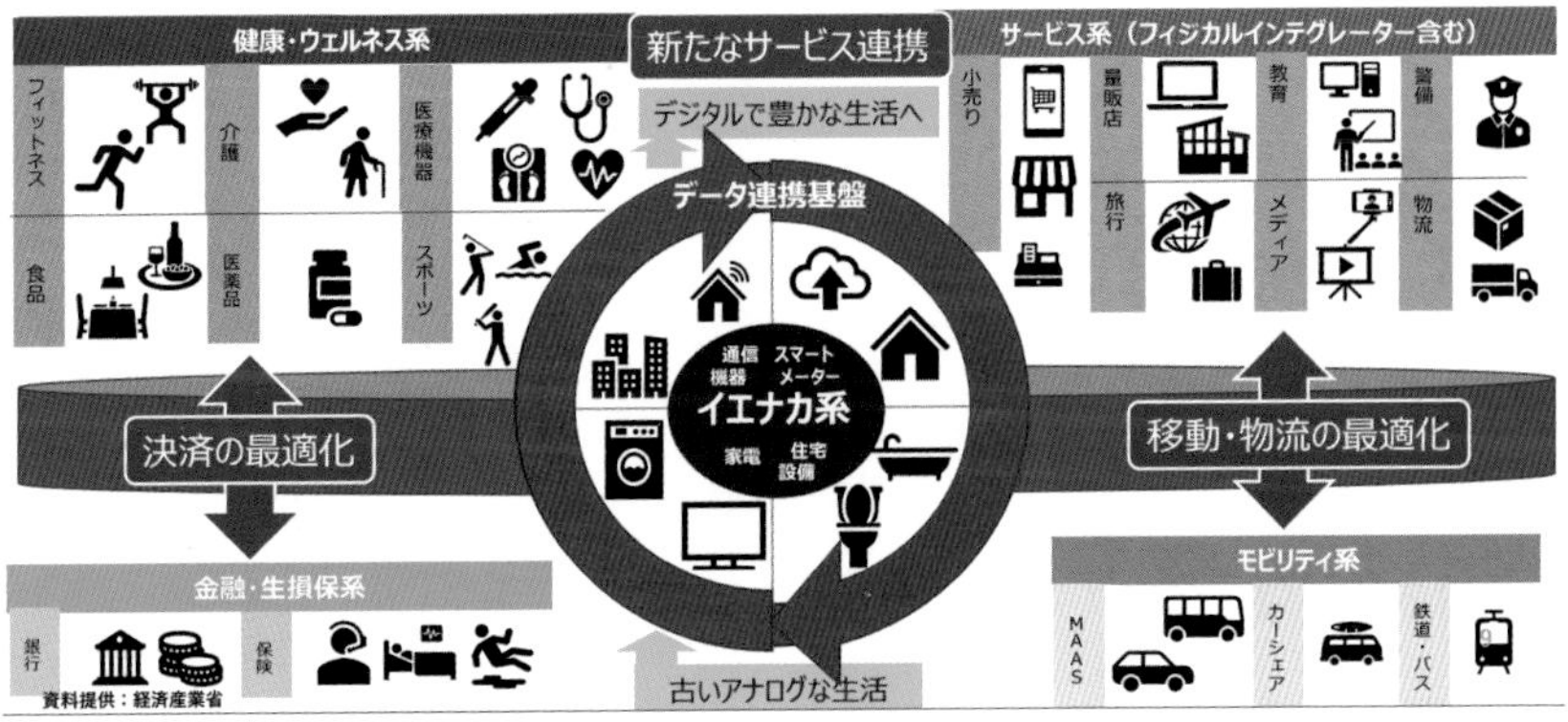

出典:内閣府

スマート家電のデータを生かす

今、さまざまな分野で、このデータ連携基盤の構築が急ピッチで進められている。暮らしの分野においては（一社）電子情報技術産業協会（ＪＥＩＴＡ）のスマートホーム部会と（一社）エコーネットコンソーシアムが「新サービス創造データ連携基盤検討会」を設置している。さまざまなプラットフォーマーなどが住宅のＩｏＴ化を通じて得る暮らしに関する膨大な「イエナカデータ」を連携基盤に集約し、その利活用を広げ、社会実装に向けた検討を進めるものだ。

現在、住宅内においてはさまざまな機器からデータが収集されているが、その活用による新たなサービス創出までに至っていない。データ連携基盤の整備は、スマートホームの新たな価値創出につながる可能性が高い。

これからどうなる?

新住生活サービス実現にデータ活用が鍵

「人口増加局面では需要が供給に合わせてきたが、人口減少局面では供給が需要に合わせる経済となる」とデジタル庁は指摘する。つまり、これまではバス会社が運行時間を決め、利用者はバス停でバスを待っていたが、これまでは乗客の都合にあわせて迎えの車が来る時代になる。この転換を実現するためには、リアルタイムの需要把握が必要で、データ連携が不可欠だ。
デジタル化してデータ連携すればこういうことができる、という発想からではなく、社会が変わり、それに合わせたビジネスモデルを構築するうえで、データ連携が不可欠だということもできよう。今後、住宅産業界がどのような住生活サービスを打ち出し、新たなビジネスモデルを構築していくことができるかーイエナカデータの活用と、そのデータ連携は大きな鍵となりそうだ。

KEYWORD 99

脱炭素先行地域

2030年度までに全国100カ所で脱炭素を実行

キーポイント

脱炭素ロードマップで位置づけ

CO_2排出ゼロを実現する地域

2025年度までに100地域を選定

地域の企業立地・投資上の魅力を高め、地域の産業の競争力を維持向上させる」と、脱炭素を地域の成長戦略と位置付けていることがポイントとなっている。

その具体的な施策としてまず挙げたのが「脱炭素先行地域」だ。農山漁村、離島、都市部の街区など多様な地域において、地域課題を解決し、住民の暮らしの質の向上を実現しながら脱炭素に向かう取り組みの方向性を示すとした。

地方自治体や地元企業・金融機関が中心になり、少なくとも100カ所の脱炭素先行地域で、25年度までに脱炭素に向かう地域特性などに応じた先行的な取り組み実施の道筋をつけ、30年度までに実行するとしている。

「デジタル田園都市国家構想」において、目指すべき地方の取り組みをイメージしやすいビジョンの類型の一つとして例示されたのが「脱炭素先行地域」である。

これは2050年カーボンニュートラル実現に向け、民生部門（家庭部門及び業務その他部門）の電力消費に伴うCO_2排出の実質ゼロを実現し、運輸部門や熱利用なども含めて、その他の温室効果ガス排出削減についても、わが国全体の30年度目標と整合する削減を地域特性に応じて実現する地域のこと。

21年6月、「国・地方脱炭素実現会議」が「地域脱炭素ロードマップ」を公表した。30年までに集中して行う取り組み、施策を中心とする地域脱炭素の工程と具体策である。特に、「脱炭素をできるだけ早期に実現することが、

選定済みの脱炭素先行地域

年度別選定提案数（共同で選定された市町村は1提案としてカウント、括弧内は応募提案数）

R4	
第1回	第2回
26 （79）	20 （50）

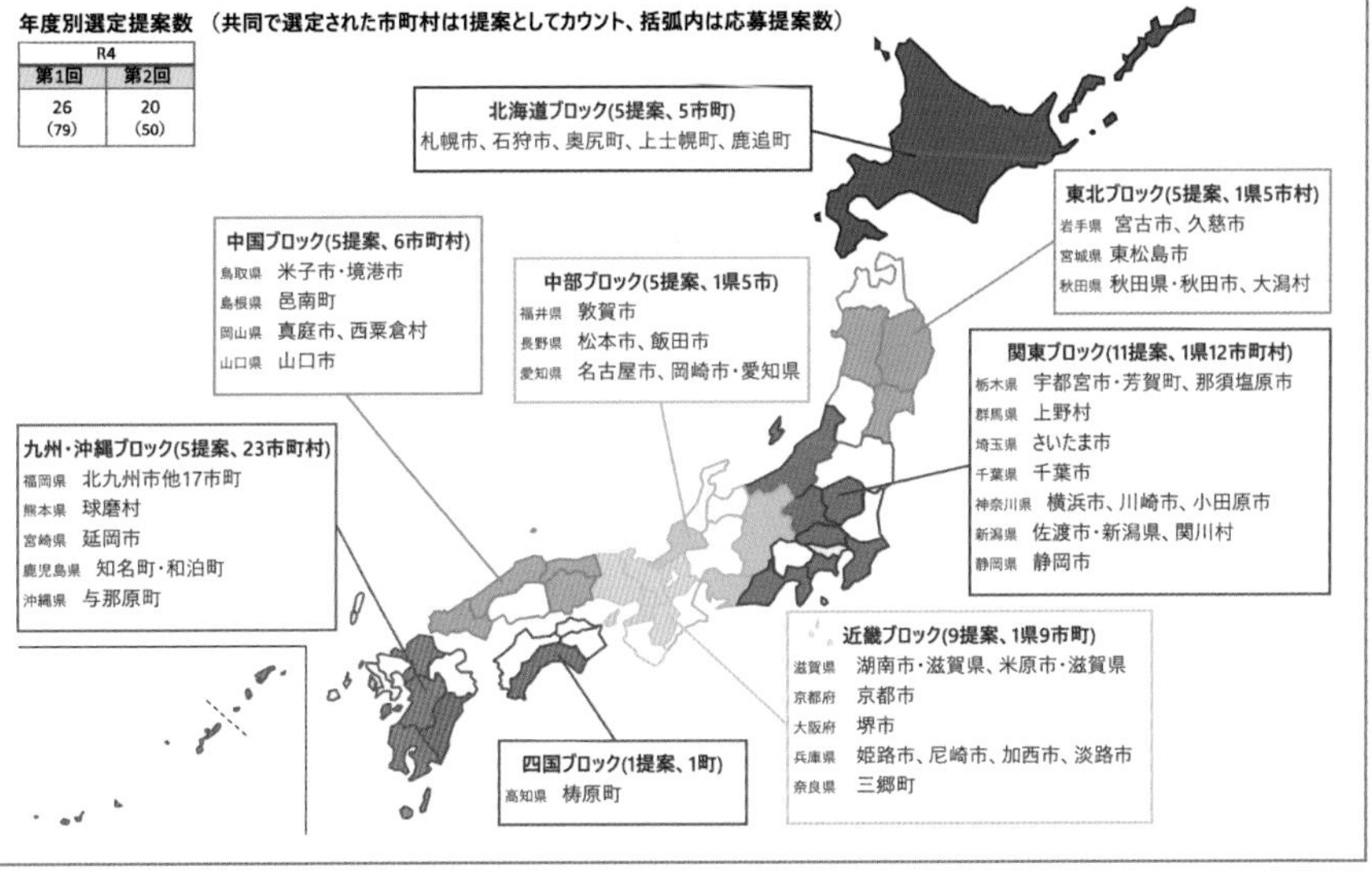

出典：環境省

第3回募集からは民間との共同が必須に

具体的には、環境省が募集、地方公共団体が計画を提案し、評価委員会の審査、ヒアリングを通じて選定され、「地域脱炭素移行・再エネ推進交付金」が公布される。22年4月に第1回、11月に第2回の選定が行われ、計46提案が選定されている。23年2月に行われた第3回募集では、新たに「重点選定モデル」が新設され、関係省庁と連携した施策間連携、複数の地方公共団体が連携した地域間連携、地域版GXに貢献する取組み、民生部門の電力以外の温室効果ガス削減の取組みに該当する優れた提案を優先的に選定。計画の実現性を高めるため、民間事業者等との共同提案を必須とした。第4回募集は23年8月を予定している。

地域における脱炭素の取り組みが確実に広がりつつある。

これからどうなる？

脱炭素が地域活性化を促す

脱炭素ロードマップでは、脱炭素の取組みについて産業、暮らし、公共などあらゆる分野で地域の強みを生かして地方創生に寄与するよう進めることが重要とする。特に重視するのが地域資源の最大活用だ。具体的には、地域再エネの導入拡大、食料や木材など地元の自然資源の活用などである。これまでに選定された脱炭素先行地域を見ても、再エネ活用など地域のエネルギー対策が豊富に盛り込まれている。こうした計画を実行し、地域から脱炭素を広げていくことがカーボンニュートラル実現に向けての重要であることは間違いない。

KEYWORD 100

スマートシティ・スーパーシティ

未来を先取りしたまちづくりの姿

キーポイント

デジ田構想の先導役

未来技術などをまちづくりに導入

地域課題を解決し新たな価値を創出

「デジタル田園都市国家構想総合戦略」は、目指すべき姿の5つの「モデル地域ビジョン」を例示しているが、その一つが「スマートシティ・スーパーシティ」だ。

AIやIoTなどの未来技術や官民データなどを地域づくり・まちづくりに取り入れ、都市・地域課題の解決を図り、新しい価値を創出するもので、デジタル田園都市国家構想の先導役として期待されている。

「スマートシティ」は、「ICT等の新技術を活用しつつ、マネジメント（計画、整備、管理・運営など）の高度化により、都市や地域の抱える諸課題の解決を行い、また、新たな価値を創出し続ける、持続可能な都市や地域であり、Society5・0の先行的な実現の場」と定義する。国は、「統合イノベーション戦略2019」に基づき、Society5・0の総合的ショーケースとしてその取り組みを推進している。

内閣府、文部科学省、経済産業省、国土交通省などを中心に事業が進められており、19年には自治体、企業、大学、研究機関、地方公共団体といった会員、関係府省庁などによる「スマートシティ官民連携プラットフォーム」が発足した。

同プラットフォームを通じて事業支援、分科会の開催、マッチング支援、普及促進活動などが実施されている。

デジタル田園都市国家総合戦略では、より裾野の広い地域においてスマートシティサービスが自律的に実装されるようなデジタル基盤の整備、構築のための検討を行い、25年までに100地

スーパーシティの構成

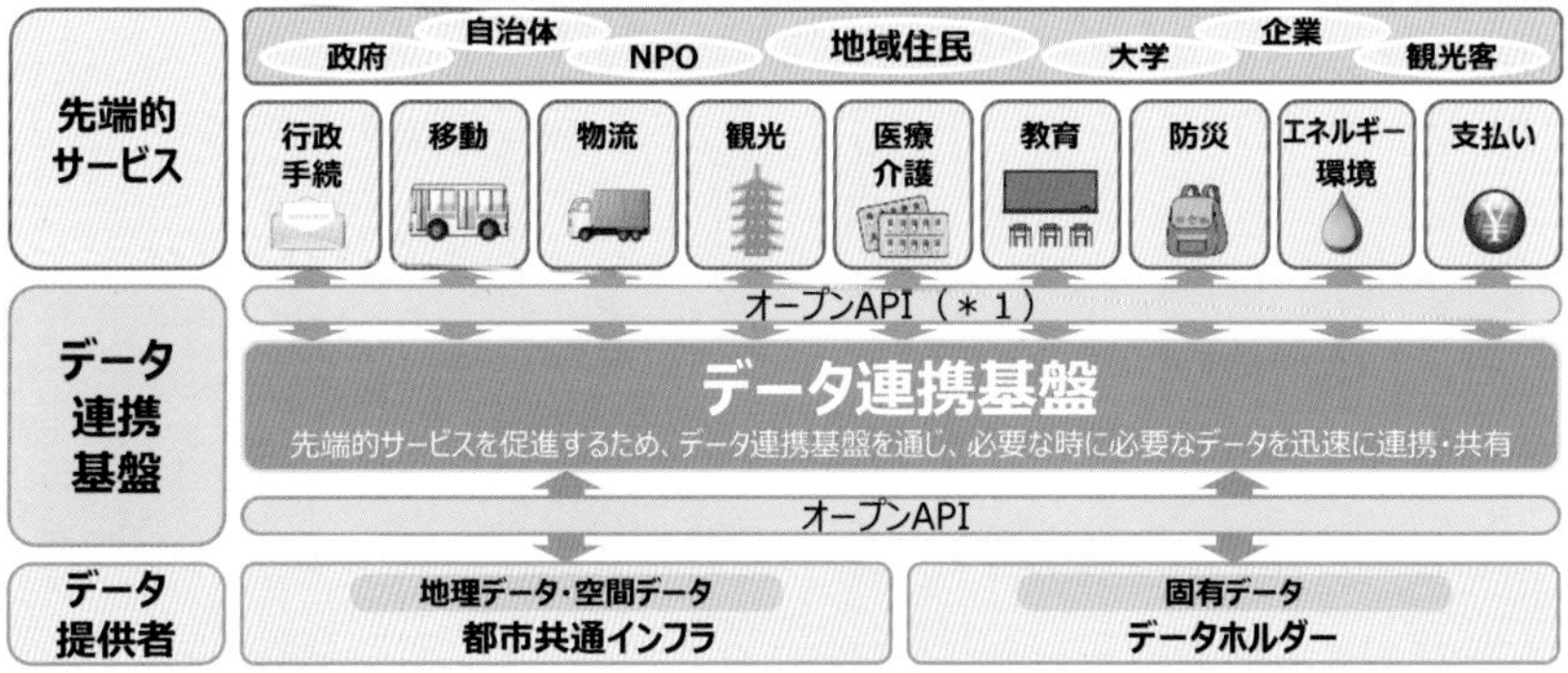

出典：内閣府地方創生推進事務局の資料より

域の先導的なスマートシティの創出を目指し、ロードマップを23年度末をめどに策定するとしている。

つくば市と大阪市が特区に指定

一方、「スーパーシティ」は、30年頃に実現される未来社会の先行実現を目指すもの。

20年に「スーパーシティ提案」の公募が行われ、22年には国家戦略特区として茨城県つくば市と大阪府大阪市が指定された。

生活全般にまたがる複数分野の先端的なサービスの提供や、複数分野間でのデータ連携を重視。複数分野の大胆な規制改革とあわせ、データ連携基盤を共同で活用して複数の先端的サービスを官民連携により実装する、デジタル田園都市国家構想の先導役を期待されている。

具体的には、空飛ぶクルマなど新たな移動手段、データ連携などによる健康・医療サービス、行政手続きのデジタル化などがあげられる。

これからどうなる?

地域ごとのスマートなまちづくりへ

今、さまざまな自治体、また、民間企業によるスマートシティ・スーパーシティの取り組みが全国で進んでいる。代表的なものがトヨタ自動車による「Woven City（ウーブン・シティ）」であろう。モビリティ、ヘルスケア、食と農、エネルギー、ファイナンス、教育などを融合、新たな仕組みやサービスを創出する。24年夏に第一期の建物が完成する予定だ。

今後、こうした街づくりの取り組みが全国で加速するだろう。スマートシティ・スーパーシティは、さまざまな先端技術を導入するまちづくりであるが、その姿は一様ではなかろう。それぞれの地域がそれぞれの課題を踏まえ描いていくことになるはずだ。

KEYWORD 101

新モビリティサービス

地域を変え、暮らしを変える交通のリ・デザイン

キーポイント

人口減などで既存公共交通が限界に

交通弱者・交通難民が社会課題としてクローズアップ

デジタル技術で交通が変わる

地域社会が抱える大きな課題の一つが交通だ。〝交通弱者〟や〝交通難民〟と呼ばれる人が増加するなか、MaaSなど新交通サービスに大きな期待が集まっている。

地方部では、そもそも公共交通の整備が不十分であったことに加え、過疎化による人口減少で不採算となった公共交通で減便、路線廃止が相次いでいる。

こうしたなか、国土交通省は地域交通を持続可能な形で「リ・デザイン」するための具体的な方策を探るため、22年に「アフターコロナに向けた地域交通の「リ・デザイン」有識者検討会」を立ち上げ、同年8月にまとめられた提言が「デジタル田園都市国家構想総合戦略」に盛り込まれた。具体的には「デジタルの力を活用した地方の社会課題解決」として地域交通をあげ、「MaaSの活用や自動運転の活用場面の更なる拡大など公共交通分野に書き換わるデジタル化や先進技術の活用を一層進める」、「車両電動化や再エネ地産地消など「交通GX」を推進」、「①官と民、②交通事業者間、③他分野との「3つの共創」により、地域交通をリ・デザイン」という3つの取り組みを掲げた。KPIは「新たなモビリティサービスに係る取組が行われている地方公共団体：700団体（2025年度まで）」である。

実証実験段階から本格的な社会実装へ

デジタル庁は、22年8月、デマンド交通などの発達など、デジタルを活用する新たなモビリティサービスが普及しつつあるなか、政府の戦略「官民I

魅力的な地域をつくる
デジタルの力を活用した地方の社会問題解決－地域交通－

MaaSの活用や自動運転の活用場面のさらなる拡大など公共交通分野に係るデジタル化や先進技術の活用を一層進める。	
自動運転	地方公共団体が地域づくりの一環として行うバスサービスについて、実証事業を支援
MaaS	交通事業者等の連携高度化を後押しするデータ連携基盤の具体化・構築・普及を推進
車両自動化や再エネ地産地消など「交通GX」を推進。	
交通のコスト削減・地域のCN化	車両自動化と効率的な運行管理・エネルギーマネジメント等の導入を一体的に推進
①官と民、②交通事業者間、③他分野との「3つの共創」により、地域交通をリ・デザイン。	
官民の共創	一定のエリアにおいて、地域でサービス水準を決定し、事業者が複数路線を一括して長期間運行
交通事業者間の共創	複数の交通事業者が共同経営を行うことにより、垣根を越えたサービスを展開
他分野を含めた共創	地域交通と、様々な他分野との垣根を越えた事業連携を実現

出典：デジタル田園都市国家構想総合戦略の資料より作成

TS構想・ロードマップ」を発展的に継承した、「デジタルを活用した交通社会の未来2022」を策定した。これは22年6月に閣議決定された「デジタル社会の実現に向けた重点計画」で示す「モビリティの高度化の推進」に向け、官民が連携して技術開発や交通インフラの整備、制度整備を進めるものである。世界初となる自動運転レベル3の乗用車の市場化、自動運転レベル4に向けた制度整備の取り組みが着実に進められているが、地域への導入状況は実証実験止まりのケースが多く見受けられる。そのため実証実験から本格的な社会実装に向けて、暮らしサイドのビジョンの明確化や暮らしサイドの取り組みと時間軸をあわせて、技術の社会実装プランを構築、その実現・普及を進めていく必要があるとした。

地域社会の大きな課題〝住民の足〟が、大きく変わろうとしている。

これからどうなる?

MaaSの導入で暮らしが変わる

MaaS（モビリティ・アズ・ア・サービス）は、多種の交通サービスを一つの移動サービスに統合する次世代の移動サービスのこと。電車やバスなど交通機関のデータをまとめて、検索、予約、決済ができ、データ連携により宿泊施設や施設施設、医療施設の予約・支払いも可能となる。

こうしたシステムの確立は、単に移動手段が確保される、利便性が高まるというだけではなく、買い物、通院などの生活を大きく変えることになり、地域の活性化が期待される。その点では大都市中心部より、むしろ過疎地などの地方にこそ多くの恩恵がもたらされるだろう。

アルファベット

あ行

か行

さ行

た行

無垢のデッキ材は〉〉〉

｜実用新案権取得済｜

木表を使うと、**水が溜まる**…。木裏を使うと、**ささくれや剥がれが心配**…。

そんな悩みを解決する製品ができました!!

ニッサンクリーン AZN処理済

かまぼこデッキ板

木材の反りを考慮して表面に緩いR面を施したデッキ板です。

かまぼこデッキ板

※写真はイメージです、芯が入る場合もございます。

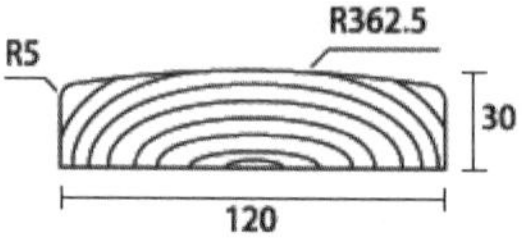

詳細図

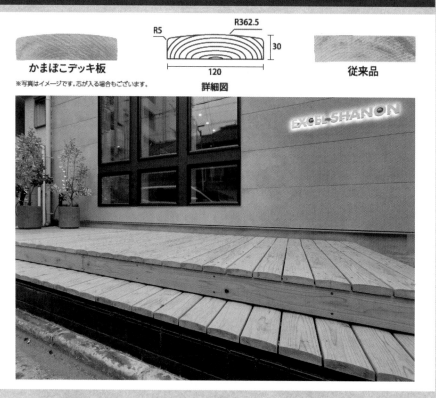

従来品

従来品を木表使いの場合

〉 右の図のように反りが発生し、水が溜まりやすくなり腐食が早まります。

従来品を木裏使いの場合

〉 木目が木表に比べて劣ってしまい、ささくれ等も発生しやすくなります。

デッキ板の反りのイメージ（断面図）

材・住建事業部
業推進課　TEL. 04-7178-8515
日本営業課（東北）　TEL. 022-345-4239
日本営業課（首都圏）　TEL. 03-6631-6571
日本営業課　TEL. 06-6686-3281

見えないところに、心を込めて。

兼松サステック株式会社

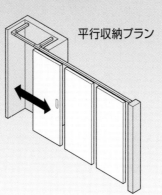

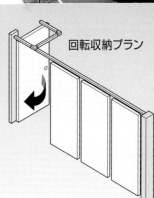

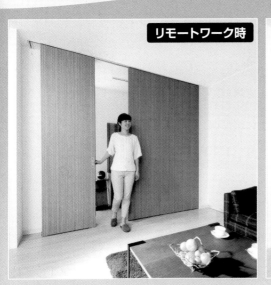

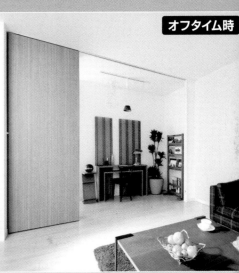

Good NeighborWood
森と人は、良き隣人になろう。
もっと高く、もっと速く。
何と競っていたのだろう。
世界が成長することは、二酸化炭素を出すことでした。
ここから変わる。
木から離れた人間は、もう一度木に戻る。
二酸化炭素を減らすには、木の力が本当に必要だから。
森と良き隣人になろう。
木の力と人の力で、互いに長く生きてみよう。
それは今あなたが思う幸せに、
案外近いのではないだろうか。
木と生きる幸福
住友林業

広告索引

住宅産業100のキーワード

2023〜2024年版

2023年6月8日　初版発行

発行人　古川 興一

編集人　平澤 和弘

発行　株式会社 創樹社
〒113-0034　東京都文京区湯島1-1-2 ATMビル
TEL.03-6273-1175　FAX.03-6273-1176
https://www.sohjusha.co.jp/

発売　株式会社 ランドハウスビレッジ
〒215-0003　神奈川県川崎市麻生区高石3-24-6
TEL.044-959-2012　FAX.044-281-0276

印刷所　勝美印刷株式会社

価格　2,200円（本体2,000円＋税10％）

ISBN 978-4-88351-151-8　C2052 ¥2000E
乱丁・落丁本はお取り替え致します。